变革与发展

高校教师教学创新实践探索

郑秀清　主编

何莹雪　符清　副主编

四川人民出版社

图书在版编目（CIP）数据

变革与发展：高校教师教学创新实践探索／郑秀清
主编；何莹雪，符清副主编. -- 成都：四川人民出版
社，2025. 2. -- ISBN 978-7-220-14004-4

Ⅰ．G420-53 中国国家版本馆 CIP 数据核字第 20246PC969 号

BIANGE YU FAZHAN GAOXIAO JIAOSHI JIAOXUE CHUANGXIN SHIJIAN TANSUO

变革与发展：高校教师教学创新实践探索

郑秀清　主编
何莹雪　符清　副主编

出 版 人	黄立新
项目统筹	邹　近
责任编辑	徐拂晓　邹　近
封面设计	李其飞
内文设计	张迪茗
特约校对	北京圈圈点点文化发展有限公司
责任印制	周　奇

出版发行	四川人民出版社（成都三色路 238 号）
网　　址	http://www. scpph. com
E-mail	scrmcbs@ sina. com
新浪微博	@四川人民出版社
微信公众号	四川人民出版社
发行部业务电话	（028）86361653　86361656
防盗版举报电话	（028）86361661
照　　排	◎◎四川看熊猫杂志有限公司
印　　刷	四川机投印务有限公司
成品尺寸	170mm×240mm
印　　张	18. 25
字　　数	271 千
版　　次	2025 年 2 月第 1 版
印　　次	2025 年 2 月第 1 次印刷
书　　号	ISBN 978-7-220-14004-4
定　　价	82. 00 元

序

师以行远，学以至深。重教尚学是中华民族生生不息的文化动力，滋养一代代师者与学者在教学相长的过程中不断进步，铸就华夏文明的传承链，推动中西文明互鉴。党的十八大以来，习近平总书记多次就高校教育事业发展发表一系列重要论述，强调根据国际形势发展变化，统筹做好"引进来"和"走出去"两篇大文章，有效利用世界一流教育资源和创新要素，深入推动教育对外开放，鼓励参与全球教育治理，不断提升我国教育的国际影响力、竞争力和话语权。因此，国际合作是建设高水平综合性师范大学、实现高校高质量发展的重要举措，是拓宽学校教师学术视野、促进中外学术交流、提升师范教育国际化水平的关键途径。通过这一举措，我们能更深刻地体会在新时代如何当好培根铸魂、启智润心的"四个引路人"，更多维地实现国际教育资源共享和优势互补，更全面地培养具有全球竞争力的人才。

在这一背景下，四川师范大学为深化学校教育国际交流合作，构建开放、协同、联动的现代教师教育新格局，于2021年7月正式启动"师行万里"教师海外培训项目，搭建教师海外进修访学、跨区域跨国别研究、国际组织交流合作的平台，促进教师拓宽视野，提升国际交流水平，推动教师终身学习和专业自主发展，以高质量师培优化学科建设。"师行万里"自立项以来，先后与美国旧金山州立大学、英国雷丁大学等海外名校合作，围绕高等教育教学法、教学评价、课堂教学实施等内容，开设学术英语、高等教育政策、学习成果评估、专业课程设计、批判思维等课程。项目培训重质量、严考核、精产出，每位参加培训的教师都秉持谦逊的治学精神与严谨的学术态度，积极与国际前沿教育教学策略接轨，主动提升终身学习思想；作为师者，每位老师都牢记习近平总书记的殷切嘱托，争做新时代能担重任的"大先生"，做青年学生的"道德之师""文章之师"，坚定理想信念，以赤诚之心、奉献之心、仁爱之心投身其中。

这本论文集共收录 25 篇文章，沉甸甸地辑录了四川师范大学两届参培教师对高校教育教学的理论思考与技术探索，以及对所教学科的深度理解。这既是对我校国际化战略发展任务的铿锵响应，也是对我国教师教育高质量发展任务的砥砺实践。应当说，这本文集是回声嘹亮的。所涉学科领域众多，内容丰富，视角独特。根据选题大致分为三个板块：综合研究、教学实践、技术赋能。在综合研究方面，包括对高等音乐教育范式重建、英语专业教学改革、土木工程课程建设、影视编导能力培养等议题的探索；在教学实践方面，涉及课程思政在师范院校教育类课程的实践、中学英语与劳动教育的融合路径、STEAM 视角下博物馆教育实践、"古代汉语"课程教学中融入巴蜀地域文化元素等；在技术赋能方面，多立足当前数字化、信息化、全球化的大背景，讨论数字技术的学科教学应用与线上教学典型案例，以及虚拟教研室建设理论与实践等。尽管对某些问题的思考仍待进一步深入完善，但这些文章流露出每位师大人对教师教育事业的时代关切，记录了教师们在专业发展道路上教学相长的耕耘足迹，各有文采，各具气象，各有风骨。可以说，这本文集是我们批判性汲取的全球教育治理经验，也是我们所讲的中国故事、所传播的中国经验、所发出的中国声音。

"国将兴，必贵师而重傅。"当前，世界百年未有之大变局加速演进，不稳定性不确定性的增加给全球高等教育体系带来巨大冲击，正如习近平总书记指出的，"我们对高等教育的需要比以往任何时候都更加迫切，对科学知识和卓越人才的渴求比以往任何时候都更加强烈"。我们正处于世界之变、时代之变、历史之变的潮头，如何把握教育对外开放的战略机遇，增强国际竞争力，勇立时代潮头与世界之林，是每一位师大人都面临的重大挑战，也是每一所师范高校必须跨越的时代关口。高校是人才培养的主阵地，是服务科教兴国战略的重要支撑，师范高校教师则是人才培养的生力军。在实现中华民族伟大复兴的关键时期，我们必须切实肩负起"为党育人，为国育才"的初心使命，秉持"为天地立心，为生民立命，为往圣继绝学，为万世开太平"的信念，以昂扬的状态书写新的育人篇章，在"引进来"与"走出去"之间游刃有余，在贡献中国智慧的同时，把论文写在祖国大地上。

师行万里，根在中华，志在当代，初心不忘。新时代与新征程呼唤我们在深化改革创新中激发教育发展活力，以宏阔的国际视野与战略眼光锻造"经师"与"人师"相统一的"大先生"。在当今世界文明互鉴的激荡中，"数风流人物，还看今朝"。

是为序。

四川师范大学文学院　毛　娟

2024 年 10 月

|综合研究|

|技术赋能|

综合研究

教学学术视域下高等音乐教育范式重建

高弋力*

摘　要：音乐心理学研究指出，音乐专业知识往往在生命早期形成，且经常发生在正规教育之外。在鼓励教学学术能力提升的同时，高等音乐教育范式的重建也应当结合音乐学科自身的特殊性。本文从教学学术视角出发，通过个案分析指出高等音乐教育教学学术提升所面临的困境和机遇，并鼓励以"自主回归"为核心的教学范式重建。

关键词：音乐教育　教学学术　范式重建　自主回归

"教学学术"这一概念于 21 世纪引入我国，随后取得了丰硕的研究成果。然而，国内研究一直存在重译介、轻实践且研究对象泛化等现象。高等音乐教育界对于教学学术理论拓展与实践应用的关注更是甚少。大部分研究侧重音乐教师教学学术能力的提升，鲜有研究从教学学术理论视角出发对学科教育范式建构进行审视、反思和实践拓展。哈钦斯和舒尔曼曾指出，教学学术的本质是一种围绕学生学习问题而展开的调查和探究。将教学学术视为一种对学生学习的探究，与使用教学学术来提升学生学习成效是两种不同的目的。教育范式重构的意义不应仅停留在增强学生的知识获取意识和储备，还应该在遵循教育实践自然进程的同时，关心学生的身份塑造与选择，从而更好地帮助学生通过学习进入社会。因此，从教学学术

---

* 作者简介：高弋力，英国爱丁堡大学博士，四川师范大学助理研究员，硕士生导师。研究方向：音乐心理学。

的角度出发，重构教与学的秩序以及教师与学生身份认同，或是我国高等音乐教育（尤其是民族音乐教育）新范式的逻辑起点。本文结合音乐心理学与教育学相关理论与实际案例，以教学学术理论为切入点，旨在拓展相关概念在高等音乐教育领域应用的研究。

一、音乐学科"教学学术"源起

20 世纪 80 年代，美国高校出现了教育质量下滑以及"重科研轻教学"的现象。因此，一场名为"教学学术"（Scholarship of Teaching and Learning，常简称为 SoTL）的运动逐渐兴起。1990 年，时任美国卡内基教学促进基金会（Carnegie Foundation for the Advancement of Teaching）主席的欧内斯特·博耶发表了一篇名为《学术水平反思：教授的工作重点》（*Scholarship Reconsidered：Priorities of Professoriate*）的报告，成为"教学学术"运动中里程碑式的著作。在这项报告中，博耶将学术分成四种类型，包括探究的学术（scholarship of discovery）、整合的学术（scholarship of integration）、应用的学术（scholarship of application）和教学的学术（scholarship of teaching）。博耶认为，学术工作这四方面既独立又重叠，而知识的获得需要经历"研究（research）、实践（practice）、合成（synthesis）以及教学（teaching）"这一过程，尽管知识本身并不一定以这种线性方式发展。根据博耶的理论，哈钦斯与舒尔曼指出，"教学学术"并不仅是优秀教学的代名词，更可以延伸到调查和构建与学生学习相关的问题。此后，哈勃与哈钦斯又倡导教师将课堂视为研究场所，以提高教学专业水平。

总之，教学学术运动在兴起之后迅速于全球高等教育领域展开，其概念和应用不断得到拓展。比较统一的观点是：教学是高等教育的首要任务。尽管对教学的重视达成了统一，且相关课题的研究也纷纷涌现，但如何根据学科自身特点开展教学学术仍是一个亟待突破的实践难题。针对这一困境，美国音乐教育家、波士顿大学教授苏珊·康克林于 2003 年提出音乐学科教学学术建构的设想。在实践多年后，康克林又指出，由于音乐专业知识模型的建立以及知识习得过程与其他人文学科的常见路径不同，音乐学科教学学术发展面临机遇与挑战并存的状态。

二、音乐学科"教学学术"困境

专业知识理论研究（expertise theories）的学者常常将"学习"定义为获得专业知识的过程；每一门学科都有特定的"知识习得"过程，从而形成其特有的"专业知识模型"。不少学者认为，明确的专业知识模型可以帮助教师识别学生评估、推理和解决问题的能力，同时帮助教师更好地制定教学策略，使学生更好地接受专业知识。然而，音乐教育学者们认为，音乐专业知识模型的建立过程常常区别于其他人文学科。英国著名音乐心理学家、教育学家约翰·斯洛博达指出，与其他学科一样，音乐专业知识也是通过反复接触和刻意练习而积累的；不同之处在于，获得音乐专业知识的机会往往发生在生命早期，而且经常出现在正规教育之外。

首先，一个人之所以成为某一领域的音乐专家，是因为他/她从出生就处于某种特定的文化环境中，并且从这种环境中可以获得一种"可感知结构的音乐形式"。换言之，文化环境对人的音乐专业知识模型形成具有至关重要的作用，人们通常会成为自己能够经常接触到的某一种音乐文化的专家。因此，不少音乐专业的学生在进入大学之前可能就有一定量的专业知识储备，部分学生甚至在入学前就具备了丰富的专业知识积累。斯洛博达的这一观点在学习民族音乐的学生身上体现尤为明显。例如，一名学习风笛演奏的苏格兰学生或许在入学前就已经娴熟掌握了风笛演奏的技巧，并且熟知各种苏格兰传统音乐文化与习俗。

其次，尽管音乐专业知识习得过程常涉及导师，但新手与导师的关系很少通过正规教育发生。斯洛博达引用了科利尔对美国著名爵士乐音乐家、小号手路易斯·阿姆斯特朗进行的传记性研究，以佐证自己的观点。少年时期阿姆斯特朗生活在新奥尔良斯托里维尔的红灯区，并未接触过正规的音乐教育。十三四岁时因为一起枪支事件被送往流浪者之家，在这里他加入了一个业余乐团，成为乐团的鼓手和短号手。阿姆斯特朗抱着"随心所欲"的态度参与演出，而他所有专业性的错误都不会受到批评并顺利通过。一直到17岁时，阿姆斯特朗才获得了自己的第一支短号，并结识了新奥尔良最出色的短号手乔·奥利弗，而奥利弗后来成为阿姆斯特朗的赞助人和某种程度上的老师。然而，根据科利尔的记载，阿姆斯特朗从未从奥利弗那里得到正式的训练，奥利弗只是偶尔向阿姆斯特朗展示一些新曲调和替代的指法，并没有影响阿姆斯特朗的演奏风格。19 岁时，阿姆斯特朗在每周演奏 7 晚的河船乐队获得了正式工作，23 岁时成为一名职业小号演奏家。

根据科利尔的记载，阿姆斯特朗专业知识技能的习得和发展有两个特点：第一，在年少时他有可以全身心浸润于音乐的环境；第二，这样的环境并未对他的音乐知识获得造成任何负面的影响或后果，因为他在专业知识模型建立阶段并没有接收到太多负面反馈，因而"练习"和"表演"之间的界限就变得模糊——每一次练习都是一次表演，而每一场表演也是一次练习。在这种情况下，博耶提出的知识获取所需经历的"研究、实践、合成、教学"便杂糅在了一起。因此，尽管阿姆斯特朗没有专业老师，没有接受过正规音乐训练，但所处的环境却产生了一种促使他参与音乐的强烈动机，而反复的练习和表演帮助他成为一名专业音乐人士。

根据记忆研究提供的线索，经历过巅峰音乐体验的人比其他人更有可能在余生中追求音乐，因为这种体验可以为系统地参与音乐提供强大的内驱力。然而，巅峰体验通常都是在没有外部约束、压力和焦虑的情况下发生。最有可能获得巅峰体验的环境是独自一人时、在家里或与朋友和家人一起听音乐时，而最没有希望的环境则是在学校、有老师同时表演时。音乐教育领域的许多研究都揭示了许多学生因不恰当的教学方式而遭受与音乐有关的焦虑和羞辱。这些对音乐专业知识模型的建立以及进一步接触音乐起到了强烈的抑制作用，并且阻碍了学生与音乐内在特征之间建立情感联系的可能性。因此，斯洛博达认为，学校环境往往会破坏动机，并不是发展音乐专业知识的最佳学习场所。

两项音乐心理学研究为斯洛博达的理论提供了支撑。第一项研究是克鲁姆汉斯尔和尤斯奇克关于婴儿对音乐文化模式的偏好测试。在这项实验中，研究人员以正常和不正常的乐句结构呈现莫扎特小步舞曲，被试的北美婴儿表现出了对正常结构乐句的偏好。第二项研究是法国柏根蒂大学毕甘等人的音乐心理学实验。该实验对比了音乐家和非音乐家对音乐模式的判断。研究人员在一项称为"启动"的任务中，播放一个和弦或音调，并且要求被试判断第二次出现的音乐刺激与第一次出现的音乐刺激之间的相关程度。实验结果发现，在这项任务中音乐家和非音乐家的表现并没有显著差异。结合这两项研究以及阿姆斯特朗的案例可以看出，音乐文化适应（musical enculturation）可能在出生之前就已经形成，而音乐专业知识并非必须通过正规音乐教育才能获得。

因此，音乐知识习得的特殊性为音乐教学学术的发展带来了反思。就高等音乐教育领域而言，学校、课堂或教师是否能够、如何能够为音乐专业学生提供沉浸式体验音乐的环境，即"研究、实践、合成、教学"融为一体的机会，成为音乐学科教学学术改革遇到的一大困境。同时，如何做到在为学生设计和提供音乐专业知识积累所需要的"自由化"环境之时，兼顾和融合高等音乐教育的规范性和学术性，也是音乐学科教学学术的另一挑战。

三、"学习即参与"：音乐学科"教学学术"机遇

针对高等音乐教育面临的"规范性"和"自由化"的兼容困境，康克林建构了"学习即参与"的音乐教学理论。她以葛底斯堡学院音乐教学案例对自己的理论进行了详细的论证。在这个教学案例中，康克林介绍了该学院的塔尔博特教授如何使用社会文化框架体系在美国教授印尼巴厘岛甘美兰音乐的经历。

葛底斯堡学院曾为其音乐专业的学生提供了学习和参与甘美兰音乐的项目。甘美兰音乐是印尼巴厘岛文化的典型代表之一。"甘美兰"（Gamelan）一词原意为"敲打"，指的是以木琴、大吊锣等大小不一的打击乐器构成的一种不可拆分的乐器集合，同时也可以指演奏这些乐器的人。与西方古典音乐体系重视结构规律、符号标记不同，甘美兰音乐是在没有符号帮助的情况下进行学习的。即兴、自由、随意、合作是这种艺术的特点。乐器置于公共区域，音乐由团队成员一起学习，演奏者不能将乐器带回家独自练习。

为了遵从甘美兰发源地的传统，塔尔博特教授采用了纯粹的"巴厘岛

式教学法"。例如，在西方传统中，每一次排练都应当设置固定的时间，但在这个项目中并未规定具体的训练时间，排练在每个乐队成员都到达时开始。排练通常会进行得非常快，而甘美兰学习则成了一个观察和复制他人行为的过程。尽管这样的教学方式听起来很容易，但在实践中却并不简单。作为一名受过严谨西方音乐训练的教授，塔尔博特完全能够观察到哪些学生遇到学习困难、哪些曲目需要更多排练，但为了保留巴厘甘美兰音乐学习的传统，塔尔博特不会在成员有错误时及时制止，而排练只会在参与成员们要求停止时停止。成员不会因为没有及时做出该有的行为和反馈而受到斥责。有趣的是，这种自主学习方式并没有让排练次数减少；相反，学员们排练的次数常常超过巴厘岛当地的甘美兰乐队。这或许是由于参与者包括该校音乐学院的教职员工、学生以及其他专业的学生和员工，这些人都接受过西方传统的学校教育和学术训练，每个成员都通过自己独特的教育背景和知识储备来学习，而他们普遍认为音乐学习需要大量的重复练习。在这种思维影响下，他们往往会因为发现自己的错误或追求更好的效果而主动要求重新排练，直到满意为止。

这种回归传统的教学方式让项目参与者们意识到合作的重要性：如果没有彼此之间的合作，音乐就无法存在。此外，传统教学中音乐听觉训练的作用可能被夸大了。缺乏符号虽然具有挑战性，但同时也是对学习者的一种解放，增强了学习者的参与和合作意识。作为教授，塔尔博特这项教学研究正符合了之前哈勃与哈钦斯所提出的"将课堂视为研究场所"的理念，以及哈钦斯与舒尔曼提倡的"教学学术可以延伸到构建和调查与学生学习相关的问题"。

康克林从葛底斯堡学院甘美兰教学案例中总结出了几个要点：

1. 教学环境设计的重要性。塔尔博特通过设计环境来支持学生的音乐能力发展，让学生充分沉浸在新的音乐文化模式中，并且有意模糊练习和表演之间的界限，使得学生有足够的时间"在没有负面后果的情况下进行探索"。尽管对教师和学生来说都是一种挑战，但同时也可视为一种压力最小化的创新性策略。因此，教学设计是教学范式建构的重点，教师有义务为学生提供真实的工具、技术和学科话语。

2. 专业知识的基础价值。音乐专业知识是参与甘美兰合奏的基础。如果参加甘美兰乐团的学员没有一定的专业知识储备,他们将无法进行批判性思考,从而将西方音乐体系与甘美兰进行比较,并且自发地进行练习。因此,在提倡教学革新时,专业化、系统化的训练仍然值得重视。

3. 跨学科合作的可行性。甘美兰乐队的参与者包括音乐专业和非音乐专业的学生和员工,而最后的教学成果证实了跨学科合作的可行性。康克林认为,学习与他人协作是高等教育艺术教育中最有价值的方面,大学生喜欢与志同道合的人合作和交往。学校和教师应当为学生创造这种条件,并鼓励学生的这种志趣。因此,康克林认为高等教育中的音乐实践不应当仅限于音乐专业的学生参加,并主张将高等教育中的音乐学习设想为一种社会实践。

根据康克林的理论,音乐学科教学学术发展是机遇和挑战并存的。因此,未来高等音乐教育教学学术发展,有以下几点值得注意:

1. 学生身份的重塑与建构。传统教育理念中总是将学生视为知识储备不够丰富的初学者;而在"学习即参与"的教学理念下,学生不再以初学者的身份进入学校和课堂,而是以带着知识、技能和参与意愿的实践者身份加入。这种观念的转变旨在促进学生自主探究能力的觉醒。

2. 教学目标的转变和重塑。作为课堂设计者的教师,需要有更加宏观的教学目标,理解教学目标与学生身份建构之间的关联。在这样的理念下,教师应当关心的不仅是学生获得了多少知识,还要关注学生的自我身份认同以及在这样的认同感下所选择参与的活动。

四、自主回归:音乐教育范式重构

与俗语"practice makes perfect"(熟能生巧)强调的"只有不断学习和实践才能成为专家"的传统观念不同,康克林构建了一种"先专业再实践"(from expertise to social practice)的全新教学范式。这种教学范式并不在于挑战价值观和实践经验,而是强调打破固有教学模式,建立一种"先立后破""先构建专业身份认同感,再走向社会实践"的新范式,将"学习"这一行为的自主权交还给学生。其实早在 20 世纪 90 年代,社会人类学家让·拉夫和艾蒂安·温格就指出，学习和身份认同是密不可分的，它们是同一现象的不同方面。当初学者在学习某项技能的初始阶段便认定自己将来会是这个行业的从业人员，他们未来的发展往往与这种"人物设定"息息相关。因此，这种面向未来的身份建构对于专业知识储备的增长起着至关重要的作用。

在上述教育案例中，斯洛博达和康克林均提倡将学习自主权交还给学生的教学范式，而这种观点与 20 世纪 70 年代心理学家德西和瑞恩提出的自决理论十分符合。自决理论认为人类从三个方面进行自我激励：自主性（控制自我行为的能力），胜任力（学习和掌握技能的能力）及联结感（具有归属感）。其中，自主性对人的内在动机起着重要作用。当一个人具有自主性时，便会受到内在动力的驱使而采取行动，完成任务或实现目标。根据自决理论，教师采用自主支持式（autonomy-supportive）教学风格会极大地影响学生的内在动机、自我调节能力，耐力学习表现和心理健康。教师自主支持要求教师能将学生的观点和需求纳入考虑，并在不施压的情况下为学生提供灵活的帮助。

然而，就音乐教育领域而言，教师自主支持策略的开展常常具有挑战性。例如，在传统音乐表演训练中（尤其是古典音乐训练），教师更多采用控制型教学风格（controlling teaching style），注重培养规范并严格遵守规则。近年来有研究指出，控制型教学风格在高等音乐教育中所形成的低效的学习氛围无法激发学生的学习动机和独立性。在音乐学习中，过分严厉的教学风格可能会导致学生的音乐表演焦虑症（music performance anxiety），也是导致不少音乐表演人才放弃演艺事业的潜在原因。与放弃乐器学习的学生比，成功的音乐学生更可能评价自己的老师是"友好的""让人放松的"；而放弃音乐学习的学生常评价自己的老师是控制型风格的教师。

另一方面，自主支持型音乐教师鼓励学生自行选择练习曲目，允许学生以自己偏好的方式进行练习和演奏/演唱，并且会倾听和回应学生的意见、需求和问题。而获得教师自主支持越多的学生，越有可能在未来选择和坚持自己的音乐事业，保持对音乐的热爱。因此，从教育心理学的角度出发，学习自主权回归于学生可以有效促进学生的自我激励，并提升学生的心理福祉。而自信稳定的情绪状态与良好健康的师生关系对于音乐专业学生所需要的表现力和创造力有着十分重要的影响。

五、本土镜鉴

就我国高等音乐教育现状而言，绝大部分音乐专业的学生在进入大学之前就已经有了多年的音乐训练并有一定的专业知识储备；许多少数民族学生（如藏族、维吾尔族）从小受到文化环境的浸润，对本民族音乐舞蹈艺术更是有着丰富的实践经验。在意识到音乐学科独特性的情况下，教师需要重新审视与定位自身角色，将教学设计与更广泛的教育目的相结合。以色列海法大学教育学教授安娜·斯法德曾指出，学习（learning）的意义不仅在于获得"知识"（knowledge），更在于体验"知道"（knowing）这一过程。将学习自主适度归还学生，投入更多关注于学生的身份倾向与建构，让学生在获取知识的同时逐渐清晰自我认知，才能确保学生在课堂上与社会上都能获得幸福感与价值感。

参考文献

[1] 王宝玺，朱超颖. 国外"教学学术"概念发展脉络演进[J]. 全球教育展望，2018，47(4)：64—73.

[2] 李小威. 音乐教师教育者教学学术共同体的内涵、功能与构建路径[J]. 中国音乐教育，2021(11)：47—51.

[3] Hutchings P, Shulman L S. The scholarship of teaching: New elaborations, new developments[J]. Change: The Magazine of Higher Learning, 1999, 31(5): 10—15.

[4] Conkling S W. Looking in on music: challenges and opportunities for the scholarship of teaching and learning[J]. Teaching & Learning Inquiry, 2016, 4(1): 1—13.

[5] 欧阳光华，黄姜燕，刘红姣. 教学学术视角下加拿大英属哥伦比亚大学教师教学同行评议探析[J]. 黑龙江高教研究，2022，40(5)：83—88.

[6] Arrington N M, Cohen A L. Enhancing the scholarship of teaching and learning through micro-level collaboration across two disciplines[J]. International Journal of Teaching and Learning in Higher Education, 2015, 27(2): 194—203.

[7] Boyer E L. Scholarship reconsidered: Priorities of the professoriate[M]. San

Francisco, CA: Jossey-Bass, 1990.

[8] 吴伟，臧玲玲，齐书宇. 急剧变革中的大学社会服务[M]. 上海：上海交通大学出版社，2020.

[9] Huber M T, Hutchings P. Building the teaching commons[J]. Change: The Magazine of Higher Learning, 2006, 38(3): 24—31.

[10] Conkling S W. Envisioning a Scholarship of Teaching and Learning for the Music Discipline[J]. College Music Symposium, 2003, 43: 55—64.

[11] Attri R K. The models of skill acquisition and expertise development: A quick reference of summaries[M]. Singapore: Speed To Proficiency Research: S2Pro©, 2018.

[12] Grenier R S, Kehrhahn M. Toward an Integrated Model of Expertise Redevelopment and its Implications for HRD[J]. Human Resource Development Review, 2008, 7(2): 198—217.

[13] Sloboda J A. Music structure and emotional response: Some empirical findings[J]. Psychology of Music, 1991, 19 (2): 110—120.

[14] Sloboda J A. Musical Expertise [M] //Sloboda J A (ed.). Exploring the Musical Mind: Cognition, emotion, ability, function. Oxford: Oxford University Press, 2005: 243—264.

[15] Collier J L. Louis Armstrong: An American Genius[M]. New York: Oxford University Press, 1983.

[16] Krumhansl C L, Jusczyk P W. Infants' Perception of Phrase Structure in Music [J]. Psychological Science, 1990, 1(1): 70—73.

[17] Bigand E, Poulin B, Tillmann B, et al. Sensory Versus Cognitive Components in Harmonic Priming[J]. Journal of Experimental Psychology: Human Perception and Performance, 2003, 29(1): 159—171.

[18] Lave J, Wenger E. Situated Learning: Legitimate Peripheral Participation [M]. Cambridge: Cambridge University Press, 1991.

[19] Deci E L. Effects of externally mediated rewards on intrinsic motivation[J]. Journal of Personality and Social Psychology, 1971, 18 (1): 105—115.

[20] Deci E L, Ryan R M. Intrinsic motivation and self-determination in human behavior [M]. New York, NY: Plenum Press, 1985.

[21] Deci E L, Ryan R M. The "what" and "why" of goal pursuits: Human needs and the self-determination of behavior[J]. Psychological Inquiry, 2000, 11 (4): 227—268.

[22] Reeve J. Why teachers adopt a controlling motivating style toward students and how they can become more autonomy supportive[J]. Educational Psychologist, 2009, 44(3): 159—175.

[23] Reeve J. Giving and summoning autonomy support in hierarchical relationships[J]. Social and Personality Psychology Compass, 2015, 9(8): 406—418.

[24] Bonneville-Roussy A, Hruska E, Trower H. Teaching music to support students: How autonomy-supportive music teachers increase students' well-being[J]. Journal of Research in Music Education, 2020, 68(1): 97—119.

[25] McPherson G E, Gabrielsson A. From sound to sign [M] //Parncutt R, McPherson G(eds.). The science and psychology of music performance: Creative strategies for teaching and learning. Oxford University Press, 2002: 99—116.

[26] Gaunt H. One-to-one tuition in a conservatoire: The perceptions of instrumental and vocal teachers[J]. Psychology of Music, 2008, 36(2): 215—245.

[27] Gaunt H. One-to-one tuition in a conservatoire: The perceptions of instrumental and vocal students[J]. Psychology of Music, 2010, 38(2): 178—208.

[28] Barlow D H. Unraveling the mysteries of anxiety and its disorders from the perspective of emotion theory[J]. American Psychologist, 2000, 55(11): 1247—1263.

[29] Gaunt H. Understanding the one-to-one relationship in instrumental/vocal tuition in higher education: Comparing student and teacher perceptions[J]. British Journal of Music Education, 2011, 28(2): 159—179.

[30] Davidson J W, Moore D G, Sloboda J A, et al. Characteristics of music teachers and the progress of young instrumentalists [J]. Journal of Research in Music Education, 1998, 46(1): 141—160.

[31] Sfard A. On Two Metaphors for Learning and the Danger of Choosing Just One [J]. Educational Researcher, 1998, 27(2): 4—13.

注重应用型人才培养，开展计算机专业阶段性过程考核

李　敏*

摘　要： 传统的"期末考试制"是目前高校评估学生成绩的主要途径，主要存在教学效果欠佳、容易造成"临时抱佛脚"现象等问题，不利于计算机应用型人才的培养。结合计算机课程的体系特点，针对学生的动手能力较弱、知识点容易遗忘等问题，本文提出"阶段性过程考核改革"，立足理论实验结合的发展之路，培养"既有扎实的理论知识，又适应企业需求"的计算机专业技能型人才，从根本上提升计算机学科的教学质量。

关键词： 期末考试制　过程性考核　应用型人才培养

一、前言

提高动手实践能力是落实计算机课程教学目标的有效途径，培养工程应用型计算机人才是计算机专业培养目标和特点。理论教学和动手实践的有机结合目的在于培养学生成为"既有扎实的理论知识，又适应企业需求"的计算机专业技能型人才，从根本上提升学院办学质量。然而，"期末考试制"是目前高校评估学生成绩的主要途径，这种成绩评估方式存在很多问题，不利于计算机专业学生的培养，主要存在以下几个问题：

（一）"期末考试制"使得传统的实验教学效果欠佳

现有计算机课程实验大都停留在以每周的课程辅助实验为主导上。这

---

* 作者简介：李敏，博士，四川师范大学计算机学院教授、硕士生导师，主要从事信息及网络安全方面的科研、教学工作。

种方式可以使得课程实验紧随理论知识，但是在实际实施中，由于是期末集中考试，许多学生在平时实验中存在严重的拖沓现象，使得实验远落后于理论教学，造成了严重的脱节现象，不利于知识点的及时掌握。

(二)"期末考试制"造成"临时抱佛脚"现象

在现有考核方式下，学生通常会在期末集中复习知识点，而不会在平时的学习过程中主动进行知识点的小结。这种现象不利于知识点的融会贯通，容易造成学生"临时抱佛脚"。

(三)"期末考试制"不利于计算机专业人才培养

现有成绩考核机制从实际执行的情况来看，其优点是对于自制力强的学生可以起到激发创造和创新能力的作用，但这种方式对于自制力弱的学生则存在考核不严的问题，由于平时实验和期末作品都是代码，容易滋生抄袭同学和网上源码的问题，而且由于网络上源码很多，教师检查并判断学生提交的作品是否抄袭难度很大，学生容易蒙混过关，如果让抄袭的学生蒙混过关甚至得了高分会导致对认真完成作业和作品的学生不公平的问题，打击学生的学习积极性。而且，现有成绩评估体系还主要停留在以理论成绩为主导上，过分强调学生对知识的记忆能力，忽略了学生分析问题和解决问题的能力，无法有效引导学生进行自主学习。在这种体系下，极易使学生不重视动手实践，造成"高分低能"现象，不利于计算机应用型人才的培养。

研究者们也进行相关研究，有针对计算机类课程提出的 N＋2 的过程考核，有学者结合"新工科"创新型人才培养和 OBE 理念，采用多层次的过程性考核办法。

综上所述，现有"期末考试制"使得学生在理论和实践两方面的掌握明显不足，在一定程度上影响了专业应用型人才的培养。基于该现状，结合计算机课程的体系特点，针对学生的动手能力较弱、知识点容易遗忘等问题，提出"阶段性过程考核改革"，该项目的研究有如下意义：

1. 立足理论实验结合的发展之路，培养"既有扎实的理论知识，又适应企业需求"的计算机专业技能型人才。

2. 以实验过程考核促进教学，开拓计算机课程教学模式的改革和实践。

3. 从根本上提升计算机学科的教学质量。

二、解决的主要问题

本项目自前期的探索，到项目立项建设至今，"阶段性过程考核改革"在我院多门计算机操作性较强的课程中展开，主要解决了如下问题：

（一）建设完善的阶段性过程考核方案

针对不同课程的特点，建立过程学习和过程考核的规范，包括考试形式、组织实施方式、成绩记录及管理等相关规定和制度。结合计算机专业课程教学目标要求，在现有计算机课程实验基础上，按知识点进行复习小结。考核内容的选取应结合社会需求，分析计算机专业学生应具有的专业技能与综合能力，并转化为对应的典型任务，在基础实验中加入一些工程性强、具有一定拓展性的实验，并在阶段性过程考核中进行延伸，充分发挥学生的创造性和开拓精神。本项目在考核内容设置上，每一阶段一个知识点，注重知识点之间的融会贯通，以期达到以点成线的目的。

（二）探讨良性的循环教学模式

本项目将秉承理论与实践相结合的原则，形成："理论教学→基础辅助实验→阶段性过程考核→调整教学"这样一条循环教学模式，建立"1＋2"教学新格局。

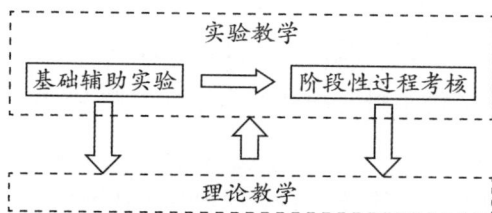

图1 "1＋2"教学新格局

如图1所示，"1"代表课堂理论教学，它是学习专业知识不可或缺的前提条件；"2"代表在理论学习基础上，辅以"基础辅助实验＋阶段性过程考核"，以期提高动手能力，巩固理论知识的掌握；同时，考核结果反馈到教学中，从而建立起"任务驱动型"的教学模式，提高课堂教学质量；建立起张弛有度的"理论学习＋过程考核"的教学模式，充分调动学生的主观能动性，使学生能及时消化课堂知识。

（三）建立有效的成绩量化机制和学生能力评价体系

传统的期末成绩主要考虑卷面成绩，而计算机类课程还应该重视动手能力。因此将过程考核成绩纳入成绩量化范畴，能更全面、公正地判定学生的学习效果。本项目在不同课程的实施中，均调整了卷面成绩在成绩评价中的百分比，将阶段性考核以较高的比值列入成绩评价。其中操作性较强的两门课程《JAVA 程序设计》和《iOS 高级开发技术》没有期末卷面考试，阶段性过程考核分别占期末成绩的 60％和 70％。而理论和操作并重的其他三门课程，期末成绩的评价方式是"平时成绩＋阶段性考核＋卷面成绩"，阶段性过程考核至少占 30％。这样有利于逐步建设一个合理的学生能力评价体系，建立起一个成绩量化的长效机制。

三、改革展开情况

"阶段性过程考核"在我院开展得如火如荼。我院首次在 13141 学期的《数据结构》上进行了改革试点探索，该门课程是第一批四川省线上线下混合式课程，进行试点具有指导性意义。《数据结构》课程包含理论和实验两部分，通过课程算法设计和上机实验训练，培养学生的数据抽象能力、逻辑思维能力和算法设计能力。在该课程的经验引导下，改革顺利推广到《C 语言程序设计》《面向对象程序设计》《iOS 高级开发技术》等计算机核心课程，均取得了较好成效。课题具体开展情况如下：

（一）准备、试点阶段

在试点探讨过程中，主要从如下几个方面展开工作：

1. 形成了完备的筹备会议记录表及考试记录表。由于第一次进行阶段性测试，因此如何进行试题分发、收集，如何避免学生之间拷贝，以及如何处理机子重启恢复等问题，是第一次阶段性上机测试重点讨论的问题。在经过两学期的试点后，形成了一套可供参考的经验和方法。

2. 形成了一套考核大纲，考核方式及评价标准。形成一个知识点一个单元的方式进行考核，在考核内容上坚持平时实验为基础，进行一定的拓展。在考核方式上，为了避免抄袭，提出了单双号试题不同的原则。在

《数据结构》的教学探索中，形成如图2所示的一套教学格局：由于时间把握不够准确，在具体实施中，图形结构及查找、排序未能涉及，在一定程度上影响了知识的融会贯通。这一阶段的探索为下阶段的调整提供了较好的依据。

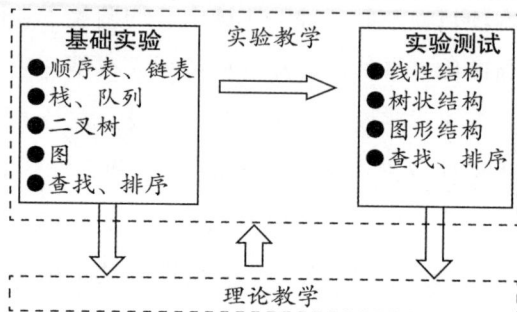

图2 《数据结构》教学新格局

3. 形成了一套期末成绩评定标准。针对理论和实验并重的学科，对传统的平时实验（30％）＋期末笔试成绩（70％）的比例进行了调整，针对阶段性考试的次数，按照一次10％的比重融入期末成绩评定中。

（二）总结、推广阶段

主要从以下几个方面为课题的后续开展提供了很好的指导：

1. 抄袭问题。由于机房考试学生之间间隔比较近，相邻同学可能存在抄袭的机会。通过前阶段的探索，总结出试题至少出两套，分为单双号试题。考试可以借助一定的监考系统和考试平台进行，PTA等。

2. 计算机中毒等突发事件。由于是上机考试，计算机的状况对学生考试会有一定影响。对于一些特殊情况，都有相应的应急措施，以保证学生考试的顺利进行。

3. 考核的分值分配情况。为了建立良好的学生成绩评价体系，通过前期的努力，在阶段性测试中观察学生的考核情况和平时实验情况，制定出相应的期末成绩评定标准。

在该阶段，以《数据结构》为参考，并根据自身课程的特点，制定相应的考核大纲、考核方式及评价标准。在该阶段，不断弥补前期工作中的不足，使得整个过程考核中的时间把握更合理，分值分配相应更合理。在

《数据结构》的课程考核中，将知识点进行了一定融合，将如图 2 所示的查找、排序放在了第一部分来考查，在实际教学中也进行相应调整。从考核情况来看，这一调整取得了较好的效果，促进了教学新格局。其他几门课程的过程考核中，均考虑了自身特点，形成了具有自身特色的教学改革新格局。

（三）评价、完善阶段

在第一阶段准备阶段完成后，在学生中进行了问卷调查，学生普遍反映这种考核方式能促进他们对知识点的掌握和提高动手能力，学生更喜欢这种成绩评价体系。学生评价主要提到以下几个方面：

1. 阶段性考核是一个很好的锻炼。首先，在特定的时间内要完成题目，心态和时间把控都得到了很好的锻炼；其次，把学到的东西真正用代码写出来，学生的编程能力和调试能力都得到了一个很好的锻炼和提升。

2. 阶段性考核有助于知识的掌握。首先，阶段性考试能帮助大家了解自身知识掌握的不足；其次，有助于促进大家一个阶段一个阶段地复习巩固。

3. 阶段性考核有助于老师掌握学生情况。每次考核能较客观地反映学生的真实水平，这样有助于老师掌握学生情况，及时调整教学进度和内容，有很好的促进作用。

在项目的具体实施中，期末都对学生成绩进行了分析对比，各门课程均对实施了改革前后的学生表现和成绩进行了数据对比，具体详见"各门课程阶段性测试总结"。各任课教师都表示学生的分值分布更合理，学生平时实验的积极性更高，整个教学在朝着一个良性的方向发展。同时，还指导学生参加各种竞赛，均取得较好成绩。

四、推广效应及特色

"注重应用型人才培养，开展计算机专业阶段性过程考核"在我院开展得如火如荼，课题以《数据结构》课程为试点，推广到计算机类核心课程，均取得了较好成效，主要取得了如下成果：

（一）建立起较完善的阶段性过程考核方案

针对不同课程的特点，建立阶段性学习和过程考核相关规定和制度，包括考试形式、组织实施方式、成绩记录及管理等相关规定和制度。每门课程按知识点进行阶段性的复习小结和实验考核，建立起完善的考试大纲、考试试卷和评分标准方案，建立起完善的考核体系。

（二）建立起良性的循环教学模式

本项目秉承理论与实践相结合的原则，形成了"理论教学→基础辅助实验→阶段性过程考核→调整教学"这样一条循环教学模式，建立起"1+2"教学新格局。该改革可以对任课教师的上课进度进行有效督促，考试情况同时反馈给任课教师，任课教师可以根据学生情况再进行教学调整，形成了一个良性的教学循环模式。

（三）建立有效的过程考核和学生能力评价体系

每门课程针对阶段性考试进行的次数和要求不同，建立起科学有效的期末成绩评价体系。平时成绩和期末考试成绩的比值不再是传统的3：7，而是采用4：6或5：5的评分标准。过程性考核占据很大的比重。经老师和学生反映，这种模式能更科学地反映学生的学习能力。

（四）学生动手能力提升，教学质量得到较大提高

整个项目从改革探索到项目实施至今取得了较好成绩，该改革在较好地促进学生动手能力的同时，能有效地提升理论教学效果。

五、结语

针对市场需求，理论和动手实践相结合的应用型人才是计算机类课程的培训目标，以该目标为指导的学生能力培养不能只停留在理论知识的掌握上。"阶段性过程考核改革"在考核内容的选取上则结合了社会需求，分析了计算机专业学生应具有的专业技能与综合能力，并转化为对应的典型任务，在基础实验中加入一些工程性强、具有一定拓展性的实验，并在阶段性过程考核中进行延伸，充分发挥学生的创造性和开拓精神。同时，考核内容结合计算机专业课程教学的目标要求，一个知识点一个阶段小结，注重知识点之间的融会贯通，以达到以点成线的目的。这样的改革可

以有效避免"期末考试制"带来的各种问题，开拓了计算机专业技能型人才培养的新模式。

参考文献

[1] 王洪振，白蒙. 过程性考核在《细胞生物学》课程教学中的应用[J]. 家畜生态学报，2022，43(2)：94－96.

[2] 闫海英，龚声蓉，应文豪. 应用型本科计算机专业课程考核方法的改革[J]. 实验技术与管理，2017，34(2)：186－188＋200.

[3] 张全争，田长安，程继海. 谈 N＋2 考核模式——以合肥学院为例[J]. 教师，2012(26)：61－62.

[4] 孙洁. N＋2 过程性考核方式探索和实践——以"数据结构"课程为例[J]. 科教导刊，2023(13)：61－63.

[5] 陈琳. 合肥学院 N＋2 过程考核改革的探索[J]. 教育与职业，2007(32)：176－178.

[6] 王琳，张旭秀，陈晓侠. 基于 OBE 理念的"系统仿真"课程过程性考核模式研究与实践[J]. 工业和信息化教育，2023(3)：45－49.

[7] 涂晓红，胡方霞. 关于《数据结构》教学的思考[J]. 重庆工学院学报，2005，19(5)：140.

建构主义视域下的英语专业教学改革

——以《英国文学》课堂活动设计为例*

麻晓蓉**

摘 要： 随着 ChatGPT 的问世与推广，英语专业人才培养遇到了新的挑战。本文从建构主义视角出发，观照与思考英语专业教学改革，并以英语专业核心课程《英国文学》为例，从"结构性""情境性""社会性"三个维度来分析应该如何设计课堂活动方案，从而实现"以学生为中心"和"以任务为中心"的人才培养模式，也为人工智能时代语言人才培养提供新的思路。

关键词： 建构主义　英语专业教学　英国文学　课堂活动设计

近年来，随着 ChatGPT 的问世与推广，在可预见的未来，人工智能将在很多传统行业中取代人类，这使高校专业人才培养遇到了新的挑战。如何在人工智能时代培养英语人才，建构主义也许能重新为我们提供思路。建构主义（constructivism）也译作结构主义，主要代表人物有皮亚杰（J. Piaget）、科恩伯格（O. Kernberg）、斯滕伯格（R. J. Sternberg）、卡茨（D. Katz）、维果斯基（Vygotsky）等。其课程理论的核心内容是以学生为中心，强调学生对知识的主动探索、主动发现和对所学知识意义的

---

* 本文系四川师范大学 2023 年度校级教学改革项目《英国文学》核心课程项目（项目编号：XJ20230895）阶段性成果。

** 作者简介：麻晓蓉，硕士，四川师范大学外国语学院讲师、硕士生导师，主要从事英语语言文学和翻译研究。

主动建构。这和注重讲授的传统教学比较而言显然具有革命性的意义。过去几十年间，建构主义的学习理论被广泛运用到教学改革中，高等教育中的英语专业也不例外。

在《建构主义与学习科学的崛起》一文中，吴刚分析了建构主义有关学习的三个基本观念："结构性""情境性""社会性"，并进一步探讨了知识生产方式变革对学习的影响及建构主义的思想渊源。本文以这三个基本观念中的情境性和社会性作为切入点，以《英国文学》的课堂活动设计为例，从建构主义的角度分析如何将结构性、情境性和社会性融入英国文学课堂中，并分析在大学英语专业教学中如何以建构主义的角度形成学习为中心的教育观，从而在课堂教学中促进学生的深度学习。

《英国文学》是英语专业的传统课程，也是英语专业教学中的优势课程。根据教育部批准实施的《普通高等学校外国语言文学类专业教学指南》和《普通高等学校本科专业类教学质量国家标准（外国语言文学类）》，《英国文学》作为英语专业本科生的一门专业核心课程，被列为必修课程，尤其对于师范大学英语专业学生在思想政治教育、学科素养提升、教学能力培育以及批判思维培养等方面具有极其重要的意义。

《英国文学》作为专业核心必修课程，在英语专业二年级下学期开设，将语言基本功、中西文化比较、文学鉴赏等多维度的英语综合能力、教学能力和反思能力定为教学培养目标。《高等学校英语专业教学大纲》指出："文学课程的目的在于培养学生阅读、欣赏、理解英语文学原著的能力，掌握文学批评的基本知识和方法。通过阅读和分析英美文学作品，促进学生语言基本功和人文素质的提高，增强学生对西方文学及文化的了解。"因而，通过文学课的学习，以期达到提高学生的基本专业知识以及人文素质和文学品位，培养学生批判性思维的目标。英国文学作为英语专业的一门必修课的教学目的就是使学生熟悉英国文学发展史，英国的一些主要作家及其作品，并对其有一定宏观、系统的了解，以提高学生对英国文学作品的欣赏理解能力，从而熟练地掌握英语语言技能。

更为重要的是，本课程推动学生在了解英国文化的过程中，深入理解中国文化精髓，用社会主义核心价值观来审视、判断社会、历史、科学和文化等重大问题，进而树立中华民族文化自信。

课程目标 1：提升学生的英语专业学科素养。本课程的重点是对文学作品的主题思想、篇章结构、写作风格、文体修辞等方面的分析、鉴赏和评价。在学生已有的语言知识基础上，积极引导学生分析文章的结构、主题、语言特点、修辞手段及写作技巧的运用，提高学生的分析鉴赏能力、对语言文化的领悟力和敏感力及语言运用能力，从而使学生的阅读与写作的水平产生质的飞跃。课程内容涉及政治、经济、社会、语言、文学、教育、哲学、法律、宗教及自然科学等方面，引发学生主动搜寻并综合运用跨学科知识，便于理解教材文本所蕴含的社会特征和文化特征，且能够进行批判性的跨文化反思。

课程目标 2：在教学实践中，循序渐进地培养师范英语专业学生的教学能力。本课程采用教师讲授、师生对话、学生小组讨论、学生讲解等多种教学方式。其中，苏格拉底式启发提问法和任务型分组讨论是主要的教学方式，目的是要引导学生不仅吸收文章的信息和思想，同时帮助学生了解语言如何传递了这些信息、表达了这些思想，将学生已有的语言能力和该学科的认知特点有机结合；充分体现学生的教学主体地位，引导学生参与教学设计、实施和评价，从而获得教学体验、教学技能；学生在参与教学设计和实施的过程中，也会锻炼其独立的研读和思考能力，提升自己的英语综合能力。

课程目标 3：加强课程思政，引导学生对于文本、社会、伦理等关系的思考和讨论，在学习和体验西方文化的同时，领悟中国传统文化的精髓，从而在继承中国传统文化精髓的基础上，创新并弘扬中国文化。同时，本课程也注重培养学生的终身学习意识与能力，故在教学实践中，强调学生对自己学习方法、语言技能、现代技术运用能力等方面的反思，旨在培养学生运用批判性思维方法，分析并解决学习和教学问题的能力。

情景教学是指创设含有真实事件或真实问题的情景，学生在探究事件或解决问题的过程中自主地理解知识，建构意义。教师同样是情景中的事件探究者或问题解决者，教师在与学生共同建构意义的过程中给学生提供必要的帮助。这里的情景是基于现实世界的真实情景，是与现实情景一致或类似的。由于这种教学是以真实情景或问题为基础的，故又称为"实例式教学"或"基于问题的教学"。情景教学中的各种事件或问题是学生要完成的"真实性任务"（authentic task），是教师和学生思想的焦点。通过学生和教师对这些事件或问题的探究，教学内容及其进程成为一个动态的、有机的整体，这些事件或问题恰如一个个锚（anchors），把学生与教师的"思想之锚"固定在知识的海洋之中，在对知识的纵深探究中不断建构每一个主体真正的意义。因此，也有人把这种教学形象地称为"抛锚式教学"（anchored instruction）。

在英国文学的教学方案中，有英国剧作家威廉·莎士比亚的名剧《裘利伊斯·恺撒》选读。在课堂解读中，教师结合文本，启发学生思考剧中人物的立场和选择。除了主角，剧中的 Plebeians 也耐人寻味，剧作家通过众人的喧哗与骚动，展现权力与民众的微妙关系。如何让学生更加深入地体会众声喧哗，体会在现代社会达成一致？本课程设计了名为"龙湖村的选择"的课堂活动设计。首先引入利益相关者（stakeholder）的概念，并采取自愿的方式，将全班同学分为不同小组。在不了解各个利益相关方的立场的前提下，进行分组，有利于锻炼学生的理解和应变能力。将利益相关者分为以下几组：龙湖村（10）BBT 公司（4）政府（4）国际非政府组织（4）基层非政府组织（4）邻近村庄（4/3）。

要求：分析利益相关者的立场和兴趣。在团队内部进行谈判，达成一致意见，包括设定底线。与其他利益相关者进行谈判，尽力达成共识。

这个环节要求学生以小组为单位，迅速了解谈判需要的情景，设置如下：

2.1 龙湖村 龙湖村是一个美丽而偏远的地方，宁静宜人。当地居民以捕鱼为生，他们以每公斤 5 元的价格出售鱼。村民的平均年收入为 5,000 元。该村只有一所学校，没有诊所，村民的交通依赖于建于三十年前且现在已相当危险的破旧道路。

2.2 BBT 公司 BBT 公司是一家全国性的合作企业，位列该国高利润公司前十名。BBT 的科学家在龙湖村附近发现了一座珍贵的金属矿山。董事会决定在那里建立工厂，这意味着村民将被迁移。如果项目进展顺利，BBT 的年度利润将翻倍增长。当然，这应该以低成本完成。BBT 还设有企业社会责任（CSR）分支。

2.3 政府 当地政府财政预算有限，负债累累。官员们急于吸引更多投资，增加税收，并赢得良好的政治声誉。他们承诺可能被迫搬离的龙湖村民，政府将要求 BBT 支付新住房和雇用他们，作为他们的损失补偿，因为如果建厂，村民将无法继续捕鱼。

2.4 国际非政府组织 绿色和平是一家著名的非政府组织。来自绿色和平的志愿者认为 BBT 公司在龙湖村的项目将对当地生态系统造成灾难性影响。他们希望说服村民反对该项目。如果村民必须接受该项目，他们希望 BBT 承诺遵守环保协议并保护村民的利益。

2.5 基层非政府组织 蓝天是由两名本地年轻人创立的当地非政府组织。他们希望保护当地环境，但也希望改善龙湖村的教育、医疗保健和交通条件。

2.6 邻近村庄 一些代表来自邻近村庄，他们以种植玉米为生，平均年收入为 2,000 元。BBT 项目将重建穿过他们村庄的道路，这可能会改善他们的生活条件。许多这些村庄的村民希望在工厂找到工作。

共识建立 立场：你想要什么？兴趣：你为什么想要它？现在请分析你的兴趣。

学生在讨论中需要思考并回答以下问题：

· 我从协议中需要什么关键事项？

· 这对我为什么重要？

· 这真的关系到我吗？

· 如果……我们是否会朝着正确的方向前进？

谈判能力 这是影响他人决策的能力。权力的来源包括：

· 联盟

· 一个良好的 BATNA（最佳替代协议）

· 信息

· 技能和知识

· 对所有利益相关者都可接受的解决方案

　　最后是回顾：你们是否达成了完全一致的协议？协议是否现实可行？是否可持续？你是否为你的团队的谈判结果感到自豪？桌上的每个人是否都达到了他们的预期结果？你是否最大化了共同获益？如何判断？你是否建立了关系？（你是否愿意再次与他们谈判？他们是否愿意再次谈判？）

　　根据采用此课堂活动设计的学生反馈，都觉得这样的课堂活动参与度高，收获大。毕竟对于英语专业的学生而言，《英国文学》不仅提供了关于自然、人类历史、文化、经济、文学、现代生活等语言素材，有利于培养学生扎实的英语语言基本功、厚实的英语语言文学知识和必要的相关专业知识，而且精选了有利于教师引导学生阅读、分析并辨别中西文化的伦理、价值观异同的主题，在拓宽学生国际视野和文化知识、提升文化素养和思辨能力的同时，自然而然地引入社会主义核心价值观、爱国主义教育，适时且有效地加强了学生的思想政治教育。

　　在《英国文学》课堂教学设计中加入结合"社会性""结构性"和"情境性"的活动，符合建构主义所提倡的以学生为中心的任务式学习，是对英语专业人才培养的有效改革措施，也有待进一步扩展与改进。

参考文献

[1] 陈明. 建构理论视域下英语 SPOC 多维构建及实例设计[J]. 教师博览（科研版），2017，7（8）：7—10.
[2] 高等学校外语专业教学指导委员会英语组. 高等学校英语专业英语教学大纲[M]. 北京：外语教学与研究出版社，2000.
[3] 吴刚. 建构主义与学习科学的崛起[J]. 南京社会科学，2009(6)：98—104.
[4] Vygotsky, L S. Mind in Society[M]. Harvard University Press, 1978.
[5] Vygotsky, L S. Thought and Language[M]. MIT Press, 1986.

附录：
《英国文学》课堂活动设计方案
Longhu Village's Choice

1. Stakeholders：
Longhu Village(10)
BBT Inc.（4）

Government(4)

International NGO(4)

Grassroots NGO(4)

Neighbor Villages(4/3)

2. Requirements：

Analyze the stakeholder's position and interests.

Negotiate within the group and reach a consensus，including drawing the bottom line.

Negotiate with the other stakeholders，and try to reach a consensus.

2.1　Longhu Village

Longhu Village is a beautiful place，remote and peaceful.

Local people's livelihood is fishing.　The price they sell fish is 5 yuan per kilogram. The average income of the villagers is 5,000 yuan per year.

There is only one school and no clinic in this village.　The villagers' transportation relies on the poorly maintained road，which was built thirty years ago and has become quite dangerous.

2.2　BBT Inc.

BBT Inc. is a national corporation，listing top 10 of this country's high－profit companies.

BBT's scientists discovered a precious metal mine near Longhu Village.　The board decided to build a factory there，which means the villagers would be displaced.

If the project goes well，the annual profit of BBT will double.　Of course，it should be done at a low cost.　BBT has a CSR (Corporation Social Responsibility) branch.

2.3　Government

Local government is limited with budget and deep in debt.　The officials are eager to invite more investment，to increase tax revenue and gain a good political reputation. They promise the possible displaced Longhu villagers that the government will make BBT pay for the villagers' new housing and employ them，as a compensation to their loss， because they cannot fish anymore if the factory is built.

2.4　International NGO

Green Peace is a famous NGO.　The volunteers from Green Peace thought BBT's project at Longhu Village would be a disaster to local ecosystem.

They want to persuade the villagers to object to the project.

If the villagers have to accept this project，they want to make BBT promise that they would follow environmental protocol and protect the villagers' interest.

2.5　Grassroots NGO

Blue Sky is a local NGO started by two local young men.

They want to protect the local environment, but they also want to improve the education, medical care and transportation of Longhu Village.

2.6　Neighbor Villages

Some representatives are from the neighbor villages. Their livelihood is corn farming. Their average annual income is 2,000 yuan.

The BBT project will rebuild a road across their villages, which may improve their living condition.

Many villagers from these villages want to find a job in the factory.

3. Consensus Building

Position: What do you want?

Interest: Why do you want it?

Now please analyze your interests.

4. Answering the questions:

—What are the key things I need from an agreement?

—Why is that important to me?

—Is it really something that concerns me?

—Would we be moving in the right direction if…?

5. Negotiation Power

It is the ability to influence others' decisions

Sources of power are:

—Coalitions

—A good BATNA

—Information

—Skill and Knowledge

—A solution agreeable to all stakeholders

6. Review

Did you reach full consensus on an agreement?

Is the agreement realistic? Is it sustainable?

Are you proud of your group's negotiation and outcome?

Did everyone at the table have their outcomes met?

Did you maximize joint gains? How can you tell?

Did you build relationships? (Would you want to negotiate with them again? Would they want to negotiate again?)

工程力学教育教学改革：历史、现状与展望

王　超*

摘　要： 工程力学作为工程学科的基石，在高校教育中具有重要地位。本文旨在探讨工程力学教育的历史演进、现状以及未来的发展展望。首先，介绍了工程力学在高校教育体系中的地位和作用，以及工程力学课程融入思政教育的重要性。其次，回顾了工程力学的历史发展，从经典力学到现代工程力学的演变过程。再次，探讨了工程力学教育目前面临的挑战，如教学内容的更新、教学方法的创新等，并提出了相应的改革建议。最后，展望了工程力学未来的发展方向，强调了跨学科融合、数字化技术应用等对工程力学教育的影响。

关键词： 工程力学　教学改革　人才培养

一、引言

工程力学作为工程学科的基础，对培养工程技术人才具有重要意义。随着社会的发展和科技的进步，工程力学教育也面临着新的挑战和机遇。本文将从工程力学的地位、思政教育、历史演变、现状与挑战、未来展望等方面进行探讨。

工程力学作为工程学科的核心内容，是培养工程人才不可或缺的一部分。它涵盖了力学的基本原理，为学生后续的专业学习打下坚实的基础。

---

* 作者简介：王超，博士，四川师范大学工学院管理系副教授，硕士生导师，主要从事力学、工程结构方面的科研、教学工作。

工程力学课程还具有培养学生分析和解决实际工程问题的能力，培养学生团队合作精神的作用。在高校教育中，工程力学不仅仅是一门课程，更是一种思维方式和解决问题的方法。它培养了学生的逻辑思维能力、创新能力和工程伦理观念，为学生的综合素质提升奠定了基础。

工程力学课程作为一门基础课程，除了传授专业知识外，还有着重要的思政教育意义。在工程力学的教学过程中，可以融入社会主义核心价值观、职业道德等内容，引导学生树立正确的人生观、价值观和社会责任感。通过分析实际案例，培养学生的伦理判断能力和社会责任感，使他们在工程实践中能够更好地遵循道德规范。

二、工程力学的历史与发展

工程力学的历史可以追溯到古代，从经典力学的发展到现代工程力学的形成，它经历了漫长的历史进程。经典力学为现代工程力学提供了坚实的基础，而现代工程力学则在实际工程问题中不断发展和演变。随着科技的进步，工程力学在多学科交叉融合中展现出新的活力，不断为工程实践提供支持。

力学是最古老的科学之一，它是社会生产和科学实践长期发展的产物。随着古代建筑技术的发展，简单机械的应用，静力学逐渐发展完善。公元前5—前4世纪，在中国的《墨经》中已有关于水力学的叙述。古希腊的数学家阿基米德（公元前3世纪）提出了杠杆平衡公式（限于平行力）及重心公式，奠定了静力学基础。荷兰学者S.斯蒂文（16世纪）解决了非平行力情况下的杠杆问题，发现了力的平行四边形法则。他还提出了著名的"黄金定则"，是虚位移原理的萌芽。这一原理的现代提法是瑞士学者约翰·伯努利于1717年提出的。

动力学的科学基础以及整个力学的奠定时期在17世纪。意大利物理学家伽利略创立了惯性定律，首次提出了加速度的概念。他应用了运动的合成原理，与静力学中力的平行四边形法则相对应，并把力学建立在科学实验的基础上。英国物理学家牛顿推广了力的概念，引入质量的概念，总结出机械运动的三定律（1687年），奠定了经典力学的基础。他发现的万有引力定律，是天体力学的基础。以牛顿和德国人 G. 莱布尼兹所发明的微积分为工具，瑞士数学家 L. 欧拉系统地研究了质点动力学问题，并奠定了刚体力学的基础。

在古代建筑中，尽管还没有严格的科学理论，但人们从长期生产实践中，对构件的承力情况已有一些定性和较粗浅的定量认识。早期的材料力学是以木材、石头等脆性材料为研究主体，由于其变形很小，所以不可避免地具有很大的局限性。随着工业的发展，在车辆、船舶、机械和大型建筑工程的建造中所碰到的问题日益复杂，单凭经验已无法解决，这样，在对构件强度和刚度长期定量研究的基础上逐渐形成了材料力学。材料力学在 19 世纪中叶发展到鼎盛时期，基于杆件结构的变形提出了以下几个问题：拉伸、弯曲、扭转、稳定、强度。这也是现如今材料力学知识的主要构成。

20 世纪以来，随着科学技术的发展，逐渐形成了一系列以理论力学与材料力学为基础的新力学学科；并与其他学科结合，产生了一些交叉学科，如地质力学、生物力学、爆炸力学、物理力学等。力学模型也越来越多样化。在计算工作中，已广泛采用了电子计算机，解决了过去难以解决的一些力学问题。

三、工程力学与经济社会发展的关系

工程力学中静力学与动力学的发展历程和轨迹一直是物理学的一个重要分支，而且是物理学发展成熟最早且带有引领性的一个分支，至今在大中学的物理教材中前三章仍然是静力学、运动学和动力学，然后才是声、光、电、核等内容，国际上许多国家都不专门设置独立的力学专业和研究科室，而将力学放在物理学的框架之内，这不仅是历史惯性形成的，恐怕也有其合理的一面。钱学森回国之后一直倡导力学应归入技术科学，1957年中国力学学会成立大会上，钱学森作了"论技术科学"的报告，他依据科学发展的历史将人类认识和改造自然划分为自然科学、技术科学和工程技术三大类，进而阐述了三者的相互联系，他认为发展到今天，必须强调发展"技术科学"这一层次的重要性，这个讲话为力学工作者指出了力学科学研究的正确方向和定位。1958 年 8 月,中国力学学会召开常务理事会,钱学森作了"争取力学工作'大跃进'"的报告,从航空、运输、机械制造、水利、土木建筑、化学工业、冶金工业、石油工业和农业 9 个方面,提出了力学的科学研究方向和任务。

在技术科学思想的指导下,一些与国民经济密切结合的力学领域得到了迅速发展,并组建了相应的学术团体,首先是发展最为成熟的工程力学,随后爆炸力学、生物力学、环境力学等相继成立,一些与国防密切相关的力学研究课题与项目得到了更多的关注,加速了我国这方面的发展。1960 年 11 月我国在酒泉成功地发射了第一枚近程导弹,1964 年 6 月又发射了一枚中近程导弹,1966 年 10 月又成功地完成了中近程导弹运载原子弹的"两弹结合"飞行试验。从土木水利到电气通信,从地质气象到机械冶金,工程力学知识体系几乎无处不在,这种无处不在是因为各行各业需要它,更是由于力学对这些行业有其重大的不可代替的主导作用。据与国外造纸专业的学生接触过的同行介绍,造纸学院的课程设置中力学是一门重要的基础课,而且弹性力学、塑性力学都要学一点,原来纸的一个重要指标是它的力学指标,如抗拉、抗折、抗撕裂……如果造纸这种专业尚且要学力学,力学的影响面和专业覆盖面或涉及面就远不止前文提到的那些领域了。

(一)航天、卫星发射与信息技术

1961 年 4 月苏联加加林开创了人类首次绕地球的航天飞行,8 年以后的 1969 年 7 月美国三名宇航员开启了登月飞行。从那以后,先后有 24 人尝试过登月飞行,其中半数登月成功。我国的杨利伟在 2003 年 10 月 15 日,乘坐神舟五号飞上太空绕地球飞行两天后,于 10 月 17 日安全返回,圆了中国人民的航天梦;2005 年 10 月费俊龙、聂海胜乘坐神舟六号飞船再次飞上太空,并且遨游太空 5 天,完成一系列太空实验后安全返回地面。2008 年 9 月翟志刚等三人乘神舟七号绕地球飞行三天,其间翟志刚还出舱行走。单就航天服而言,其中的力学问题就有如何克服太空的零气压(舱内比较容易解决)保证出舱后航天员活动的机动灵活性,氧气供应以及出舱后人员与舱体同步的保证系统等问题。

（二）新能源的开发和利用

所谓新能源目前泛指低排放、低污染的符合低碳经济原则又可持续发展的能源，一般指水能、核能、风能和太阳能的利用，关于水能的利用全球开发得较早，我国应属走在前边的。

我国是全球水能资源相当丰富的国家，新中国成立后，特别是改革开放之后，一直积极开发，截至 2009 年末统计，我国已开发的水能占水能资源的 34%，水电装机达到 2 亿 kW，年发电量约 6000 亿 kW·h，是世界最大的水力发电国，目前还有继续增长的趋势。

（三）高铁发展

在过去十年，中国高速列车迎来了爆炸式的发展。说起高速列车，我们印象最深的就是它"子弹头"形状的流线型头型，与之前方方正正的"绿皮车"有明显的区别。高速列车采用流线型头型，目的是优化其空气动力学性能，降低空气阻力、压力波、噪声等，提高运行速度。优化以上问题，需要具备以工程力学为基础的多门其他力学学科。

（四）具有战略意义的重大项目和举措

中国国土面积大、人口多、周边邻国多，过去曾饱受外来侵略，内战频繁，1949 年中国人民终于站起来了，要真正立足于世界民族之林，必须尽快做到民富国强。1978 年改革开放以来开展了一系列具有重大战略意义的建设和举措，令人振奋，这些项目是举国上下各行各业、各个学科共同努力的结果，力学自然也包括在内，且常常起较大的作用。

四、工程力学教育面临的挑战及改革建议

当前，工程力学教育也面临着一些挑战。教学内容需要与工程实践相结合，保持时代的前沿性；教学方法需要创新，培养学生的实际操作能力和问题解决能力。为此，可以通过构建实践性强的教学案例、开设跨学科课程等方式来推进工程力学教育的改革。将继续与其他学科交叉融合，形成新的交叉学科；数字化技术的应用将为工程力学教育带来全新的可能性，如虚拟实验、仿真教学等。同时，工程力学人才的需求也将随着工程领域的发展持续增加，培养具有创新精神和国际竞争力的工程人才将成为未来的重要任务。

（一）教学内容更新的挑战

工程力学领域的知识不断发展和演进，新的理论、技术和方法层出不穷。然而，教材和课程内容更新相对缓慢，导致学生可能学习过时的知识，无法与时俱进。

改革建议：

·定期更新教材和课程内容，纳入最新的研究成果和工程实践案例。

·引入前沿技术和热点领域，如人工智能、可持续发展等，使课程更具吸引力和实用性。

（二）教学方法陈旧的挑战

传统的工程力学教学方法以理论授课和实验为主，缺乏与实际工程问题的紧密联系，无法培养学生的创新和问题解决能力。

改革建议：

·引入案例教学，将理论与实际案例相结合，培养学生分析和解决实际问题的能力。

·开展实践性强的课程项目，让学生亲身参与工程设计、建模和仿真，提升实际操作能力。

（三）跨学科融合不足的挑战

工程领域的发展越来越强调跨学科合作，而传统的工程力学教育往往较为孤立，无法满足工程实践的跨领域需求。

改革建议：

·设计跨学科课程，将工程力学与其他相关学科（如材料科学、计算机科学等）结合起来，培养学生的综合素质。

·建立跨学科研究团队，促进师生间的学科交流和合作。

学习工程力学相关的学生，相当一部分将成为未来的工程师、祖国未来的栋梁，他们不仅要有过硬的专业知识，更应该有正确的理念和信仰，这样能更好地站好自身的岗位。在学习专业知识的同时，要学会保持正直诚实、团结协作的精神，要认可自己所从事的工作并端正自己的心态。在人的一生中保持积极学习，用最有益于全人类的方式促进工作的有序开展。

五、结论

工程力学教育教学改革是适应时代需求的必然选择，它不仅关乎高校的教育质量，也关系到国家的工程事业发展。通过加强工程力学课程的思政教育意义，充实教学内容，创新教学方法，以及促进跨学科融合，工程力学教育将在未来取得更加显著的成就。

参考文献

[1] 刘杨，姚征，夏冬生，等. 工程教育认证背景下工程力学课程教学改革研究[J]. 科教导刊，2023(4)：119－121.

[2] 王晔，李磊，杨诗婷. "工程力学"课程教学改革探讨[J]. 西部素质教育，2023，9(4)：163－166.

[3] 李宁，倪君辉，陈希良，等. 从工程案例引申课程思政的力学课程改革与实践[J]. 教育教学论坛，2023(2)：73－76.

[4] 丁俊，孙建强，汤历平，等. 基于微信平台的"工程力学"课程教学改革探讨[J]. 教育教学论坛，2023(12)：85－88.

[5] 李咏梅. 基于雨课堂教学平台工程力学课程教学改革的探究[J]. 科技视界，2022(22)：104－106.

[6] 刘海蛟. "以赛促教"在《工程力学》课程教学改革中的实践应用[J]. 山西青年，2023(2)：54－56.

[7] 温伟斌，韩衍群，侯文崎. 课程思政融入生产实习的教学改革与探索——以工程力学专业为例[J]. 科教文汇，2022(15)：84－87.

美国词汇阅读教学实证研究对大学英语教学的启示

王　茜*

摘　要： 近年美国词汇和阅读教学的实证研究结果显示，几乎没有证据证明词汇教学对一般性阅读理解能力的提高有帮助，但是对含有所教授词汇的篇章的理解有支持作用。同时，占美国阅读教学主导地位的沉浸式教学和平衡式教学，以及各种形式的词汇教学，因为没有对阅读理解的明确和系统指导，对学生的阅读理解能力的提高效率很低。笔者反思了大学英语教学，提出增加教学阅读量，加强英文文本特点教学以及改进词汇教学方式为核心的教学模式，以期提高大学英语词汇和阅读教学的效率。

关键词： 词汇教学实证研究　阅读理解　阅读量　词汇教学英语文本特点

近十年来，美国词汇教学实证研究[①]揭示出，词汇教学对学生总体通用阅读理解能力的贡献甚微；而对含有所教词汇的特定篇章阅读理解能力有所贡献，但后者有效性的前提条件是用特定的词汇教学方式，即主动教学，让学生尽量多参与词汇理解和运用的教学活动。然而，关于在这种方式下，教师教多少词汇，占用多少授课时间，具体什么方法效率最高，仍然缺乏足够的实证研究证据。因此，对一线的教师，无论是母语教师和二

---

* 作者简介：王茜，硕士，四川师范大学国际教育学院讲师，主要从事英语教学、中西文化比较研究。

① 这里的词汇教学研究是针对母语为英语的学生。基于语言学习的共通性，笔者认为对二语学习者仍然有指导意义。

语教师，在实际课堂词汇教学上，都面临着总量和效率的困境。美国语文教学研究界一直指出词汇教学低效的问题。《小学教育国际电子期刊》(2019，Jeffrey) 从实证研究的角度指出：自由阅读，比词汇的深入教学，对提升学生阅读理解能力有效很多，是后者的 1.7 倍。[①] 国内的词汇教学研究，多致力于如何教词汇，也就是如何深度处理词汇，比如多模态理论指导下的词汇教学法，数据库支持下的词汇教学，互联网移动模式辅助的词汇教学，但几乎都是聚焦于如何进行主动教学的问题，但是主动教学的词汇数量太少，对学生阅读理解的提高远远不够。而大学英语教学核心的问题是如何有效提高学生词汇能力和阅读理解的能力，因此本文试图借鉴美国词汇教学的实证研究结果，阐明对实际教学中如何提高词汇总量与阅读教学效率的启示。

一、美国词汇教学的实证研究与大学英语课程教学

本文所引用的美国词汇教学的实证研究，主要是指在 2016 年 7 月 12 日发表在《阅读研究季刊》上的《对影响文本理解的词汇教学研究的系统文献综述》[②]。该论文系统研究了从 1965 年到 2015 年这 50 年中的词汇教学研究成果，从中选出符合研究者标准的 36 篇研究论文。这 36 篇研究论文都考查了学生的两种阅读理解模式，分别为理解包含所教词汇的篇章或者更广泛的随机的阅读篇章。同时，这 36 篇研究论文都研究了词汇教学干预的模式，分别为：直接的词汇意义教学和词汇学习的策略教学。该文献综述根据自己的编码和分析，得出四个研究结论：1. 有关词汇意义的教学在任何情况下都对包含所教词汇的篇章理解起支持性的作用。2. 对于包含所教词汇的篇章理解，聚焦于学生主动处理词汇的教学比仅仅给予含义，或者词典方式的教学更有影响力，但是不知道要教学的内容是多少

---

① Mcquillan J L. The Inefficiency of Vocabulary Instruction[J]. International Electronic Journal of Elementary Education，2019，11(4)：309—318.

② Wright T S, Cervetti G N. A Systematic Review of the Research on Vocabulary Instruction That Impacts Text Comprehension[J]. Reading Research Quarterly，2016，52(2)：203—226.

才是足够的。3. 对于广泛通用的篇章阅读理解能力,即便是长期的,多角度的,大量的词汇教学,但是是否能提高学生的理解能力,实证证据仍然不足,非常有限。4. 目前,没有任何实证研究证据证明一种或者两种解决词语意义的策略能提升学生的广泛阅读理解的能力。[①]

这篇文章是对美国近50年词汇教学对阅读理解能力理解的影响力研究的一次非常全面的整理和综述,选取的36篇论文的实证研究对象,都是3年级到12年级的学生,大部分(22篇)是3年级到5年级的学生。美国学生一年级的入学词汇量是2000左右,到4年级基本也能到6000左右,发展不错的学生可以到达10000的词汇量。所以大部分研究的对象,即3到5年级的学生和中国大学生的词汇量非常相似,可以作为阅读理解发展研究的可借鉴的基础。2007年中国教育部发布《大学英语课程教学要求》,明确指出较高英语能力的要求。在词汇方面要求到达5500个单词和1200个词组,在阅读理解能力方面要求能基本阅读英语国家的报纸杂志的一般性文章。由此看出,美国实证研究综述的研究对象和中国大学生的基础水平比较相当,具有借鉴意义。

一直以来,大学英语课程教学都面临教学效率的问题。随着大学的扩招和课程学分的不断压缩,课堂效率问题越来越突出。一方面,英语基础不错的同学,可以"裸考"过四级甚至六级,但是一旦放松学习,会明显觉得大学的英语水平倒退严重。另一方面,英语老师面对大班教学中学习需求不相同的学生,也在困惑如何在有限的时间内提高教学的效率。面对复杂的学生水平和需求,教师很难通过普通的听说读写均沾的教学模式吸引学生。教育部2017年版《大学英语课程教学要求》也只是明确了一个目标,高校学生背景差异巨大,英语老师需要结合自身情况,设置适合学生的教学计划。

然而,词汇教学是大学生英语能力提高的基础。词汇的提升和5项语言技能的提升相辅相成,二者互为因果的关系。目前的教学状况是词汇的

---

① Wright T S, Cervetti G N. A Systematic Review of the Research on Vocabulary Instruction That Impacts Text Comprehension[J]. Reading Research Quarterly,2016,52(2):203－226.

重要性众所周知，但实际情况是教师不愿意讲，学生不愿意听，造成此种情况的部分原因是词汇教学的方法单一和效率低下。如同在美国词汇教学实证研究综述中的发现：即便是词汇教学有效果，但主动深入的词汇教学非常耗时，面对如此多的词汇，课堂的主动讲解杯水车薪。因此，很多老师会完全放弃词汇教学，转而培养学生的其他的语言技能，让词汇在技能训练中自然增长。近年美国词汇教学实证研究的对象，和国内大学英语课程的教学也非常匹配，作为大学英语课程的教师，可以利用和借鉴，总结分析出一些提高大学英语的词汇教学和阅读理解教学效率的方法和途径。

二、词汇实证研究对提高大学英语课堂教学效率的启示

（一）大学英语课程中阅读材料的词汇总量和阅读的有效完成问题

如前所述，在美国词汇教学实证研究中发现，对于含有所有教授词汇的文章，在阅读之前或者阅读期间，教师提供即便是简略的意义指导，比仅仅是阅读中间直接接触单词，对提高阅读理解更有效。而对于提高整体阅读理解的能力，任何方式的词汇教学都没有显示出效果。姑且不谈论上文所提"任何方式"的词汇教学是否存在教学方法的问题，但是词汇教学总量不够，是实证研究中非常明显的问题。[①] 在谭雅所做的研究综述中描述，学生在 20 周的时间中，每天花 60 分钟的时间深度学习 1 个单词，总共才习得 70 个单词。从常识推断来讲，这 70 个单词无法支持一般性阅读理解的发展。而且，大部分教学实验使用主动处理的词汇教学方法，都是 3—10 分钟处理一个单词。因此，在实验中，学生整体习得的单词总量都不多。但无论怎样，都说明这么少的词汇总量，不足以提高学生的整体阅读水平。无论采用什么词汇教授方法，有限的词汇教学是根本不够的。但是，在实际的大学英语课堂教学中，一个学期的词汇教学和习得任务缺乏得令人惊讶。

例如，现在使用量最大的英语教材《新视野》，4 册教材的积极词汇

---

① Wright T S, Cervetti G N. A Systematic Review of the Research on Vocabulary Instruction That Impacts Text Comprehension[J]. Reading Research Quarterly, 2016, 52(2): 203 - 226.

为 2126 个，一般词汇为 4148 个，平均下来一个学期的积极词汇为 532 个，一般词汇为 1037 个。[①] 但是考虑到教材是十个单元，每个单元两篇文章。从现有的每周 3—4 节课的课时量，最多能处理一半的阅读篇章。所以词汇最多的习得数目是积极词汇 266 个，一般词汇 519 个。这是一个学期学习任务的"天花板"。从学生的实际学习情况看，大部分同学能习得的百分率为 60%。因此，大学生一学期的学习词汇量一共是 400 个不到，一年 800 个不到。从大一平均入学词汇量 3000 个计算，两年后要达到大学英语六级 6000 个的词汇量，明显是有一定的难度。要提高学生的一般性阅读能力，词汇仅仅是其中最基本的一项。其他能力包括英语篇章的特点，文化背景，阅读策略。但无论如何，需要词汇的基础，一般性阅读能力才能真正得到提升。

因此，大学英语课堂教学如果要真正提高学生一般性阅读理解水平，首先必须增加词汇的数量和篇章阅读的数量。仅仅依靠现有的教材，提高词汇量和一般性阅读理解能力的希望几乎为零。这也是为什么学生辛苦学，老师辛苦教，还是觉得提高不大，课堂效率不高的原因。在《阅读理解教学的科学》一文中，雷尔提出，大量的阅读体验对于提高阅读理解的熟练度，是必要，但不是充要条件。[②] 然而，在大学英语教学过程中，连大量阅读都很难做到。即便是有些教材提供了配套教材，但缺乏引导和监管，或者教学方式很难吸引学生阅读，这些阅读篇章也是形同虚设。因此关键问题是在保证大学英语课程的课本阅读文本能消化完成的情况下，如何增量。增量阅读文本是必要条件。

因此，词汇量和阅读量的增加是关键问题。从大学英语六级的词汇要求看，学生需要每学期习得各种词汇 800 个，考虑到遗忘率，实际词汇量应该在 1400 个，需要在阅读量为 3 倍课文内容的阅读练习中习得。一个学期 15 周新课教学时间，如果要在 15 周完成这 1400 个的词汇量，学生

① 张军，刘艳红. 从大学英语教材词汇看《大学英语课程教学要求》的指导意义[J]. 当代外语研究，2015(6)：23—28+77—78.
② Duke N K，Ward A E，Pearson P D. The Science of Reading Comprehension Instruction[J]. The Reading Teacher，2021，74(6)：663—672.

每周的习得词汇在 90 个左右，相应的阅读量为 1 篇课文内容（现有教材基本是原版报纸杂志文章，字数为 700 字左右，学生可以习得的词汇量为 35 个左右），加上 2 篇到 3 篇字数为 400 字左右的短文（相当于一篇六级阅读理解长度的文章）。其次，为了让学生能在课上或者课下顺利完成阅读，提高学生阅读的意愿和兴趣，所选择的阅读篇章，除了本课程的教材文章之外，应该尽量选择短小、难度相对较低、话题比较贴近日常生活，或者比较贴近学生专业的阅读文本。在时间许可的条件下，有视觉和口头的信息，即有音频和视频的词汇信息，学生的阅读篇章理解效果更好。也就是说，只有形式和内容多样的阅读文本，才能真正吸引学生，保证学习兴趣，否则，学生完成阅读的可能性就很低。

为了实现激发学生的阅读兴趣的目的，在教学实际中可以用过程性评价的小测验和课堂活动多形式来实现。如果只是一种模式的词汇和阅读训练，学生肯定会觉得比较无聊。因此在时间有限的课堂，阅读理解的文本处理方式可以多样化。比如，因为课文篇幅相对比较长、比较难，可以采用学生课前预习，课上小测验的方式。大部分学生都很在乎自己的分数，因此会比较努力地完成阅读理解任务。课堂小测验应该控制题量，重点突出，尽量 10 分钟内完成，在课堂上尽量去处理在阅读理解上因为词汇、主旨、结构、语法造成的误解。这样可以促使阅读理解的有效完成。

除了课本之外，应尽量让同学们在课堂上做两遍补充材料阅读。教师可以提前让同学们预习补充材料阅读的单词表，这样可以减少课堂阅读的难度，阅读速度也可以提高，课堂完成度就会比较好。课堂阅读材料的处理，就可以采用多模式的形式，比如采用音频的模式，边听边读，同时训练听力和阅读理解两种技能；也可以采用问答结合的活动，让同学们尽量参与到课堂活动中来，参与是课堂教学非常重要的问题，也是学生对课程产生兴趣的前提和基础。

（二）大学英语课堂教学中词汇教学的效率问题

如上文所述，在大学英语教学中，学生完成一定量的篇章文本阅读，是阅读理解提高的必要条件，但不是充要条件。虽然现有的研究无法证实词汇的讲解和积累对通用阅读理解的提高有帮助，但是对含有教学单词阅读文本的理解是已经证实有效果的。这就涉及如何在课堂上教授单词的问题。

现有的词汇实证研究已经表明，不论是用哪种方式，在阅读之前即便是简单的讲解单词都会对理解产生帮助作用。因此，无论是何种材料的阅读篇章，教师都可以在学生阅读之前进行词汇指导，包括读音、形态学、比较常用的单词、上下文的搭配。从实际教学看，为了提高效率，词汇在课堂上的教学，都只能是点到为止，没法做深入处理，学生对有兴趣的单词，可以课下再查阅研究。教师在课堂上，可以把词汇阅读的数量放在第一位。词汇的理解和复现，可以通过小测验和课堂的问答环节，进一步加深印象。如果阅读之前的简单讲解是第一次接触，学生的第二次阅读和第三次阅读，加上课堂的小测、问答和课堂复习，单词的复现率可以在有效间隔的时间下达到至少 4 次，可以大大提高词汇理解力。

总之，主动处理的深度词汇教学虽然有效，但是费时，教师在课堂上对词汇的教学，点到为止即可，可以把词汇的教学，更多放入篇章句子的理解中，在上下文环境中阅读和熟悉词汇。

（三）大学英语教学中篇章结构特点的教学

近年来，在美国非常普遍的沉浸式外语教学法和平衡式阅读教学法受到很多实证研究的质疑。[①] 质疑的原因是学生的阅读理解水平没能得到显著的提升，因为教师在教学中注重培养的是学生对阅读的兴趣，没有直接清晰的阅读理解指导，而仅仅是让孩子们爱上阅读，理解的结果怎样不关注，并不注重学生理解力的提高。阅读的科学研究发现，阅读理解能力的提高需要系统地、循序渐进地教授从语音学、词汇学、句法学，到语义学、语篇的知识，也就是需要精确地指导学生，对其错误的理解要有效诊断并反馈，引导学生阅读能力有效提升。[②]

反观大学英语的阅读理解教学，看似在 5 项语言技能教学中是能力相

---

① "American schools teach reading all wrong", The New York Times, Jun 12th 2021. https://www.economist.com/united-states/2021/06/12/american-schools-teach-reading-all-wrong.

② Cowen C D. What Is Structured Literacy? ［EB/OL］. https：//dyslexiaida. org/what-is-structured-literacy/.

对比较好的一项，但还有诸多可提升空间。现阶段的阅读理解教学在语法和词汇的细节理解上比较多，而在语篇的结构和特点方面不够重视。而英汉语篇结构差异巨大，了解语篇的整体结构，对于把握主旨具有非常重要的意义。如果只是从细节的语句出发，只见树木、不见森林，容易引发阅读的误解。因此对阅读篇章整体结构的理解，就显得非常重要。普通的阅读文章有四大篇章类型：记叙文、描写文、说明文、议论文，分别具有不同的内容和目的。在教学过程中，首先就要明确文章的大类，然后找到作者写作的主题，包括写作对象是什么，是关于这个对象的什么具体的信息。同时明确文本的5种结构逻辑类型，是属于时间顺序、原因结果、细节分论、问题和解决方法，还是比较和对比？这对于阅读过程来讲，是非常重要的策略，在阅读理解的过程中，不断通过新发现的细节，来检测自己对主旨的判断，检验自己之前的判断合理与否，并不断修正自己对主旨的判断，才能在阅读的最后，明确整个语篇的意义。这是学生拿到阅读篇章以后，第一遍阅读非常重要的任务，为接下来的细节理解打好坚实的基础。如果整体的主旨理解有错误，势必在细节理解上也会出现错误。第一遍的主旨判断非常重要，也是阅读理解训练非常重要的第一步。

三、结论

综上所述，美国近年来词汇阅读教学的实证研究，明确地提出词汇教学对于普通阅读理解能力的无效和对含有教学词汇的篇章阅读理解的支持作用。同时美国的阅读理解科学提出：精确和系统的阅读理解教学对学生阅读理解能力的提高，优于平衡式教学。从这些研究结果出发，笔者思考了目前的大学英语教学，结合当前的教学效率不高的问题，认为首先，词汇和阅读教学一定要在教学周期内保证阅读的完成量，才能保证学生摄入足够的词汇和阅读篇章，才能从基础上有提高通用阅读理解能力的可能性。同时，在大量阅读篇章需要完成的情况下，词汇的预习和点到为止的教学，也能提高教学的效率，为词汇的复现留出足够的活动时间。最后，了解总体的篇章文本特点、类型、逻辑、汉英结构的不同，以及主旨的把握，是提高阅读理解能力的法宝，有高屋建瓴的作用，需要在课堂上不断精进这项阅读技能。课堂是吸引学生最好的场所，英语的学习离不开高效利用课堂的时间，希望在新的阅读科学和实证研究的指导下，课堂教学能不断提高学生词汇习得和阅读理解的效率。

参考文献

［1］Mcquillan J L. The Inefficiency of Vocabulary Instruction[J]. International Electronic Journal of Elementary Education，2019，11(4)：309—318.

［2］Wright T S，Cervetti G N. A Systematic Review of the Research on Vocabulary Instruction That Impacts Text Comprehension[J]. Reading Research Quarterly，2016，52(2)：203—226.

［3］Duke N K，Ward A E，Pearson P D. The Science of Reading Comprehension Instruction[J]. The Reading Teacher，2021，74(6)：663—672.

［4］Graham L，Graham A，West C. From Research to Practice：The Effect of Multi-Component Vocabulary Instruction on Increasing Vocabulary and Comprehension Performance in Social Studies[J]. International Electronic Journal of Elementary Education，2015，8(1)：147—160.

［5］Cowen C D. What Is Structured Literacy？[EB/OL]. https://dyslexiaida. org/what-is-structured-literacy/.

［6］张军，刘艳红. 从大学英语教材词汇看《大学英语课程教学要求》的指导意义[J]. 当代外语研究，2015(6)：23—28＋77—78.

《土木工程材料》课程建设思考分析[*]

王　睿[**]　段翠娥　刘佳璇　于海莹　王　超

摘　要：本文从所授课程《土木工程材料》的教学实际出发，基于当下大学生的思维特点以及课堂基本情况，提出一系列此门课程在教学中存在的问题，同时针对发现的此类问题，就如何打破传统授课方式，更好地与时代接轨，引领学生自主学习和思考，培养高质量工科人才进行多方面的探索与实践，最终总结出打造优质教学团队、重塑授课内容、改革教学秩序和方法及考试方法等教学建议和参考，旨在提升该门课程的教学质量。

关键词：教学团队　授课内容　教学秩序　考试方法

一、引言

《土木工程材料》课程是土木类、水利类等工科专业的重要核心基础课。目前在我校工程造价专业、土木工程专业的人才培养计划中占有重要的地位，前有大学物理、高等数学、工程造价概论、建筑识图等基础课程作为铺垫，后有工程力学、房屋建筑学、工程结构、建筑工程计量与计价等专业课程加以运用，因而学生对该课程的掌握程度将对后续课程的学习以及课程设计、毕业设计产生重大影响。

《土木工程材料》课程原本以一些基础材料为主要内容。通过该课程的学习，学生们可熟悉工程中常用材料，了解其生产流程、成分及结构，

---

*　本文已发表在一般期刊《内江科技》2023 年第 2 期。

**　作者简介：王睿，博士，四川师范大学工学院讲师。

进而掌握其对应性质，尤其土木工程材料的物理力学性能方面，并在此基础上初步具备合理选用材料的基本能力。同时通过该课程试验配套的开展，掌握基本的仪器操作、试模制作以及混凝土拌制等，深刻理解教学的学习内容，对材料的性能建立更加直观的认识。

随着科学技术的发展，学科的交叉及多元化，该课程所涵盖的内容也更加丰富。前沿的技术、工艺越来越多地应用于土木工程材料的研制开发，使得其发展日新月异。不仅材料原有的性能，如耐久性能、力学性能等得到了提高，而且实现了土木工程材料在强度、节能、隔音、防水、美观等方面多功能的综合。同时，当代大学生思维活跃，社会参与意识和自我意识均在增强，如何打破传统讲授式授课方法、改进课堂教学方式以调动学生积极性、培养学生创新思维等是我们需要思考的问题。

二、《土木工程材料》课程的特点及存在问题

我校《土木工程材料》课程是面向造价类、土木类学生开设的专业基础课程。本课程涉及内容庞杂且琐碎，是典型的理论教学与试验教学高度融合的课程，为进一步提高人才培养质量，学院配套土木工程材料实验室，为试验教学的完善与发展提供了可能。在此基础上，课程向综合化发展，实验课时占比为25%。但对于低年级的学生来说，课程涉及的材料领域广、基本概念多，与学生们已有的知识储备之间有较大的差距，因而对该课程会有繁杂难懂的印象，大大降低了学习兴趣并影响了教学效果。作者通过五年以来对该课程的授课，总结出该门课程存在的主要问题如下：

（一）课程体系内容因循守旧

该问题主要包括两个方面，教材内容与课程衔接。随着科技的进步和社会发展，土木工程中新材料、新工艺也有很大的变化。而现有该门课程的教材以一些专业基础性内容为主，反映工程用新材料和材料的新工艺新用途方面的内容占比较少。另外《土木工程材料》与授课学生的其他课程衔接不够，教学过程并没有充分考虑学生知识体系形成，没有密切结合授课学生的实际，形成教学内容的融会贯通。

（二）教学方法和教学手段缺乏创新

该课程与学生之前的学习课程有明显的不同，该门课程中会涉及多种材料的生产、特性以及应用，而在这个年级的学生对实际材料的知识储备极少，实践经验匮乏，无法有效将学习内容与实际应用结合。传统课堂教学以灌输知识为主，在此基础上，很难激发学生的学习兴趣。学生被动接受知识，不愿意主动思考，课堂气氛沉闷。学生通过对知识点的死记硬背只能在短期内达到应付考试的目的，无法做到学以致用，融会贯通，不利于培养学生自主学习能力和创造性思维能力。此外，这种教学方式对任课教师具有反向作用，沉闷的课堂气氛会降低任课教师的积极性。

（三）实验教学环节的限制性

该课程中实验教学环节的设置有利于增强学生对理论知识的理解与掌握。本课程的试验主要为材料的基本性质试验、水泥试验、混凝土试验、钢筋混凝土试验等。虽然实验环节帮助学生有一定程度的认识，但是因为实验条件以及实验指导人员的限制，实验时学生只能机械死板地按照实验指导书的步骤进行实验，且大多数为验证性实验，不具备太大的思维难度，这与《土木工程材料》课程的学习目标还有一定的距离。

（四）教学队伍建设相对薄弱

该课程是专业基础课中内容涉及面广，且与专业应用有密切联系的一门课。作者自入职之初便担任该门课程的主讲教师，并不具备课程中所囊括的各种材料在实际的应用范围，无法满足该门课程内容特点。相比之下，一些该专业比较强的学校已形成一定规模的土木工程材料教学团队，比如重庆大学、青岛理工大学，在爱课程网上可搜索到资源共享课，在这些团队中的教师通常每人负责探索与研究一个或两个与自身研究相关的材料并形成教学体系，将实际应用全面完整地传达给学生，较好完成教学任务。

三、应对措施与教学实践

针对上述《土木工程材料》课程中存在的问题，我学院特成立了《土木工程材料》课程教学团队，从以下几个方面进行了改进：

（一）打造优质教学团队

优秀的教师团队是保证课程教学达到质量目标的必备条件。该课程确定课程负责人后，由课程负责人与院系主管人员共同商定教学团队人员。确定主要组成成员4人，其中副教授2人，讲师2人，均具有博士学位。课程负责人王睿老师从入职以来一直讲授该门课程，熟悉该门课程的特点以及讲授过程中需要注意的重难点。讲课效果良好，根据教学评教统计，连续两年优良率为98%。于海莹老师为系主任，对于工程造价专业有整体的把控，具有丰富的实践经验。段翠娥博士以及王超博士在自己的研究领域表现优秀。三位老师参与的其他主讲课程也均为《土木工程材料》的后续延伸课程，与其具有很强的相关性。通过多次的交流针对该课程重难点讲解进行规划，交流讲课感受，解决实际问题。这种团队教学的优点在于能够实现优势互补，及时发现并解决问题，让大家得到共同成长。

（二）优化授课内容和试验教学

根据我校的定位以及学生专业特点，将一些具有代表性的最新应用材料引入课程教学，并注重知识体系的思想性、科学性和时代性，围绕课程学习目标，集中备课、统一课件，提升团队整体教学水平。

为了提高教学质量，充分利用实验室资源，有效提高学生的试验实践能力和解决问题的能力，我们旨在进行本课程的综合实验改革。将实验转向综合性、设计性实验，除了必做的实验之外，学生可结合课堂讲授内容参考实验指导书制定实验方案，并与实验指导教师沟通商定以确保其可行性。为保证实验仪器的正确使用，指导教师可提前将操作视频、注意事项发送到雨课堂平台，并在课上统一集中讲解之后，由学生自己操作，老师起辅助监督作用，学生实验成绩由现场操作成绩与实验报告相结合给出。

（三）改革教学秩序和教学方法

合理的教学秩序是保证教学顺利开展的必要条件，对此进行如下改进：①建立教学计划（P）－课程实施（D）－检查评估（C）－总结改进（A）运行机制；②教学大纲、考试大纲、实验教学大纲一直持续修订，并在每学期开始教学前编写内容翔实的课程实施大纲，作为学生们预习和复习的重要辅助资料，在考试大纲中明确课程成绩组成以及主要考试题型；③加强多渠道过程监控：督导＋同行＋领导＋学生的课堂评价。

从传统的以教为中心向以学为中心转变，以提升教学效果为目的，因材施教，运用适当的数字化教学工具，结合雨课堂有效开展线上线下混合式教学方式。具体如下：①强化教学环节过程管理。结合雨课堂的应用实践对教学活动实施过程管理，课前可以发布教学资料便于预习，课中可进行考勤以及知识点检验等，课后可布置作业并监督提交、完成作业批改等工作。②课堂教学过程注重师生互动性，充分利用趣味活泼的视频、图片、PPT等多种自媒体技术手段展示材料制造工艺过程，吸引学生的注意力，激发学习兴趣，使学生对各种材料从感性认识向理性认识发展。③实验注重探索性和挑战性，如在某阶段学习某种材料时，在班上进行 $3-5$ 人分组，让各小组提前收集关于该材料的特性及其应用的相关资料并进行小组讨论和总结，汇总并整理出难以解决的或是不能理解的问题，将小组成果制作成 PPT，在课上每位小组轮流派代表进行材料汇报和提出本组疑惑，培养学生分析和解决复杂问题能力。④课外学习注重拓展性，可结合创新创业、"互联网＋"等项目，为学生提供实践平台。⑤基于本课程的中国大学 MOOC 在线课程，及时引入参考资料，实现线上线下、课内课外全方位的互动式教学管理，提升学生个性化自主学习能力。

（四）实现考试方法改革

在本人授课初期，该课程成绩由两部分按比例组成，即平时成绩 30 分＋期末卷面 70 分组成，其中平时成绩包括出勤、课堂表现、课后作业、实验成绩等。这种方式虽然在一定程度上能够调动课堂积极性，但相关的研究显示，针对学习内容在一定时间之内进行测试会起到比较好的效果，因此原本只依赖期末进行测试的方式实际上降低了知识点的有效掌握。随着线上线下教学开展，鉴于过程化考核的方便性及普及性，线上线下混合式教学采取了与其匹配度更高的多元化考核模式：①课堂讨论（含考勤和课堂互动，占比 10％左右）；②课后作业（含习题以及分析报告，占比 10％左右）；③过程化考核（含课程实验和教学过程中的测试和小组汇报情况，占比 20％—30％）；④期末闭卷成绩（含理论知识、案例分析，占比 50％左右）。该模式更加注重教学过程中的参与度与完成质量，引导学生重视平时学习，对培养学生的自主学习和解决问题能力起到了积极的导向作用，也有益于学生对知识点的掌握。

四、结语

《土木工程材料》课程建设是一个系统工程，在教学实践中团队成员要勇于探索与思考，不断改革与完善现有教学模式。教学之路也是慢慢修行的道路，从小事做起，跟踪发展前沿，在教学中扮演好学习者、指导者和引领者的角色。在"教"与"学"的过程中，加强理论教学与实践教学的结合，让学生意识到材料发展与社会经济发展的紧密联系，建立民族自豪感，充分调动学生学习的积极性、主动性，注重学生实践能力和创新能力的培养，在具体的学习生活实践中培养、形成和提升他们崇高的人生价值观。

参考文献
[1] 刘东，李晨洋，刘嫄春，等. 基于 AHP 的建筑材料慕课建设期影响因子分析[J]. 高等建筑教育，2019，28(1)：93－98.
[2] 曹丽云，常伟，武晓峰，等. 《工程材料》课程建设的思考与实践[J]. 辽宁工业大学学报（社会科学版），2009，11(5)：129－132.
[3] 袁弱男，李笑. 在现代科技环境下应用和发展学科课程教学[J]. 广东工业大学学报（社会科学版），2002，2(z1)：125－126＋129.
[4] 姚星钢，黄访华. 优化教学方式培养学生创新思维[J]. 现代教学，2011(12)：14－15.
[5] 姜磊. 教学活动中的 PDCA 循环[J]. 黑龙江教育（高教研究与评估），2006(10)：77－78.
[6] 刘东，于艳春，付强. "建筑材料"课程线上线下混合式教学模式研究[J]. 黑龙江教育（理论与实践），2021(1)：65－69.
[7] 马健云. 高校混合式教学发展现状及保障制度研究[D]. 西南大学，2018.
[8] 贾换，王燕，张江波. 《建筑材料》课程混合式教学实践研究[J]. 科技风，2020(17)：60.

四川师范大学教师发展现状、问题及对策

——基于 2022 版全国普通本科院校教师教学发展指数的分析

黄　景*

摘　要：四川师范大学是省属师范类高校，通过对中国高等教育学会发布的 2022 年版普通高等学校教师教学发展指数的研究和分析，发现学校在"教学团队""教材及教学论文""教改项目""教师教学培训""教师教学竞赛"等方面反映出问题，在问题的基础上，提出健全政策保障及奖惩机制、加强专项督导及评价、加强评价数据的分析和应用、加强教师发展中心校际省际交流与合作等促进教师教学发展的建议。

关键词：教师发展　现状　对策

2018 年 1 月，中共中央、国务院颁布《中共中央 国务院关于全面深化新时代教师队伍建设改革的意见》，提出"全面开展高等学校教师教学能力提升系列活动"。2019 年 2 月，中共中央、国务院印发的《中国教育现代化 2035》将"建设高素质专业化创新型教师队伍"列为十大战略任务之一。2022 年 10 月，习近平总书记在中国共产党第二十次全国代表大会上的报告指出"加快建设高质量教育体系"。国家前所未有地关注教师教学发展及高等教育的质量提升。自 2019 年 5 月，中国高等教育学会连续发布普通本科院校教师教学发展指数，以"清晰可衡量的"社会指数来

---

*　作者简介：黄景，硕士，四川师范大学教学评估与教师发展中心讲师，主要从事学前教育、教师教学发展研究。

表征高校教师教学发展的现状和生态，通过声誉机制"倒逼"高校以人才培养为中心，重视教师教学发展，更好地服务于国家教育高质量发展战略。

一、文献综述

厘清高校教师发展的概念及内涵，是理解教师教学发展指数模型建构、运用指数评价指标指导教师教学发展实践的关键。通过对国内外相关领域文献的梳理，发现国外研究者对教师发展的内涵进行了研究，对教师发展的定义偏向于个体的教学发展。赫特库克（Hitchcock）在1992年总结，大学教师发展是一个不断变化和扩充的概念，发展教学技能是大学教师教学发展的一个重要方面。国内研究者则更加聚焦研究影响教师教学发展的内外部因素及提升策略。从文献综述来看，国内外研究者对于教师教学发展内涵的研究，对我国构建"边界清晰、内涵明确、可观测、可衡量"的教师教学发展状态指标体系提供了理论支持。

二、2022版全国普通高校教师教学发展指数情况

（一）"全国本科院校教师教学发展指数清单"榜单类别

2022版指数，本科院校教师教学发展指数包含13个指数清单，详见表1。在发布涵盖30多年总指数的基础上，2022版分段新增了21世纪以来两个十年（2003—2012、2013—2022）本科、高职院校的教学发展"十年指数"。

表1　2022版全国本科院校教师教学发展指数清单名称一览表

序　号	名　　称	发布数量
1—0	全国普通本科院校教师教学发展指数（2022版）	前300
1—1	全国普通本科院校教师教学发展十年指数（2013—2022）	前300
1—2	全国普通本科院校教师教学发展十年指数（2003—2012）	前300
2	"双一流"建设高校教师教学发展指数（2022版）	全部
3	地方本科院校教师教学发展指数（2022版）	前100

续表

序　号	名　称	发布数量
4－1	综合类本科院校教师教学发展指数（2022版）	前20
4－2	理工类本科院校教师教学发展指数（2022版）	前20
4－3	人文社科类本科院校教师教学发展指数（2022版）	前20
4－4	农林类本科院校教师教学发展指数（2022版）	前20
4－5	医药类本科院校教师教学发展指数（2022版）	前20
4－6	师范类本科院校教师教学发展指数（2022版）	前20
5	民办及独立学院教师教学发展指数（2022版）	前20
6	新建本科院校教师教学发展指数（2022版）	前100

注：该指数清单来源于"高校学生竞赛与教师发展数据平台"。该平台公布全国和各省市高校教师发展和学生竞赛相关数据信息。比2021版的指数增加了"全国普通本科院校教师教学发展十年指数"。

（二）"全国普通本科院校教师教学发展指数"指标体系

"全国普通本科院校教师教学发展指标体系"是中国高等教育学会高校教师教学发展研究专家工作组为廓清我国高校教师教学发展的内涵和结构，通过可观测、可量化的指标加以表征，以第三方评价的声誉机制，引导高校回归人才培养中心，关注教师教学发展。指标体系设立初期，包括"教师团队""教改项目""教材项目""教学论文""教学成果奖""教师培训基地""教师教学竞赛"7个一级指标，权重分别为：26%、28%、10%、5%、24%、2%、5%。

2022版指数对指标及其内容进行了优化迭代。在普通本科院校指数中，"教学成果奖"一级指标调整为"教学成效"，包括"国家级教学成果奖""民族院校教学成果奖""教材奖""竞赛成效"4个二级指标；"教师培训基地"一级指标调整为"教学组织"；"教师教学竞赛"名称调整为"教学竞赛"。除了对一级指标进行调整，同时新增3个二级指标和6个三级指标。2022年新增数据6万余条，总数据达63万余条，本科院校教师教学发展指数上榜院校达到1231所，占全国本科院校总数99.43%，较2021年增长了0.64个百分点。

三、四川师范大学教师教学发展现状

（一）近4次发布指数中我校在全国普通本科院校的排名情况

近4次发布指数中，四川师范大学在"全国普通本科院校教师教学发展指数"中的排名总体呈上升趋势，具体情况如表2所示：

表2　在"全国普通本科院校教师教学发展指数"中的排名情况

时间	排名	项目数量	总分
2022年	132（＋21）	1749	54.89
2021年	153（－8）	945	50.63
2020年	145（＋8）	771	50.89
2019年	153	660	49.57

注：该数据来源于"高校学生竞赛与教师发展数据平台"。"项目数量"根据指标体系计算。"总分"根据指标体系中的权重和项目数量进行计算得出。

2022年中国高等教育学会公布的数据中，四川师范大学在"全国普通本科院校教师教学发展指数"中项目数为1749，教发指数为54.89，排名第132位（2021年版153位）。其中，在"地方本科院校教师教学发展指数"中排名第55位（2021年第75位）；在"师范类本科院校教师教学发展指数"中排名第18位（2021年第25位）；在四川省本科院校中排名第6位（2021年第6位）。

（二）教师发展指数指标数据与全国最高值、中间值的情况

四川师范大学在2022年版"全国普通本科院校教师教学发展指数"中"教学团队""教改项目""教材项目""教学论文""教师竞赛"5个指标数据与全国的中间值比较，"教改项目""教师竞赛"2个一级指标数量超过全国中间值；"教师团队""教材项目""教学论文"3个一级指标数量未达到全国中间值。具体情况见图1：

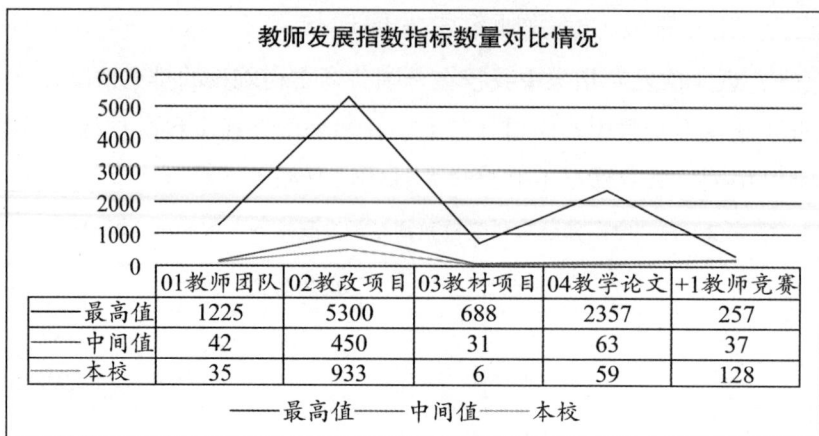

图 1 与全国教师发展指数指标数量对比情况

（三）在四川省普通高校的排名情况

四川师范大学在 2022 版"全国普通本科院校教师教学发展指数"中四川省普通本科院校的排名与 2021 年持平，具体情况见表 3：

表 3 四川省普通高校在"2022 版全国
普通本科院校教师教学发展指数"中的排名情况

序号	院校名称	2022 年项目数量	2022 年总分	2022 年全国排名	2021 年全国排名	2020 年全国排名	2019 年全国排名
1	四川大学	4190	84.08	11	9	11	11
2	西南交通大学	3190	73.91	27	28	27	26
3	电子科技大学	3812	70.58	35	41	41	39
4	西南石油大学	1775	60.29	75	91	104	106
5	西南财经大学	1451	57.66	96	70	68	64
6	四川师范大学	1749	54.89	132	153	145	153
7	西南科技大学	1271	52.12	160	190	190	213
8	成都理工大学	1457	51.52	171	192	183	192
9	四川农业大学	990	50.65	181	169	161	152
10	成都中医药大学	547	49.69	200	168	192	179
11	成都信息工程大学	1189	45.49	277	未入榜	298	未入榜

注：该数据来源于"高校学生竞赛与教师发展数据平台"。

（四）在全国师范类本科院校的排名情况

在 2022 版指数中，四川师范大学教师教学发展项目数在全国师范类本科院排名第 11 位，教师教学发展指数总分排名第 18 位。2022 年将浙江师范大学和广西师范大学列为对标竞进院校，从教师发展总项目数看，比浙江师范大学少 148 项，比广西师范大学多 125 项，从总分数看，比浙江师范大学和广西师范大学分别低 2.6 分和 1.33 分。具体情况见表 4：

表 4　2022 版全国师范类本科院校教师教学发展指数排名前 20

2021 年院校名称	2022 年项目数量	2022 年总分	2022 年排名	2021 年排名	2020 年排名	2019 年排名
北京师范大学	3593	83.68	1	1	1	1
华东师范大学	4078	77.25	2	2	2	2
华中师范大学	2254	69.35	3	3	3	3
南京师范大学	2066	66.79	4	4	4	4
东北师范大学	2078	66.58	5	5	5	5
西南大学	2217	65.81	6	6	6	6
华南师范大学	2158	63.17	7	8	8	8
陕西师范大学	1843	62.96	8	7	7	7
湖南师范大学	1274	61.29	9	9	9	9
福建师范大学	1423	59.19	10	11	10	11
首都师范大学	1507	59.1	11	10	11	10
浙江师范大学	1897	54.55	12	15	16	14
山东师范大学	2302	54.52	13	13	12	16
上海师范大学	1338	53.86	14	16	15	18
河北师范大学	800	53.55	15	12	13	12
广西师范大学	1624	53.28	16	17	17	13
天津师范大学	815	52.73	17	14	14	15
四川师范大学	1749	51.95	18	25	23	22
江西师范大学	1402	51.93	19	22	24	25
哈尔滨师范大学	924	51.93	20	18	19	17

注：该指标体系来源于"高校学生竞赛与教师发展数据平台"。

四、在具体指标中的项目数量情况

（一）在"6＋1"中的"6"指标中的项目数量情况

2022 年版四川师范大学教师教学发展在"教师团队""教改项目""教材项目""教学论文""教学成效""教学组织"这 6 个指标中的项目数量具体情况见表 5：

表 5　我校在"6＋1"中的"6"这个指标中的项目数量情况

一级指标	二级指标	三级指标	项目数量
01 教师团队	0101 立德树人	010102 集体荣誉	3
		010101 个人荣誉	10
	0102 教学名师	010202 中组部国家"万人计划"教学名师	1
		010201 教育部国家级教学名师奖	1
	0103 教学团队	010302 全国高校黄大年式教师团队	1
		010301 国家级教学团队	1
	0104 指导委员会	01040404 全国教师教育课程资源专家委员会委员	1
		01040304 教育部高等学校教师培养教学指导委员会委员	3
		01040104 教育部高等学校教学指导委员会委员	8
		010407 教育部基础教育教学指导专业委员会	1
	0105 指导教师	010501 全国万名优秀创新创业导师	1
	0201 综合类	020106 "新工科"研究与实践项目	3
		020104 "六卓越一拔尖"培养计划	2
		020103 人才培养模式创新实验区	1
		020102 "新世纪教改"项目	1
		020110 "新文科"研究与改革实践项目	3

续表

一级指标	二级指标	三级指标	项目数量
02 教改项目	0202 专业类	020204 专业认证	9
		020203 专业综合改革试点项目	1
		020201 特色专业	12
		020205 一流专业	44
	0203 课程类	020305 精品在线开放课程	1
		020304 精品资源共享课	9
		020303 精品视频公开课	1
		020302 双语教学示范课程	2
		020301 精品课程	3
		020307 一流课程	4
	0204 教学基地	020404 大学生文化素质教育基地	1
	0205 实验实践类	0205100 创新创业荣誉类	1
		020507 产学合作协同育人项目	223
		020506 大学生创新创业训练计划	608
		020503 大学生校外实践教育基地	1
		020501 实验教学示范中心	2
03 教材项目	0302 "规划教材"	0302 "规划教材"	6
04 教学论文	0401 教学研究	0401 教学研究	2
	0403 中国高教研究	0403 中国高教研究	2
	0405 高等教育研究	0405 高等教育研究	4
	0406 清华大学教育研究	0406 清华大学教育研究	1
	0408 教育发展研究	0408 教育发展研究	3
	0409 中国大学教学	0409 中国大学教学	3
	0410 复旦教育论坛	0410 复旦教育论坛	1
	0413 高教探索	0413 高教探索	6
	0414 中国高等教育	0414 中国高等教育	10
	0415 学位与研究生教育	0415 学位与研究生教育	1
	0417 黑龙江高教研究	0417 黑龙江高教研究	15

续表

一级指标	二级指标	三级指标	项目数量
	0418 现代大学教育	0418 现代大学教育	2
	0419 现代教育管理	0419 现代教育管理	8
	0421 现代教育科学	0421 现代教育科学	1
05 教学成效	0501 高等教育国家级教学成果奖（含职业）	050103 二等奖	9
		050104 省级推荐	17
	0503 基础教育国家级教学成果奖	050303 二等奖	4
06 教学组织	0601 教师教学发展示范中心	060102 省级教师教学发展示范中心	1
	0604 语言文字推广基地	0604 语言文字推广基地	1

注：该数据来源于"高校学生竞赛与教师发展数据平台"，项目数据采集自 1989 年至 2022 年 8 月 30 日，数据经专家工作组筛选认证，平台数据实时更新。

2022 年四川师范大学共计新增 160 项，集中在"教改项目""教学论文"两个指标上。"教改项目"增长 154 项，其中"大学生创新创业训练计划""产学合作协同育人项目"分别增长 73 项、53 项，专业认证数增加 6 项，一流专业数增加 22 项。具体情况见表 6：

表 6　在"6+1"指标中"6"的项目数量变化情况

一级指标	三级指标	2022 年	2021 年	增长数
教改项目	专业认证	9	3	6
	一流专业	44	22	22
	产学合作协同育人项目	223	170	53
	大学生创新创业训练计划	608	535	73
教学论文	中国高教研究	2	1	1
	中国高等教育	10	9	1
	现代大学教育	2	1	1
	复旦教育论坛	1	0	1
	教育研究	2	0	2
共计增长				160

（二）在"6＋1"指标中"1"指标情况

教师教学发展指数"6＋1"中的"1"为特别维度"教学竞赛"，高等教育学会自 2018 年 2 月 2 日首次发布《全国普通高校教师教学竞赛分析报告（2012—2017）》后，每年动态发布纳入当年"全国普通高校教师教学竞赛状态数据统计"的教师教学竞赛项目。

根据中国高等教育学会高校教师教学发展研究专家工作组统计的数据，自 2012 年以来，四川师范大学参与纳入"全国普通高校教师教学竞赛状态数据报告分析"的教师教学竞赛获奖 101 项，其中特等奖 3 项，一等奖 13 项，二等奖 20 项，三等奖 17 项，优秀组织奖 3 项，其他优秀奖、设计单项奖、最佳风采奖等 45 项。历年获奖数变化趋势见图 2：

图 2　四川师范大学历年教师教学竞赛获奖数变化趋势图

五、教师教学发展存在的问题

（一）教师教学发展指数总项目数及分数

四川师范大学 2022 年教师教学发展指数总项目数为 1749 项，54.89 分，从整体教师发展项目数和得分来看，与全国排名第一的清华大学（4217 项，100 分）、四川省内排名第一的四川大学（4190 项，84.08 分）等"985、211、双一流"学校之间存在较大差距，与对标竞进的浙江师范大学（1897 项，54.55 分）、广西师范大学（1624 项，53.28 分）存在一定差距,说明学校在教师教学发展 7 个指标的整体评价上还存在短板和亟待提高的方面。

（二）教学团队

教师教学发展指数中"教学团队"指标,指向教师个体或团队对学生的指导、职业道德等个人属性,包括国家授予的集体荣誉和个人荣誉、"万人计划教学名师"、国家级教学名师、黄大年式教师团队、指导委员会委员、创新创业导师等。四川师范大学在这一指标上总体项目数量为 35 项,低于指标数据中全国高校的中间值（42 项）,全国最高值为 1225 项,说明学校在教师个人荣誉及社会声誉方面与全国平均水平还存在一定差距。

（三）教改项目

教师发展指数中"教改项目"指标,指向为教学全过程中的资源、平台及改革实践设立的各级各类项目,包括"新工科"研究与实践项目、专业认证、精品课程、大学生创新创业训练等。四川师范大学在这一指标中,总项目数为 933 项,高于全国中位数 450 项,但项目比较集中于实验实践类,尤其在大学生创新创业训练计划（485 项）、产学合作协同育人项目（81 项）方面项目数较多,高级别项目数量相对较少。

（四）教材及教学论文

教师发展指数中"教材""教学论文"指标,指向教师教学的观念、知识、教学学术研究,是教师多年教学经验的体现,也是教师对教学问题的思考和解决方案。四川师范大学在这两项指标中,项目数分别为 6 项和 59 项,低于全国中位数,尤其在教材方面差距较大。

（五）教师教学培训

国家从 2012 年启动国家级教师教学发展示范中心建设,首批建设高校 30 家,推动教师教学能力提升。四川师范大学是 2018 年四川省设立的省级教师教学发展中心,中心承担本校教师教学能力培训、教师教学竞赛组织与实施和教师教学咨询等任务,由于学校机构调整,中心成立后先后挂靠教师教育学院、教务处和教学评估与教师发展中心,中心组织架构及工作重点持续调整和优化,中心工作创新性开展、培训品牌打造、对外示范辐射作用等有待进一步加强。

（六）教师教学竞赛

教师教学发展指数中"教师竞赛"指标，教师教学竞赛是高校教师通过教学相长、教学交流、"磨课"、"展课"、"辩课"等多个环节，引领教师加深教学感悟、提升教学能力。从教发指数看，四川师范大学竞赛项目数为 128 项，高于全国中位数 37 项。教学竞赛成绩的取得，得益于学校重视教师教学竞赛，构建了"国—省—校—院"四级竞赛管理机制，实施竞赛组织动员、院级初赛、培训指导、校级决赛全过程跟踪服务，但在全国高级别竞赛，如混合式教学创新大赛、全国高校教师教学创新大赛、全国青年教师教学竞赛中成绩仍未有较大突破，竞赛教师缺乏团队支持、单打独斗，竞赛赛制认识、材料撰写等综合素质有较大提升空间。

六、教师教学发展提升建议

（一）巩固本科教学中心地位，健全政策保障及奖惩机制，激发教师投入教育教学内生动力

学校加强顶层设计，建立健全学校层面本科教学相关的制度文件，将教师教学研究、教学成果、教研教改项目、教师教学竞赛等内容纳入学院二级目标考核及教师职称评审、评优评先。制定教学学术奖惩制度，激发教师爱教、乐教、钻研教学、投入教学、产出教学成果。

（二）以外部教育教学审核评估为抓手，加强内部专业、课程、课堂教学的专项督导及评价

以国家教育教学审核评估为抓手，加强学校制度文件的梳理和修订，按照评估一级指标，学校内部对标进行督导与整改，全校总动员围绕教学评估进行教学管理和教学实施，以评促建，提升教师教育教学能力。制定学校校级督导专项督导条例，开展专业建设、课程建设、课堂教学环节专项督导，围绕教师及教学两个中心，开展督导与评价，促进专业建设和教师教学能力的提升。

（三）加强第三方教师教学发展评价数据的分析和应用，"倒逼"学校重视教师教学发展

依托政府以外的专业学会进行教学水平的评估是保障教师教育教学质

量和提升教师教学水平的合适途径。中国高等教育学会高校教师教学发展指数项目组在系统研究我国高校教师发展历史和现状的基础上，通过大数据分析构建全新的教师教学发展评价体系，尝试用一个边界清晰、内涵明确的"指数"来表征我国教师教学发展的现状。学校可在深入挖掘和分析数据的前提下，找准问题症结，有针对性地开展教师教学分析工作。

（四）加强教师发展中心校际、省际交流与合作，发挥在促进教师教学能力提升方面的作用

充分发挥教师教学发展中心在本校教师教学能力培训、教师竞赛、教学咨询与服务中的作用，积极开展新进教师教学能力提升、卓越教师海外研修、教师能力 ISW 工作坊等培训，校院二级联动组织实施教师教学竞赛，开展教师教学发展研究等。除自我服务外，加强校际、省际教师教学发展中心的交流与合作，搭建教师教学发展平台，积极组织申办或承办教师教学竞赛，创新性开展工作，打造教师发展品牌，发挥示范辐射作用。

参考文献

[1] 陆国栋，王小梅，张聪，等. 我国普通本科院校教师教学发展指数：设计、实践与启示[J]. 中国高教研究，2019(7)：6—11.

[2] 赵春鱼，颜晖，吴英策，等. 全国普通本科院校教师教学发展指数模型构建及初步应用[J]. 中国高教研究，2019(7)：12—17＋24.

[3] Hitchcock M A, Stritter F T, Bland C J. Faculty Development in the Health Professions: Conclusions and Recommendations [J]. Medical Teacher, 1992, 14(4)：295—309.

[4] 李红惠. 教师教学发展中心组织的建设趋势研究——以 30 个国家级教师教学发展示范中心的陈述稿为分析样本[J]. 复旦教育论坛，2013，11(1)：29—33.

[5] 陆国栋，赵春鱼，颜晖，等. 本科院校教师教学竞赛发展现状及模式创新[J]. 中国高教研究，2019(1)：86—90.

[6] 英国高校教师教学能力发展体制分析及启示[J]. 外国教育研究，2018，45(9)：57—69.

[7] 徐巧宁，朱琦，马楠，等. 全国普通本科院校教师教学发展现状、问题与对策——基于全国普通本科院校教师教学发展指数的分析[J]. 中国高教研究，2019(7)：18—24.

"逆向工程"与"拉片—仿拍"* **

——影视编导能力培养的教学模式与过程

闫　新***

摘　要：编导能力是影视类专业人才培养目标的核心内容，是构成学生综合实践能力至关重要的一环，直接影响人才的培养质量和社会评价，但在教学中如何对其理解、把握和针对却一直是个有难度的课题。本文试图借用工科类专业教学中采用的"逆向工程"教学思维和模式，将其移植到影视类专业的实践教学中，构建起以"拉片—仿拍"为核心的教学过程，旨在帮助学生整合分项的专业课程知识，搭建理论通向实践的进路，实现影视编导能力提升的培养目标。

关键词：影视编导能力　逆向工程　拉片　仿拍

编导能力是影视类专业人才培养目标的核心内容，是构成学生综合实践能力至关重要的一环，直接影响人才的培养质量和社会评价。它是学生专业能力素养的综合体现，既包含学生对摄影、剪辑、剧作等分门别类的专业知识的理解和掌握，又反映在学生对影视作品的整体构思和创作之中。可以说，所谓编导能力是一个内涵丰富、指涉广泛、构成多元的所

---

*　本论文刊载于《四川戏剧》2023 年第一期。

**　基金项目：本文系四川师范大学本科教学改革项目"一流课程建设：摄像创作"（项目编号：20210450XKC）和四川师范大学 2021 年基层教学组织示范建设项目"广播电视编导教研室"的研究成果。

***　作者简介：闫新，硕士，四川师范大学影视与传媒学院副教授，主要从事影视理论研究。

指，在教学中如何去理解、把握和针对，是一个相当有难度的课题。从笔者所了解的情况看，当下国内影视类专业对于学生编导能力的培养存在着以下几个问题。在课程设置方面，要么按照专业分工将涉及编导能力的各个技能分为摄影、剪辑、编剧、导演等基础课程；要么按照作品或节目类型，将涉及编导能力的综合运用领域分为剧情片、纪录片、电视节目等创作课程。一头是小拆分，一头是大综合，在课程体系中缺乏一个起衔接功能的过渡阶段。这就使得学生可能在尚未建立起各门基础课程之间联系的前提下，就匆忙地进入到综合创作中，囫囵吞枣地凭感觉去完成作品的创作和知识的整合。在教材方面，大部分针对编导能力培养的教材或按照创作流程将前、中、后期的各项工作进行介绍梳理，或通过影片分析将知识结合到具体案例中。这些教材虽然涵盖了相关理论、方法、案例和流程，看似完整齐备，但遗漏了一块对于教学开展来说至关重要的内容，即实践教学的实施方案以及实训方式的设计规划，也就是理论与实践的联系路径。基于此，本文试图借用工科类专业教学中经常采用的"逆向工程"教学设计思维和模式，将其移植到影视类专业的实践教学中，构建起以"拉片—仿拍"为核心的教学过程，旨在帮助学生整合分项的专业课程知识，搭建理论向实践的进路，达成影视编导能力提升的培养目标。

一、"逆向工程"教学模式

"'逆向工程'（Reverse Engineering）也叫反求工程，类似于反向推理，属于逆向思维体系。它以社会学方法为指导，以现代设计理论、方法、技术为基础，对已有的产品进行解剖、分析、重构和再创造。反向工程技术中反求内容广泛，其本质是对先进产品进行消化、吸收、再开发和创新，设计和制造出具有竞争力的新产品。"自20世纪末，逆向工程作为一种教学模式在机械工程、电子工程和软件工程等工程类专业的教学得到了广泛的应用，其中大多数针对工业产品的分析和设计。"已有研究表明逆向工程具备很多优势，可以促进大学工程类专业学生的概念学习，有助于提升学生的学习动机和学习能力（如创造力、理解力、动手能力、洞察能力），也有助于加速产品和工艺的开发进程。"目前国内关于"逆向工程"教学模式的开展和研究多集中于工科类专业，极少被引入到包括戏剧影视学在内的艺术类专业中。但一切学习和创新的基础都建立在模仿之上，这种教学模式中所包含的逆向思维方法、逆向分析手段以及模仿实践方式等内容对于影视类专业的教学同样适用，对于提升学生的编导能力，整合学生的知识体系，激发学生的实践和思考热情大有裨益。"逆向工程"教学模式的代表性研究者克雷默（Kremer）曾提出一种名为"拆解—分析—装配"（Disassemble-Analyze-Assemble，简称"DAA"）的过程模型。在这里，我们借鉴这一模型，针对专业特性将求反的对象由工业产品转换为影像段落，将过程转换为"拉片—仿拍"，应用到提升影视类专业学生编导能力的实践教学中来。转换后的教学过程包含两个部分，其中"拉片"对应的是DAA中的"拆解—分析"，"仿拍"对应的则是"装配"。

所谓拉片就是"逐格、逐句地解读电影和电视剧，通过细致的观摩，全面掌握片中的内容、风格与技巧"，也被称为影片分析或精读。拉片是影视类专业教学中的重要环节，无论是在戏剧影视文学、广播电视编导、导演，还是在动画、数字媒体艺术等专业中都是基础必备的教学内容。但在实际教学中，或由于学生在初等教育阶段语文教育中所形成的对文艺作品进行主题和风格解读的惯性思维，或由于授课教师非影视专业的教育背景、学术性的思维范式，以及缺乏行业工作经验等原因，拉片往往存在以下几个显著问题。一是在拉片内容上，重人文主题，轻技术规律；重故事情节，轻形式构架，因此造成教学效果常常流于鉴赏，止于表面。二是在拉片方法上，重文学解读，轻影像分析，造成对影像媒介特性的掩盖。三是在片目选择上，倾向于影史经典或大师作品，而忽略类型电影、电视剧等文化工业产品，造成学生只能仰头膜拜，而无法真正借鉴。以此种方式进行拉片，或许可以提升学生的鉴赏水平，扩展学生的审美视界，但对于帮助学生打通观看与操作、理论与实践的阻隔，提升学生的实践水平和编导能力却效果有限。但如若我们将逆向工程思维引入到拉片教学中来，那么其方式方法及效果则会产生一个质变，上述问题便会迎刃而解。为什么这么说呢？首先，这是因为"逆向工程"教学模式本身便包含了明确的目标导向。在上文提及的DAA过程模型中，"拆解—分析"的最终目的是将原产品再次"装配",这一明确的目标导向使得在教学中师生不可能停留于纸上谈兵,而必须将其落实到实践层面。"逆向工程"模式迫使学生不能仅仅将自身定位于使用者或用户的身份,而必须转换为设计者或工程师的身份。身份的转换将导致视角和行为的转换,观察使用是为了分析研究,拆解是为了装配,一切理论思考最终都要落实到产品复原的实践操作上。同理,对应到影视类专业的拉片教学中来,在"逆向工程"模式下拉片的最终目的是仿拍,故学生不再只是审美者和观众,而必须转换为研究者和编导,进而教学内容便由艺术熏陶递进为分析实践。

本文所说的仿拍,是指在专业教师的指导下,让学生根据自己的兴趣和实际能力,选择一个已经在公共媒体播出并达到行业平均水准的影像段落(包括电影、电视剧、网剧等),经过拉片分析后,尽可能按照原样将其仿制翻拍的过程。仿拍的重点在于模仿和还原,仿真度和还原度考验的既是学生的拉片能力,更是动手能力,而综合起来便是学生的编导能力。在这一明确的目标导向下,首先发生变化的就是拉片内容。由于实际条件所限,显然不可能要求学生仿拍整部作品,而只能是某部作品中的一个段落,所以在拉片中人文主题和故事情节将不再作为重点,技术原理的分析、形式元素的拆解、操作可行性的预测等以往难以进入拉片视野但却能提升学生编导能力的各项内容便浮出水面。教学重点的转移和后续实践环节的增加使得学生的理解生发自实践,领悟于实操,在身体力行中达成相关知识的互动激荡,积累编导经验和形成编导思维。其次在拉片方法上,使得师生不能仅作文学分析而必须进入到影像层面,对每一个场景、每一格画面以及每一个剪辑点等内容做出技术性分析。因为如若不这样做,学生便无法在之后的仿拍中达成仿真和还原。这其实极大地提升了拉片的挑战度,让师生得以深入探究影像媒介的特性和细节,不仅开启了新的拉片视角,而且完成了身份转变,启动了编导思维。最后在片目选择上,学生将会挑选一些更易学习模仿,更具操作可行性,更适合自身实际能力的影片。不同于大师经典,面对这样的文本,学生在拉片中的位置由仰视变平视,态度由膜拜变交流,目标由审美变拆解,由此带来的教学效果与之前是截然不同的。

总的来说，引入"逆向工程"模式，建立"拉片—仿拍"的教学过程后，在仿拍这一目标导向的统合下，拉片得以与摄影、剪辑、导演等其他基础课程建立起实际的联系，使各种专业知识汇集交融，共同促进学生编导能力的提升。这种模式和方法，其实广泛适用于《影视鉴赏》《视听语言》《摄影基础》《剪辑技术》等专业课程。教师可以根据不同的课程选取不同的拉片文本，制定不同的教学重点，设定不同的考核标准，以达成相应的教学目标。比如在摄影课程中，教师可以引导学生选择在摄影方面更具借鉴意义的影像段落进行"拉片—仿拍"，在考核中加大摄影方面的权重。同理在剪辑课程中，教师则可以引导学生选择在剪辑方面更为突出的影像段落，重点考核学生在剪辑方面的还原度。我们会发现一旦采用"逆向工程"教学模式，课程教学内容自然就会包含从前期、中期到后期的创作全过程，相关知识不再呈分散状态，能够极大提升学生的学习效率和授课教师的指导效率。

二、"拉片—仿拍"教学过程

"拉片—仿拍"的教学过程分为两个部分，其中拉片中包含选片、读解两个环节；仿拍包含筹备、摄制和考核三个环节。

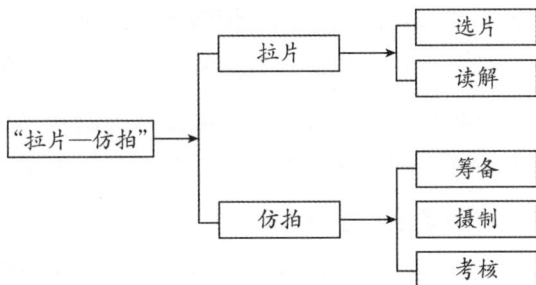

图1　"拉片—仿拍"教学过程

下面将分别介绍各个教学环节的操作方式和注意事项。首先是拉片阶段中的选片环节。如上文所述，在"逆向工程"模式下选片的标准和方法都发生了相应的变化，这里的选片指的是选取一部影视剧中的某个影像段落，而不是整部作品。在选片时可以按照先分项后综合、先易后难、先短后长的原则和顺序进行。比如可依据戏份类型，先从简单的过场戏、单人戏、文戏开始，然后过渡到重头戏、多人戏、动作戏；可依据技术难度，先选择固定镜头为主、镜头形式单一、镜头平均时长较长、灯光构成简单的段落，再过渡到运动镜头为主、镜头形式丰富、镜头平均时长较短、灯光构成复杂的段落；也可依据段落时长，按1分钟、2分钟到5分钟的顺序进行进阶选择。这里需要注意两点，第一是当教学重点定位于分项类型时，选择的影像段落应具有一定的代表性和完整性。例如，如果教学重点针对的是对话戏，那么在选择相应的对话戏影像段落时就应注意其中是否完整地包含"三角机位系统"的各个基本机位，是否包含"越轴"的基本方法，是否涵盖了角色对话时的基本站位方式等。第二是当教学重点定位于综合类型时，选择影像段落时应根据教学资源和学生能力等实际情况，注意段落仿拍的可行性，既要有一定的难度和挑战性，又不能过分超出学生的能力范围，否则学生会在仿拍中做过多的妥协而无法达成既定的教学目标。例如选择的影像段落应包含一定数量的运动镜头和内外场景，一定程度的动作表演和场面调度等，但是应避免需要使用大型摇臂、车载稳定装置等高端器材，或是需要复杂人工制景、征用公共空间、特效化装、电脑特技等昂贵的制片资源。此外，选片时长应尽量限定在5分钟以内，因为根据当前影视行业的技术平均标准，超过这一时长所带来的工作量很可能会超出学生的承受能力，无法保证仿拍的完成质量。

接下来是读解环节。在仿拍这一目标导向下，拉片中的读解环节应尽可能地细致，不放过影像中的任何一个构成元素，做到真正意义上的逐格分析。在形式读解方面，须让学生将影像段落中每一个镜头的构成要素全部识别拆解出来，包括景别、角度、机位、镜式、布光、剪辑点等。教师需要指导学生做详细的表格记录，以反向推理的方式还原出原片的分镜头设计，并揣摩其中的导演意图和创作思路。比如为什么某个开场镜头采用广角俯拍，为什么某个追逐动作采用主观视点，为什么某场对话戏存在大量越轴等。在内容读解方面，演员的动作、走位、台词，场景的空间特征、戏剧功能，服化道的设计，场面调度等都得一一分解考察，并结合呈现出来的叙事效果，指导学生思考其设计原理。比如为什么两句台词之间有一个停顿节拍，为什么角色对话中要添加一个复杂走位，为什么冲突场景要选择在特定空间等。

下面我们来看仿拍阶段中的筹备环节。拉片阶段的各项教学内容实际上已经为筹备环节的开展打下了基础。根据读解环节对于影像段落构成要素的拆解和创作思路的反推，教师可以按照实际制片的流程指导学生开展筹备工作。虽然仿拍的影像段落以模仿为主，且时长也较短，但是在实际筹备中所需要经历的流程和步骤与制作一部原创作品并无二致。具体来说：（一）确立主创班子。成员包括导演、制片、摄影、录音、灯光、剪辑等，可根据学生的分组人数具体调整。如果人数较多可以细致分工，如果人数较少可以将服化道这类分工进行合并。（二）确定主要演员。演员可以邀请表演或戏剧专业的同学来担当，也可以由仿拍小组成员兼任，两种选择会让学生在表演方面有不同的体验和收获。（三）选择外景和制作内景。指导学生根据自身的制片能力和经济条件，在限定的资金和拍摄周期内，选择合适的场景。在场景上，可以允许学生做适度的妥协，追求神似而非严格的形似。（四）其他准备工作：1. 组织演员进行排演练习；2. 与摄影师研讨器材选择、灯光布置、场景改造等内容；3. 与服化道及美工制景人员商讨人物造型、场景改造、道具制作等事项；4. 与制片人商讨预算分配和拍摄计划，并将计划报告提交给指导教师。然后是摄制环节，主要包括拍摄和剪辑两个部分。在这个环节中，指导教师无须对学生做太过细致的指导，可以让学生在实际摄制中自主安排各项工作，处理各种意外情况和问题，在摸索中积累编导经验。教师可根据筹备环节中学生所提交的工作计划监督摄制进度，定期组织小组讨论和答疑，审看素材和剪辑样片。综上所述，虽然仿拍的影像段落时长较短且有原片作为蓝本，但是整个制作过程几乎涵盖了作品创作的全流程，需要调动各方面的专业知识和技能，还有团队协作、应急、社交等能力，这些都是构成编导能力的重要方面。

最后是考核环节。考核的要点与拉片阶段的读解环节相对应，即针对影像段落中的内容和形式两方面。在考核时可安排学生对自己的作业进行创作阐释，总结摄制中的问题和经验。考核的核心标准只有一个，就是还原度或仿真度。学生提交的仿拍作业须制作一个原片与仿拍双画面并列的版本，以便师生共同比对审阅，如图 2 所示。

图 2　影片《五十度灰》开场段落仿拍作业：左为原片，右为学生仿拍

　　教师在审核时应按照拉片读解中逐格细读的方式进行，尽可能从构图、光影、表演、镜式等包含形式与内容的各个方面进行比对，力求全方位地考查学生作业的仿真还原度。例如图 2 中，学生在场景、表演、机位、调色等方面都完成得相当不错，但是在构图和景深效果上与原片有一定差距，其原因在于镜头焦段的选择与原片不同。图 3 中，学生在构图、表演、场景等方面都还原得当，但是在剪辑点的选择上却存在问题。原片在演员低头出画的瞬间便切换至下一个镜头，而仿拍作品中演员低头离画后延迟了几帧才切换至下一个镜头。而就是这几帧空白画面的区别造成了观感的明显差异。原片的剪辑点选择精准，利用动势衔接镜头，利落干脆，富有节奏感；而仿拍中几帧的停留造成视觉上半拍的停滞，打乱了开场段落原本明快流畅的整体节奏。

图 3　影片《穿普拉达的女王》开场段落仿拍作业：左为原片，右为学生仿拍

考核中对这些细节处的关注和把握尤为重要，这并非吹毛求疵的苛求或机械刻板的对标，而是体现学生对影像和导演意图理解的关键之处。同时，教师还要注意学生在哪些地方做了妥协和更改。这些妥协和更改是因为技术条件的限制不得已而为之，还是由于在拉片时不够细致而造成，是主动还是被动，是有意还是无意。这当中不仅能反映出学生的创作态度、认知水平和应变能力，而且还能成为学生后续提升的目标和持续改进的契机。此外，"拉片—仿拍"这一教学过程强调的逆向拆解和还原，是以模仿为核心的实践设计。这一过程重在对学生编导基本功的训练和基础专业知识的整合，并不鼓励学生发挥创意在原片上做改进和创新。因为笔者认为，任何学习的基础都是模仿，不经历类似临摹的训练积累，所谓的创新要么是好高骛远的浮躁表现，要么是无知自大的狂妄之举，无本之木、无源之水式的创新对于学生来说意义不大。技巧或风格上的创新尝试，完全可以留待学生完成基础知识的学习，基本实践实训的演练，积累更多的创作经验之后再进行。

在当下大力提倡创新教育的语境下，模仿学习似乎渐渐被打入冷宫，但我们不应忘记模仿仍是一切学习的起点和创新的源泉。亚里士多德就曾在《诗学》中指出模仿是人类的本能，从模仿中人类获得了最初的知识。"模仿是人的存在方式，因此模仿活动对于人类而言便具有了先天的存在价值。……任何事物，不管是抽象的，还是具体的，都可以通过模仿的方式进入学生的内部世界，转化为学生的自我经验。这些经验将在其未来的认知与实践活动中发挥原型事物的角色。"本文提出的基于"逆向工程"模式的"拉片—仿拍"教学过程便是模仿学习的一种表现形式。让某个影像段落成为学生认知和实践活动的原型，通过选片—读解—筹备—摄制—考核的过程使学生完整体验经历创作的全流程，在明确的目标导向下整合分门别类的专业知识，实现理论与实践的融合，从而提升自己的编导能力。笔者在广播电视编导专业的教学中长期采用这种教学模式，并取得了较好的教学效果和学生的认可，希望通过本文能够给相关专业的人才培养和教学开展带来一些启示。

参考文献

[1] 杨世真. 基于电影分众教育的"逆向式分层实训法"[J]. 浙江艺术职业学院学报，2018，16(4)：45—51.

[2] 康斯雅，钟柏昌. 机器人教育中的逆向工程教学模式构建[J]. 现代远程教育研究，2019，31(4)：56—64.

[3] 杨建. 拉片子：电影电视编剧讲义[M]. 北京：作家出版社，2011.

[4] 邱关军. 学生模仿论[D]. 华东师范大学，2014.

奥运背景下高校攀岩人才培养的新契机

张　钊*

摘　要：随着攀岩入奥以来，我国社会各界都在积极筹备，通过多种方法从竞技层面上提升攀岩整体水平，同时积极筹建准专业运动员人才储备库，并有针对性地推出业余选手参与的俱乐部联赛、大学生联赛、大学生锦标赛、大学生区域联赛、区域国训队等，为大学生参与攀岩运动提供了诸多平台，让更多大学生了解和感受这项极具挑战、时尚炫酷的运动项目。文章通过简单介绍奥运模式背景，着重分析我国高校攀岩人才培养的新机遇以及新挑战。

关键词：奥运模式　高校攀岩　攀岩课程　攀岩人才培养

攀岩运动是从现代登山运动中派生出来的攀登陡峭岩壁的运动，是一种集惊险、刺激、挑战、娱乐于一身的运动项目，素有"岩壁上的芭蕾"之美誉。当代大学生具有非常浓厚的探险兴趣，在高等院校体育教学中开设攀岩课程、校园攀岩活动、组建竞技攀岩队等可以极大满足当代大学生探险精神、挑战自我、勇攀高峰的需求，还可以增强大学生的心理素质和身体素质，极大地丰富高等院校体育课程内容。

一、攀岩奥运历程及高校攀岩发展概况

2016 年 8 月 2 日至 4 日，在巴西里约热内卢举办的国际奥委会 129 次

* 作者简介：张钊，硕士，四川师范大学体育学院讲师，主要从事户外运动、登山、攀岩、滑雪等山地探险、青少年户外教育方面的科研、教学工作。

会议中，经过奥委会决议宣布：竞技攀岩将成为 2020 东京奥运会比赛项目。东京奥运会之后，2024 年巴黎奥运会将攀岩运动列为奥运会正式比赛项目。攀岩入奥将这一运动直接引入社会各界的视野中，形成巨大的发展契机。2019 年国务院印发《体育强国建设纲要》，我国开始由"体育大国"向"体育强国"转变，为竞技体育的发展指明了方向的同时也提出了更高的要求。攀岩运动作为"十四五"规划起步阶段燃起的竞技体育之星，2020 年首次在奥运舞台亮相，也与"新发展理念"充分契合，极大地为推动我国竞技攀岩运动打下坚实基础。

随着市场认知度的不断提升，人们对于这项运动的认识也在不断加深，同时有越来越多的人慢慢参与到攀岩运动当中，来感受它独具的魅力。在这一过程中，大学生群体作为我国攀岩运动的主力军及攀岩教育体系的重点培育对象，也从各个方面感受到了攀岩入奥效应带来的阵阵东风。

目前，我国高校大学生参与攀岩运动主要是通过以下几种途径：学校开设的攀岩必修课、选修课或普修课，在学校举行的攀岩系列讲座，加入校内攀岩俱乐部、攀岩协会等学生社团，参加学校攀岩竞赛代表队，参加校内及区域高校间的攀岩比赛和攀岩交流活动。

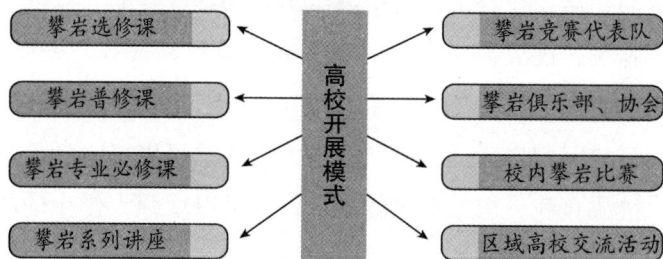

图 1　高校开展情况及大学生参与现状

其中，攀岩选修课是吸引非体育专业的学生了解参与攀岩运动的绝佳平台。这些课程该如何开展、在授课过程中应采用哪些方法提升学生的兴趣度和体验感，也是值得我们去思考的。

2018 年中国攀岩行业分析报告显示，截至 2018 年，我国已有约 200

所高校建设了攀岩墙、攀岩基地，从 2012 年到 2018 年，这个数据一直在稳步增长。截至 2023 年这一数据虽然没有官方更新，但我国高校攀岩运动场地建设数、开设攀岩课程高校数量逐年增加。

表 1　我国已建设岩壁的校园数量

	2012	2013	2014	2015	2016	2017	2018
高校岩壁（家）	70	75	85	120	150	180	200
中小学岩壁（家）	30	50	90	150	220	260	300

注：数据来自《2018 中国攀岩行业分析报告》。

自从 2003 年，中国地质大学（武汉）正式发起全国大学生攀岩活动之后，我国高校攀岩比赛开始形成。此后每年一届的全国大学生锦标赛，也成为国内高校圈最高级别攀岩赛事。截至 2023 年，这一赛事的规模已发展到有 28 个省区市近 70 所知名院校的 600 余名运动员参赛。图 2 是四川师范大学攀岩队参加第 19 届全国大学生攀岩锦标赛队员合影。

图 2　第 19 届全国大学生攀岩锦标赛——四川师范大学攀岩队

运动队是高校课余体育活动的重要组成部分，通过开展针对大学生的攀岩赛事，高校优秀攀岩人才的培养模式也逐渐被摸索出来。从比赛中涌现出很多优秀的运动员、教练员和裁判员。学校通过开设攀岩课程、开展校园攀岩活动，激发学生对攀岩运动的兴趣，极大地推动了课余体育活动的开展，丰富校园文化建设。

目前，很多专业攀岩运动员都是从高校里培养出来，在学校期间他们就参加了很多比赛，并取得了很好的名次。毕业之后，也一直从事攀岩的训练、教学工作。

在这一过程中其优势也是较为显著，可以丰富校园体育文化，激发高校学生参与热情与动力，还可以为竞技人才选拔提供人才储备库，提高校攀岩整体竞技水平，同时也为年轻教师提供平台。

但在高速发展的过程中，也会显现出较为明显的劣势，例如教练水平不够，训练场地不足，部分学校对攀岩常规训练耗损物资支持力度不够，都或多或少地阻碍了这项运动在高校的发展。

二、高校大学生参与攀岩课程学习、训练的动机

大学生参与攀岩课堂及攀岩训练、赛事活动的动机总结如下：

（一）提升个人知识技能

有些学生会抱着个人知识、技能提升的心态，参加与攀岩相关的培训或学术会议，主要实现学习知识技能的目的。

（二）与攀岩行业高水平前辈交流学习

学生参加各类培训、学习，目的是扩大自己的眼界，和其他攀岩爱好者进行交流，尤其是攀岩行业内水平比较高的一些前辈。

（三）参加比赛，获得荣誉

对于那些有志于参加攀岩竞技比赛，取得成绩获得荣誉的大学生来说，攀岩入奥无疑将他们的目标升华到更高阶段。保持对攀岩的热爱，刻苦训练，多积累参赛经验，未来登上奥运舞台也不是没有可能。

（四）强身健体，挑战自我

有部分学生选择攀岩运动，是为了借助这一时尚感强、趣味性高的运动项目，来实现强身健体的目标。同时无论是在人工岩壁还是在自然岩壁上进行攀爬，也能锻炼到自己的胆量、意志等方面，不断完成自我挑战。

（五）为未来的职业选择打下基础

还有部分学生将来的职业方向就是想从事与攀岩相关的工作。他们参加攀岩课程学习、攀岩训练是为了获取从业资格证书、提升个人专业能

力，为自己下一步的职业发展提升及就业打下良好的基础。

图 3　我校 2018 级毕业生，现为天府十一小学攀岩老师、攀岩队教练，
大学生群体是我国攀岩运动的主力军及攀岩教育体系的重点培育对象

三、攀岩入奥对高校人才培养的新契机

攀岩入奥极大地推动了高校攀岩运动的发展，国家体育总局、教育部对攀岩运动高校人才培养制定了新的发展规划，为这项运动在高校的发展提供了强有力的支持。

（一）攀岩项目体育单招，推动了高校攀岩运动的发展。2019 年 11 月，国家体育总局、教育部印发的《2020 年普通高等学校运动训练、武术与民族传统体育专业招生管理办法》中，将攀岩项目设置为体育专业单独招生项目。在 2019 年之前仅有中国地质大学（武汉）、中国地质大学（北京）两所高校招收攀岩特长生。此文件的印发，预示着将会有更多高校开始招收攀岩特长生，也会有更多攀岩职业运动员进入高校，高水平运动员的加入能够为高校攀岩的发展起到强有力的推动作用。

（二）"省队校办"模式推动了高校攀岩竞技水平的提高。从 2016 年攀岩入奥、全运会增加攀岩项目起，各省体育局陆续成立攀岩队，开展人才梯队选拔建设工作。各省为了快速建立省攀岩队，与办队成熟、经验丰富、已有运动队的高校进行合作，开启"省队校办"的攀岩队发展模式。

这不仅有利于省攀岩队的建立，也为高校攀岩的发展提供了财力、物力等，推动高校攀岩运动的发展。目前已有湖北、贵州等省开启了"省队校办"模式，成果显著。

（三）"攀岩进学校"的推广工作效果显著，为高校攀岩储备人才。2014年，中国登山协会提出"攀岩进校园"的构思，经过5年的努力，现共有近400所中小学开展攀岩课程，活动效果也得到了老师和家长的高度认可。同时"攀岩进校园"计划也得到了国家体育总局青少司等相关部门的大力支持。2017年，中登协再次提出"百城千校"开展攀岩运动的计划。越来越多中小学开展攀岩课程，为高校攀岩队的梯队建设提供了保障。

（四）增加学生社会实践机会。通过高校攀岩运动人才培养，"校企合作""校企联合培养"等新模式，学生可以通过参与企业相关活动来获取补贴及社会经验。近几年，攀岩运动迅猛发展，社会对攀岩人才的需求量越来越大，学生学习攀岩课程、加入攀岩队不仅能延伸兴趣、提高专业技能，也能真实地与企业提前磨合，增加社会工作经验。

四、高校攀岩教师所肩负的使命

攀岩入奥带来的另一个好的发展契机就是增大了攀岩人才培养基数，这同时也给我们带来了新的挑战。作为高校教师，我们更要深入思考，下一步该怎么去培养优秀的攀岩人才，怎样使大学生担当好攀岩主力军的角色，为整个攀岩行业做出应有的贡献。

在攀岩人才培养方面，高校教师主要承担着两方面的职责。其一就是上下联动，高校教师要时刻关注国内外的相关热点、动态，不断学习，积极配合上级领导参与各项工作，积极配合各地方训练队、国家队、国训队的相关工作，广泛开展攀岩推广活动，引导学生参与攀岩运动。

其二就是内外结合，把校内外实习实践活动开展得更加丰富一些，比如让相关专业的学生，参与到校内比赛担任裁判工作，让非专业的优秀学生参与到相关赛事活动的准备工作当中。同时提升学生专业技能、优化课程方案及人才培养方案，也是高校教师必须思考并做好的工作。此外，还可以采取校企合作的方式建设校外实习实训基地，开展校外培训课程的学习，让学生可以取得相关资质证书。对于优秀竞技攀岩人才，一部分可以向更高级别的竞赛代表队输送，另外一部分可以培养成为中小学攀岩教师、教练员。

"为人师者，身正为范"，高校教师要时刻让自己保持良好的学习状态，为学生做一种正确积极的引导。同时要时刻牢记自己所肩负的使命，在攀岩入奥带来的良好发展环境当中，让高校培养出来的优秀攀岩人才能够在未来走得更远更好。最后，不管在攀岩训练上，还是在学术氛围的营造上，要时刻保持一颗勇攀高峰的心，为攀岩运动在我国的发展做出贡献。

教学实践

案例教学法在法理学课程中的运用

曾　巍*

摘　要： 法学课程教学始终是法学教育中的重要议题。法理学作为法学核心课程，其"理论"标签似乎削减了其推进实践教学的可能性。从法理学教学现状出发，案例分析教学在其授课过程中尤为重要，其在教学中有广阔的运用空间。与部门法相比，法理学案例分析教学中的案例选用不局限于既有的司法案例，可以从历史案例和生活事例中广泛选取。在法理学案例分析的设计上应该以法的一般理论体系为出发点，综合运用法律分析方法对相关案例进行深入分析，并且可以采用小组课堂展示、师生辩论式讨论等形式灵活开展。通过推进案例分析在法理学教学过程中的融合，以此更好地运用案例分析来促进学生法理思维与实践能力的提升，为深入学习法学理论和理解并解决实践问题夯实基础。

关键词： 法理学　教学改革　案例分析教学法

一、问题的提出

长期以来，我国法学教育在人才培养上广受诟病。① 究其原因，主要

---

*　曾巍，法学博士，硕士研究生导师，四川师范大学法学院，研究方向为法理学、教育法学。

① 参见霍宪丹. 中国法学教育反思[M]. 北京：中国人民大学出版社，2007：4－8；刘坤轮. 法学教育与法律职业衔接问题研究[M]. 北京：中国人民大学出版社，2009；20－23；方流芳. 中国法学教育观察[J]. 比较法研究，1996(2)：130－132；徐显明. 法学教育的基础矛盾与根本性缺陷[J]. 法学家，2003(6)：12－13.

在于未能充分认识、理解法学教育的二重性,[①] 在教学实践中难以平衡、协调职业教育与通识和研究教育,进而影响课程设置及其讲授方式。具体而言,前者容易被简化为专业实习、模拟法庭、诊所教育等实践教学形式,后者则主要指课堂教学(尤其是讲授式教学)。毫无疑问,法学是面向实践的社会科学,理论与实践的融通本就是法学教育的应有之义。换言之,所有法学课程均应当将理论知识讲授与实践教学形式有机融入整个授课过程之中。

近 10 年来,我国法学教育在建设"中国特色法学理论体系、学科体系和课程体系"[②] 过程中,法学一流课程建设[③]成为我国法学教育改革的标志性工程。对于法学教育而言,不管采用什么样的教授方式,其基础仍在于课程教学,进而言之,一切的宏观变革都是应当以课程优化、迭代为基础。因此,好的法学教育归根结底都需要一套科学、合理的课程体系及优质、丰富的课程内容与形式作支撑,如此才能使我国法学教育发挥其应有的作用——培养德法兼修的法治人才。

在我国本科法学课程体系中,作为核心课程的法理学,[④] 其重要作用不言而喻。法理学作为理论法学对于实践具有重要意义,它既是引发实践难题的重要原因,也是理解和解决实践难题的理论依据。[⑤] 然而,就法律实务而言,法理学的作用显得十分"隐秘",并不如部门法一般直接、明显,而极易让法律职业普遍对其有"纯理论"的刻板印象。从教学实践来看,法理学的理论知识丰富而庞杂,在古今中西的纵深之中,的确让师生把握起来难度十分大,在有限的课时之中,基础知识或许都未能尽其详,

---

① 参见王晨光. 法学教育的宗旨——兼论案例教学模式和实践性法律教学模式在法学教育中的地位、作用和关系[J]. 法制与社会发展,2002(6):33—44.

② 《中共中央关于全面推进依法治国若干重大问题的决定》(2014 年 10 月 29 日)。

③ 教育部和中央政法委在 2018 年 9 月 7 日联合印发的《教育部中央政法委关于坚持德法兼修实施卓越法治人才教育培养计划 2.0 的意见》(教高〔2018〕6 号)明确指出要"重点打造 200门国家级一流线上线下法学专业课程,推动高校健全课程体系,优化课程结构"。

④ 在教育部办公厅 2021 年 5 月 19 日发布的《法学类教学质量国家标准(2021 年版)》中,法理学为全国本科法学类专业的法学专业学生 10 门专业必修课之一。

⑤ 参见陈景辉. 法理论为什么是重要的——法学的知识框架及法理学在其中的位置[J]. 法学,2014(3):50—67.

更难以呈现法理学的实践维度，由此便导致了教学内容与部门法学及法律实践显著分离等问题。① 在我国，案例分析教学、模拟法庭训练、诊所法律教育和专业实习等构成了中国法学教育中的实践教学主要方面。虽然法理学的理论与知识难以通过模拟法庭、法律诊所以及专业实习来呈现，但是通过将法理学的概念、知识与理论结合案例来呈现或许是实现"应用法理学"、展现法理学作为法学课程之实践魅力的基本路径。

目前关于法学课程教学问题的研究并不多，② 主要围绕法学实践教学，包括案例教学的开展③、模拟法庭的训练④、诊所法律教育⑤和专业实习⑥等，案例教学法（the Case Study Teaching Method）在法学课程中的普遍运用属于学界共识，但是一般认为主要由部门法来运用，而忽略了法理学

---

① 参见张文显，黄文艺. 高校法学理论教学存在的问题与改革思路[J]. 中国大学教学，2004(1)：26－28.

② 刘坤轮. 我国法学类专业本科课程体系改革的现状与未来——以五大政法院校类院校为例[J]. 中国政法大学学报，2017(4)：139－149.

③ 参见吴高臣，刘爽. 实践导向：案例教学法研究 [J]. 黑龙江高教研究，2011（12）：178－181.；葛云松. 法学教育的理想[J]. 中外法学，2014，26(2)：285－318.；万猛，李晓辉. 问解案例教学法[J]. 中国大学教学，2014(3)：73－79.；冷传莉. 中国法学教育语境下的案例教学法[J]. 学位与研究生教育，2015(4)：35－40.；张淞纶. 作为教学方法的法教义学：反思与扬弃——以案例教学和请求权基础理论为对象[J]. 法学评论，2018，36(6)：126－136.

④ 参见何美欢. 理想的专业法学教育[J]. 清华法学，2006(3)：110－140.；杨高峰. 法律诊所教育本土化过程中的问题与对策[J]. 中国大学教学，2009(2)：59－61.；陈学权. 模拟法庭实验教学方法新探[J]. 中国大学教学，2012(8)：86－89＋31.；陈兵. 法学教育应推进模拟法庭教学课程化[J]. 中国大学教学，2013(4)：73－76.；陈兵，张光宇. 卓越法律人才教育培养计划与模拟法庭实践教学[J]. 黑龙江高教研究，2014(10)：169－171.；翟业虎. 关于规范我国高校模拟法庭教学的思考[J]. 高等教育研究，2015，36(9)：71－74.；何志鹏. 模拟法庭与法学教育的职业转型[J]. 中国大学教学，2016(4)：64－70.

⑤ 参见左卫民，兰荣杰. 诊所法律教育若干基本问题研究[J]. 环球法律评论，2005(3)：263－269.；陈建民. 从法学教育的目标审视诊所法律教育的地位和作用[J]. 环球法律评论，2005(3)：281－287.；冀祥德，李庆明. 诊所法律教育：中国法律硕士培养制度改革的基本方向[J]. 法学杂志，2011，32(2)：59－62.；王立民. 也论诊所法律教育的方法[J]. 法学，2007(11)：50－56.；章武生. 我国法学教学中应增设"模拟法律诊所"课程研究[J]. 法学杂志，2011，32(6)：88－90＋114.；杨秀英，李晓君. 试论法律诊所教育的特色[J]. 黑龙江高教研究，2011(4)：149－151.

⑥ 参见高晋康，杨春禧，徐冰. 法学专业本科实习的检讨与实践探索[J]. 社会科学研究，2002(2)：91－94.；韩赤风. 当代德国法学教育及其启示[J]. 比较法研究，2004(1)：113－126.；陈伟. 面向实践性的法学教育改革路径探讨——"动态法学实习基地"的积极提倡[J]. 海峡法学，2014，16(3)：97－103.

对案例教学法的运用可能有更为广阔的空间。教授法理学课程中，要运用案例教学法，首先需要明确该方法的优劣及基本功能，以此把握或平衡案例分析运用的程度或边界；然后就必须建立案例选择的标准，通过对案例范围的确认来构建法理学课程案例的基础与范围；最后则需要结合课程讲授较为精细地设计课程中的案例分析，如此则可能通过在法理学教学中运用案例分析来促进法理思维与能力的提升。

二、法理学授课中案例运用的功能

在法学教育的早期阶段，以专业技术为主的教学模式逐步过渡到以抽象的、浩瀚的法学知识作为教学的主要内容。[①] 1870 年，兰德尔（Christopher Columbus Langdell，1826—1906）任哈佛法学院院长后，案例教学法被广泛应用到法学教学之中，并由此奠定了案例分析作为美国法学教育的主流教学方法。[②]

案例教学法是一种由老师选择一个特定的相关法学专业的个案，指导学生进行阅读并学习法官的裁决，从而了解法律的基础原理和法律的推论，并运用苏格拉底纠问式的辩论方法代替传统的课堂授课，通过学生回答问题以及相互讨论，让学生对某一规则的内容、适用范围有一定的认识，学习应对各种困境的方法。毋庸置疑，在法理学案例分析教学中，采用系统全面的案例分析教学法，通过教师的适当引导和学生的亲自操练，可以很好地提高学生判断、分析和解决问题的能力，特别是对疑难案件的分析可以促进学生正确把握相互对立的利益背后蕴含的价值。通过案例分

---

① 参见伯尔曼. 法律与革命——西方法律传统的形成[M]. 贺卫方，等，译. 北京：中国大百科全书出版社，1996：145.

② 兰德尔在其著名的《合同法案例》的前言中指出，法律是原理构成的，而每一个原理都是通过众多的案例逐步演化而来。因此，有效地掌握这些原理的最快和最好的途径就是学习那些包含着这些原理的案例。目前，案例分析教学法在美国法学教育中具有举足轻重的作用，是美国法学教育界的主流教学方法。美国案例分析教学法的特点是：（1）对于讲授庞大的制定法体系不实用也不可行；（2）主要讲授法律推理，讲授法律家和法庭获得结论所运用的方法；（3）可以帮助人民掌握美国法律建立的法律原则。参见何勤华. 美国法律发达史[M]. 上海：上海人民出版社，1998.；杨莉，王晓阳. 美国法学教育特征分析[J]. 清华大学教育研究，2001(2)：67—73.

析教学法可以生动形象地展示法律公正的实现过程，通过展现法律思维方式的特定案件，学生可以了解到"客观真实"和"法律真实"的联系和区别，并知道怎样运用证据来恰当地处理实际问题，而又不违反法律的精神。同时也提高了学生的人际沟通、团队协调与合作能力，使他们在将来的工作实践中能应对变化的环境，不断更新和完善旧有的知识结构，做有创新意识的复合型人才。由于法律教育的全球化浪潮，国内法律"职业共同体"教育的兴起等因素的影响，为培养学生分析和解决实际问题的能力、实现"法学院"到"法院"，也包括"公""检""律"等社会工作岗位的人才对接，在我国法理学教学中推广案例分析教学法显得尤为必要。[①]

三、法理学课程案例的选用

既然案例分析教学的目的是提高学生判断、分析和解决问题的能力，那么在教授法理学相关知识时，就需要选择最合适的案例进行分析以达到事半功倍的效果。法理学作为研究一切法律现象及其发展规律的理论法学，虽然在选择案例进行分析时，不需要像部门法那样局限于生效司法案例。人类历史至今，几乎经历的一切都可以作为案例给法理学研究，但是这是困难且近乎不可能的，因此法理学在选择案例进行分析时应当综合判断不同知识所对应的相关案例。笔者认为，在讲授法理学的基础理论时，可以选用历史中的案例进行案例分析教学；在讲授法理学的法律方法时，可以选用生效司法案例进行案例分析教学。

（一）历史案例

民法、刑法等法学的部门法，主要是对国内外法律体系进行探讨，包括法律的形式、内容，法律的制定、实施、解释及其应用。因此部门法的案例分析教学主要基于已有的司法判例，通过分析部门法相关法条在具体案例中的适用来辅助教学，帮助学生更好地理解法律的形式、内容、解释等相关知识。而法理学主要研究古今中外一般法，法理学的基础理论更是

---

① 参见巢容华，章颖芬. 法理学案例教学法研究——以湖北高校研究生的法理学教学现状为基础 [J]. 湖北经济学院学报（人文社会科学版），2009，6（8）：173—174＋181.

在历史的长河中逐渐总结归纳得出的，因此在讲授法理学的基础理论时，可以选用历史中的案例进行案例分析教学。比如在讲授西方主要法学流派时可以向学生介绍"苏格拉底之死"的案例，使其更加深刻了解分析法学派"恶法亦法"的主张；在讲授法的特征与本质时可以向学生介绍"商鞅立木取信"的案例，使其更加深刻了解法律具有稳定性的特点。比如在讲法的价值时可以向学生介绍封建中国"男尊女卑""包办婚姻"等案例，使其更加深刻了解平等、自由等法律价值。在讲到相对具有哲理化，难以透彻掌握的相关知识时，教师应当首先确定法律概念、法律原则等基本条件，然后通过筛选出的案例来论证其合法性与合理性。在这种案例中，有关法理学的基本原则和理念是课堂教学的重点，而所选取的案例则是对其进行辅助性的解释。①

（二）司法案例

法律方法主要包括法律解释、法律推理和法律论证，而这些法律方法的运用主要体现在法官裁判案件过程中。在具体案例中对适用的法律规则的逻辑结构进行分析，对整个案件运用司法三段论的方法进行推理，使学生对法律方法在具体案件中的适用和理解更加深刻。教师可以通过现有的中外法理学经典案例对学生进行授课讲解，比如泸州遗赠案、齐玉苓受教育权案、里格斯诉帕尔默案、辛普森杀妻案等，也可以援引最高人民法院发布的指导性案例进行案例分析教学，将案例的基本情况在课堂上展示，在教师的引导下，由学生对整个案件进行思考，最后再由教师展示判决结果。如果法理学课时安排较少，教师可以将案件分析作为课后作业，直接交由学生课后组队共同进行分析，课堂上由学生进行案例分析展示，最后由教师进行总结点评。这样的案例分析教学可以帮助学生更好地理解法理学知识在具体案例中的运用。在对此类案例进行分析后，还可以从案例中总结和概括出相应的法学原理，用恰当的主线连接学生的讨论。在这个学习的进程中，同学们的学习能力得以提高，法理学中的抽象观念也逐渐被

---

① 参见关保英. 行政法案例教学研究[J]. 河南省政法管理干部学院学报，2009，24（4）：45—54.

转换成他们自己的语言。

（三）热点事例

与部门法学案例分析教学相比，法理学还可以选择身边发生的各种热点事例进行案例分析教学，培养学生利用法学原理分析和解决实践问题。此类案例教学可以采用师生共同讨论的方法，以"职业打假人故意购买三无食品要求赔偿"为例，在此案例中涉及的问题有："职业打假人"是否属于"消费者"、职业打假人故意购买三无食品是否有权利要求赔偿、产生此类现象的原因是什么、如何解决现实发生的冲突。在讨论前，需要把案例分发给学生，由学生分组讨论回答教师的提问，还可以就其他小组的观点进行评价。因为此类案例分析所选择的议题是当前热门话题，因此资料的检索也较简单，且学生的学习热情也较高，易于达成所期望的研讨结果。在讨论型案件中，教师要掌握案件所要解决的关键问题，带领同学们分析案件焦点，不然就会因为太分散而无法进行有意义的探讨。①

四、法理学案例分析的设计

所谓案例分析设计，是指运用案例分析法进行具体的教学活动时，分析内容的安排顺序和分析步骤的排列次序。案例分析设计是案例分析教学的外在表现形式；案例分析教学是案例分析设计的指导思想，二者是内容和形式的关系。案例分析设计的优劣直接决定着案例分析教学的实际效果。② 在开展案例分析教学中，应注意以下三点：

（一）基本思路

法学教育不再是单纯地教授学生固有的知识，而是要培养他们在未来面临未知的困难时所需要的法律思维和学习的本领。③ 因此，在大学的法学课程中，要摆脱法律规范的束缚和桎梏，展现大学的办学特点。鉴于不同院校在师资、经费投入、学科背景等方面各有特点，我们需要从法学专

---

① 参见卢护锋. 案例教学法在法理学课程中的应用[J]. 教育探索，2011(5)：63—64.
② 参见吴顺安. 案例教学法在法理学教学中的应用[J]. 安徽工业大学学报（社会科学版），2005(2)：108—109.
③ 习近平：在哲学社会科学工作座谈会上的讲话[N]. 人民日报，2016—05—19(2).

业基础上，总结出具有共性的教学理念，并将其应用到不同的大学。①

第一，在课堂中要树立学生的问题意识。问题意识在法学研究乃至法治发展中具有举足轻重的作用。任何一所大学或某一特定的法学系，都应把真正地处理好法律问题视为法学教育的根本目的。要找到问题，尤其是找到一些真正的、有理论性和实际意义的问题，这既是我们社会生活的一个重大课题，也是法学教育发展的必然要求。

第二，在课堂中要重视结构导向。结构功能主义是西方近代社会学的一个主要学派，它主张合理的结构可以最大限度地发挥其作用。在课程中，要想使课程的教学达到最佳的效果，必须注重课程的内容构成与组织，并使案例分析教学与其他的教学活动相结合，从而使课程的教学改革得到更好的发展。

其三，在课堂中要培养学生开放性思维。法学生既要做到依法办事、服从、守法，又要具有一种以人为本的人文关怀，才能坚定地捍卫和落实司法正义。尤其是在法律自身缺乏正当性、合法性基础以及法因其语言含糊性、模糊性而要求做出解释的时候，应善于利用法的一般原理、良法的一般公正原则对其进行矫正、解释和解决。因此，培养学生的开放性思维，也应作为法理学教学的目标之一。

（二）课前准备

案例分析教学的第一个环境就是教师的课前选取案例的工作，案例选编要具有针对性、典型性、疑难性。案例选得好，教学就成功了一半。②案例的选择应当与课堂授课内容紧密联系，紧紧围绕课堂的主题，能够较好地说明其中的法律原理、法律规则的内涵及作用。法理学中体现抽象理论的案例有很多途径可以收集，其中最常见的途径是案例书报、杂志、网络文章等各类媒介。在收集此类案件的时候，教师需要足够细心，发现适当的案例要立即进行节选。第二条途径是教师亲自参加实际工作，针对第一手材料进行案例搜集，这就需要教师具有洞察力和对案件的概括能力。③

---

① 参见刘剑文. 供给侧改革下法学本科核心课程的结构调整[J]. 政法论丛，2017(3)：32—42.
② 参见宋涛. 法学教学中案例教学法的应用[J]. 中国成人教育，2005(8)：85—86.
③ 参见吴艳华. 案例分析法在经济法教学中的应用[J]. 教育探索，2010(5)：80—81.

另外，教师还可以自觉地编写出一些有代表性的案例，当然，这需要教师自己对法理学的认识和掌握，并能从现实中发掘出能够体现法理学相关知识的主题。

教授法理学的教师可以共同搜集编纂，也可以吸收本校法理学优秀研究生加入案例收集编纂工作，为法理本科教学提供一个案例数据库，再随着教学目标和授课内容的变化逐渐调整。选好案例后，还要引导学生搜索相关的判例资料。鉴于上课的时间限制，有关案件的详细资料或许需要学生在上课之前进行阅读。让学生提前预习并在课堂中进行提问，使学生在课堂教学中从消极转为积极，为学生创造一个更大的思考空间，提高他们的学习热情和对知识的渴望，这样才能完成法理学的教学目标与任务。

（三）课堂教学

案例分析教学有别于单纯的案例教学。案例教学以教师为主，而案例分析教学以学生为主。案例分析教学也可在案例教学中使用，但是案例分析是指教师带领学生将所学到的知识应用到实践中去，而案例教学是指教师对其进行理论解释。[①] 案例分析教学旨在加强学生对抽象知识的应用，从而使案例教学和案例分析教学相互促进。案例分析教学还需要教师以实际的案例为基础，提出有一定理论性和实践价值的问题，通过案例分析教学，培养学生的分析与解决问题的技能。案例分析教学可以在课堂中进行，也可以是课后的家庭作业。当同学对案例进行了剖析之后，教师可以对学生的案例分析报告进行批改，并找出案例剖析中的错误与缺陷，展现案例分析的正确方法和结论，并对案例的主要内容进行剖析，从而激活学生们的思维，提高学生们分析问题的能力。

法理学案例分析教学与部门法案例分析教学方法不同。部门法案例教学主要采用"解题式"的案例分析方法，这种方法主要是针对案例的法律关系或请求权基础进行分析，由老师引导学生通过对案件具体事实与法律规范之间的评价与推理，为当前待处理的案件提供法律适用的具体方案，

---

① 参见章程. "五位一体"实践性教学法初探——对法学教学改革的思考[J]. 清华大学教育研究，2000(4)：139—142.

或判断法院已有判决是否符合法理。该研究方法与各种考试中的案例分析题类似，通过案例分析来展现判决的思路、训练法律思维和法律解释的能力，属于如何适用法律的法律适用方法的研习，其解决的是"谁以什么为法律基础向谁请求什么"。[①]而法理学案例分析教学与上述"解题式"的案例分析方法不同，是从更加宏观的角度综合运用法律分析方法对相关案例进行深入分析。既可以从法的特征与本质对案件展开研讨及比较法分析，也可以从法的作用对判决的政治、经济、社会背景或社会影响进行分析，还可以是以法的价值为出发点，对裁判的心理过程进行法社会学分析。如果是引起社会热议的案件，在分析过程中还要带领学生结合案件的大众反应，从法与道德、法与社会及裁判的社会效果等角度对该案进行详细解读。

教师在课堂进行案例分析教学时，还要注意贯彻以学生为主体，以教师为主导的教育思想。教师要以浅显的语言介绍相关案例，避免学生由于听不懂太过专业的术语而走神。避免传统教学"一言堂"式的教学方法，鼓励学生发言，让学生积极主动地参与到教学中，进行分析推理与讨论总结。当学生发言时，同学和教师应该认真听取他们的发言、陈述观点等，即使失之偏颇也不要随意起哄或打断，课堂讨论应该允许学生分析得出各种结论，予以广泛的讨论和参与空间。教师的职责是在适当的时候把握讨论的方向，避免偏离主题，能够驾驭课堂，时而提出问题，发人深思；时而发表见解，精彩点评；时而引经据典，讲授理论知识。在课堂快结束时，教师可以发表自己的看法，对学生课堂讨论的表现做一个初步评价，以助下次讨论的开展。总体来说，课堂案例教学以师生互动的讨论形式为主，教师还可以制定相应的计分审核办法，为学生的课堂表现打分，增加学生课程参与的积极性。

善用多媒体设备辅助案例分析教学。多媒体教学是指利用计算机数字化软件的教学，在知识爆炸和信息技术飞速发展的今天，利用多媒体进行法学教学不仅可能，而且十分必要，更是培养创新型法学人才的必然要

---

① 参见周江洪. 作为民法学方法的案例研究进路[J]. 法学研究，2013，35(6)：19—23.

求。① 数字化软件可以显现各种文字、声音、图形、场景、活动，因此这种教学方式能够增强法律教学的可感性，激发学生的注意力和兴趣。同时利用多媒体教学，可以系统展示法律知识体系和能力结构，克服黑板板书之不足；从心理学的规律看，视、听并用可大大提高学生的注意力和记忆效果。总之，多媒体教学，明显地优化、缩短了教学环节和时间，克服了人力资源的损耗和浪费，使师生集中精力于教学，从而提高了教学效率。

现在绝大多数大学教室都配有可以联网的多媒体设备，教师可以善用多媒体教学，增添学生学习的积极性与趣味性，例如有些视频网站上有许多高播放量的庭审解说视频以及著名学者的法学相关知识分享，教师在平常上网观看时，可以有意将一些值得学生观看学习的视频收集起来，在课堂上播放后开展相关讨论。除了视频网站以外，还有一些高质量的微信公众号推文、央视法制节目、知乎高赞回答等网络资源可以通过多媒体教学在课堂上展开，这些内容距离学生生活近，并且可以在课后由学生反复学习观看，能够调动学生学习的积极性并能及时进行有效复习。但是多媒体教学运用不当，也可能会妨碍教学目标的完成，学生专注于课堂学习，但也可能分散注意力于非教学目标的视听教学材料上。"多媒体"教学的组织也需精心设计。总之，将"多媒体"教学这一现代化的教学方法合理运用于法学教育应积极探讨研究。

五、结语

我国目前的法律教育，仍然是以法律规则、法律理论、法律解释和法律应用问题为主要内容，案例分析教学在法律课程的教学之中不可能被完全运用。然而，实践才是高等法学教育的中心，美国法学家霍姆斯曾说过："法律的生命不在于逻辑，而在于经验。"在高等法学教育中，实践是法学学科的终极目标，而案例分析则是高等法律教育中的一个重要环节。因此，近几年来，英美法系的案例分析教学越来越受到法学界的关注，我

---

① 参见肖永平. 法律的教与学之革命——利用多媒体开展国际私法教学的理念、模式和方法[J]. 法学评论，2003(3)：153—160.

国不少高校也将英美法的案例分析教学方法引进了我国的高等法学教育；在教学法方面，体现了讲授教学和案例分析教学法相结合、理论教学法和实践教学法相统一、交流教学法和比较教学法相并列的特征。① 法理学是一种较理论化的法律教育，既要使学生能够熟练地掌握抽象的理论，又要能够将其应用到实际工作中去，而课堂上的授课和案例分析的教学，就可以解决两者的共性问题。

通过案例分析教学，教师可以更好地讲授书本上的知识，使蕴藏在生硬的文字背后的相关知识通过案例的形式生动地展现在大家面前，加深学生对知识的理解和运用，法学教学不仅是向学生介绍必要的法律知识，而更要教会其进行法学研究和运用法律的方法。② 通过案例分析，将法学原理与法学案例有机地结合起来，同学们对有关的理论问题进行深入的反思。法理学的案例分析在课堂上的应用，需要老师在课堂上将其视为一个过程，而非以一个结果来讨论，不仅仅是将其思想活动呈现给同学；更应该指导和理解学生的思考，并对其进行充分的鼓励和指导。相信如果能在法理学教学中有效开展案例分析教学，能够更好地促进学生法理思维与能力的提升，为深入学习其他部门法和理解并解决实践难题打下坚实的理论基础。

参考文献

[1] 何勤华. 美国法律发达史[M]. 上海：上海人民出版社，1998.
[2] 霍宪丹. 中国法学教育反思[M]. 北京：中国人民大学出版社，2007.
[3] 刘坤轮. 法学教育与法律职业衔接问题研究[M]. 北京：中国人民大学出版社，2009.
[4] 伯尔曼. 法律与革命——西方法律传统的形成[M]. 贺卫方，等，译. 北京：中国大百科全书出版社，1996.
[5] 默勒斯. 法律研习的方法：作业、考试和论文写作（第9版）[M]. 申柳华，杜志浩，马强伟，译，北京：北京大学出版社，2019.

---

① 参见夏雅丽. 法学教育改革谈[J]. 中国大学教学，2007(7)：59−61＋55.
② 参见默勒斯. 法律研习的方法：作业、考试和论文写作（第9版）[M]. 申柳华，杜志浩，马强伟，译，北京：北京大学出版社，2019：4.

[6] 方流芳. 中国法学教育观察[J]. 比较法研究，1996(2)：116—144.

[7] 章程. "五位一体"实践性教学法初探——对法学教学改革的思考[J]. 清华大学教育研究，2000(4)：139—142.

[8] 杨莉，王晓阳. 美国法学教育特征分析[J]. 清华大学教育研究，2001(2)：67—73.

[9] 高晋康，杨春禧，徐冰. 法学专业本科实习的检讨与实践探索[J]. 社会科学研究，2002(2)：91—94.

[10] 王晨光. 法学教育的宗旨——兼论案例教学模式和实践性法律教学模式在法学教育中的地位、作用和关系[J]. 法制与社会发展，2002(6)：33—44.

[11] 肖永平. 法律的教与学之革命——利用多媒体开展国际私法教学的理念、模式和方法[J]. 法学评论，2003(3)：153—160.

[12] 徐显明. 法学教育的基础矛盾与根本性缺陷[J]. 法学家，2003(6)：12—14.

[13] 张文显，黄文艺. 高校法理论教学存在的问题与改革思路[J]. 中国大学教学，2004(1)：26—28.

[14] 韩赤风. 当代德国法学教育及其启示[J]. 比较法研究，2004(1)：113—126.

[15] 左卫民，兰荣杰. 诊所法律教育若干基本问题研究[J]. 环球法律评论，2005(3)：263—269.

[16] 吴顺安. 案例教学法在法理学教学中的应用[J]. 安徽工业大学学报（社会科学版），2005(2)：108—109.

[17] 陈建民. 从法学教育的目标审视诊所法律教育的地位和作用[J]. 环球法律评论，2005(3)：281—287.

[18] 宋涛. 法学教学中案例教学法的应用[J]. 中国成人教育，2005(8)：85—86.

[19] 何美欢. 理想的专业法学教育[J]. 清华法学，2006(3)：110—140.

[20] 夏雅丽. 法学教育改革谈[J]. 中国大学教学，2007(7)：59—61＋55.

[21] 王立民. 也论诊所法律教育的方法[J]. 法学，2007(11)：50—56.

[22] 杨高峰. 法律诊所教育本土化过程中的问题与对策[J]. 中国大学教学，2009(2)：59—61.

[23] 关保英. 行政法案例教学研究[J]. 河南省政法管理干部学院学报，2009，24(4)：45—54.

[24] 巢容华，章颖芬. 法理学案例教学法研究——以湖北高校研究生的法理学教学现状为基础[J]. 湖北经济学院学报（人文社会科学版），2009，6(8)：173—174＋181.

[25] 冀祥德，李庆明. 诊所法律教育：中国法律硕士培养制度改革的基本方向[J]. 法学杂志，2011，32(2)：59—62.

[26] 杨秀英，李晓君. 试论法律诊所教育的特色[J]. 黑龙江高教研究，2011(4)：149—151.

[27] 卢护锋. 案例教学法在法理学课程中的应用[J]. 教育探索，2011(5)：63—64.

[28] 章武生. 我国法学教学中应增设"模拟法律诊所"课程研究[J]. 法学杂志，2011，32(6)：88—90＋114.

[29] 吴高臣，刘爽. 实践导向：案例教学法研究[J]. 黑龙江高教研究，2011(12)：178—181.

[30] 陈学权. 模拟法庭实验教学方法新探[J]. 中国大学教学，2012(8)：86—89＋31.

[31] 陈兵. 法学教育应推进模拟法庭教学课程化[J]. 中国大学教学，2013(4)：73—76.

[32] 周江洪. 作为民法学方法的案例研究进路[J]. 法学研究，2013，35(6)：19—23.

[33] 葛云松. 法学教育的理想[J]. 中外法学，2014，26(2)：285—318.

[34] 陈景辉. 法理论为什么是重要的——法学的知识框架及法理学在其中的位置[J]. 法学，2014(3)：50—67.

[35] 万猛，李晓辉. 问解案例教学法[J]. 中国大学教学，2014(3)：73—79.

[36] 陈兵，张光宇. 卓越法律人才教育培养计划与模拟法庭实践教学[J]. 黑龙江高教研究，2014(10)：169—171.

[37] 冷传莉. 中国法学教育语境下的案例教学法[J]. 学位与研究生教育，2015(4)：35—40.

[38] 翟业虎. 关于规范我国高校模拟法庭教学的思考[J]. 高等教育研究，2015，36(9)：71—74.

[39] 何志鹏. 模拟法庭与法学教育的职业转型[J]. 中国大学教学，2016(4)：64—70.

[40] 刘剑文. 供给侧改革下法学本科核心课程的结构调整[J]. 政法论丛，2017(3)：32—42.

[41] 刘坤轮. 我国法学类专业本科课程体系改革的现状与未来——以五大政法院校类院校为例[J]. 中国政法大学学报，2017(4)：139—149＋160.

[42] 张淞纶. 作为教学方法的法教义学：反思与扬弃——以案例教学和请求权基础理论为对象[J]. 法学评论，2018，36(6)：126—136.

[43] 沈玉忠. 法学实践基地建设研究[J]. 北京工业大学学报(社会科学版)，2012，12(2)：75—80.

[44] 陈伟. 面向实践性的法学教育改革路径探讨——"动态法学实习基地"的积极提倡[J]. 海峡法学，2014，16(3)：97—103.

[45] 王泽鉴. 法学案例教学模式的探索与创新[J]. 法学，2013(4)：40—41.

中学英语融合劳动教育的价值、内容与实践路径研究[*]

方　涵^{**}

摘　要：中学英语融合劳动教育是发展学生核心素养的迫切需要，是中学英语学科育人方式改革的时代性呼唤。本文从学生全面发展的促进、学科育人价值的彰显、英语语言能力的深化三个部分探讨了中学英语融合劳动教育的价值；并认为通过劳动价值观的弘扬、劳动情感的发展、劳动过程的体验来分解中学英语开展劳动教育的内容；进一步提出中学英语开展劳动教育的三条实践路径。

关键词：劳动教育　中学英语　融合

2018 年的全国教育大会上，习近平总书记指出，要"培养德智体美劳全面发展的社会主义建设者和接班人"。^① 教育部 2020 年 4 月颁布的《大中小学劳动教育指导纲要》中强调："将劳动教育纳入人才培养全过程，丰富、拓展劳动教育实施路径"以及"在学科专业中有机渗透劳动教育"。《普通高中英语课程标准（2017 年版 2020 年修订）》开宗明义地提出，本课标修订的指导思想是把学生培养成为"德智体美劳全面发展的社会主义建设者和接班人"。在《义务教育英语课程标准（2022 年版）》（以下简称《课标（2022）》）中，"劳动意识"被归结为文化知识的一个

---

* 本文已于 2022 年 10 月发表于《中小学英语教学与研究》（北大核心）。

** 作者简介：方涵，博士，四川师范大学外国语学院副教授，研究生导师，主要从事英语教学与研究方面工作。

① 中华人民共和国教育部. 普通高中英语课程标准（2020 年版）[M]. 北京：人民教育出版社，2020：2.

组成内容。

"不同文化背景下，人们的劳动实践和劳动精神"① 的表述首次出现在义务教育英语课程标准 7－9 年级学生应达到的文化知识分级要求中。可见，中学英语融合劳动教育是发展学生核心素养的迫切需要，是中学英语学科育人方式改革的时代性呼唤。对于一线教师而言，如何理解中学英语开展劳动教育的价值及内容，进而探索其实践路径，值得深入思考和研究。

一、中学英语开展劳动教育的价值探析

（一）学生全面发展的促进

《课标（2022）》的指导思想强调了义务教育段课程应"坚持德育为先，提升智育水平，加强体育美育，落实劳动教育"。② 中学英语学科开展劳动教育，能促进新时代中学生的全面发展，是因为"劳动教育命题的着眼点就在于培育体力、脑力上均获得全面发展的人。劳动教育具有立德、益智、健体、育美等较为全面的教育功能"。③ 中学阶段是学生世界观、价值观、人生观发展的关键期，在中学英语学科教学中融入劳动教育的内容，可以促进中学生劳动价值观的形成，让学生在进行英语语言学习的同时提升劳动觉悟和社会责任感，增强积极向上的心态，回归到人本质力量的发展。

（二）学科育人价值的彰显

英语学科育人价值是学生在本学科获得的独特成长体验和发展价值，是核心素养形成的载体，是对"培养什么人"这个核心问题的时代回答。④ 在中学英语教学中通过对东西方劳动活动、劳动观念、劳动精神等内容的

---

① 中华人民共和国教育部. 义务教育英语课程标准（2022 年版）［M］. 北京：北京师范大学出版社，2022：24.
② 中华人民共和国教育部. 义务教育英语课程标准（2022 年版）［M］. 北京：北京师范大学出版社，2022：1.
③ 檀传宝. 劳动教育的概念理解——如何认识劳动教育概念的基本内涵与基本特征［J］. 中国教育学刊，2019(2)：82－84.
④ 余文森. 学科育人价值与学科实践活动：学科课程新标准的两个亮点［J］. 全球教育展望，2022，51(4)：14－15.

呈现和比较，有助于学生加深对东西方文化差异性的感知和对不同文化共通价值的认识，反思英语不同于母语的思维方式，进而体悟人类对美好事物的共同追求。在中学英语教学中东西方劳动实践和劳动精神的呈现，能够让学生通过教学活动增加对不同文化的理解和通融，体现了不同于其他学科的区别性特征，是英语学科可以给予学生的独特的学习经验，学科育人价值从而得到凸显。

（三）英语语言能力的深化

建构主义认为，学生语言知识的学习应该在一定的社会文化情境下进行，从而激活其已知，发挥学生主体作用，实现意义建构。中学英语教学不是被动僵化的语言知识点的传授，而是具有情境性和参与性的多主体实践活动，让语言学习与学生的生活世界建立关联。劳动教育融入中学英语教学可以帮助营造学生生活相关的情景，为英语语言的运用提供了极为有效的平台，让学生从生活经验出发，更为深切地认识和体会语言知识，感受物质世界、积累生活经验的同时激发更真实、更强烈的英语语言学习兴趣和动机。[①]

二、中学英语开展劳动教育的内容分解

劳动教育的核心是培育和提升学习者的劳动素养，而劳动素养集中表现为思想层面的劳动价值观、心理层面的劳动情感、伦理层面的劳动品德、行为层面的劳动习惯、能力层面的劳动技能。[②] 就中学英语而言，受制于教学内容、课堂空间时间等因素，学生的劳动习惯、劳动技能方面直接涉及的内容比较有限，更多的是基于英语教材内容，以教学活动为载体，用体验激活学习动机，对学生的劳动意识的引导和树立。笔者认为，中学英语教学中劳动教育的开展可以通过劳动价值观的弘扬、劳动情感的发展和劳动过程的体验三个方面进行。

① 赵蒙成. 新时代劳动教育的本体价值与实践进路[J]. 现代教育管理，2022（2）：38—47.
② 张利钧，赵慧勤，张慧珍. 新时代劳动教育：内涵特征与价值意蕴[J]. 教育理论与实践，2021，41（26）：3—6.

（一）劳动价值观的弘扬

中学生的劳动价值观是关于劳动、劳动人民、劳动成果的态度和观念，能引领中学生发现劳动的意义，并有效地指导其未来的劳动实践。通过英语课堂中的劳动教育，中学生可以逐渐理解，劳动在凝聚民心、实现中华民族伟大复兴，创造和谐社会，以及促进个体增长才干、锤炼品格等方面的作用。在中学英语教学中，教师可以帮助学生树立实干兴邦的劳动实践观，崇尚劳动，理解工匠精神，珍爱劳动成果，培养劳动意识，愿意通过劳动磨炼意志，从而明确人生发展方向。

（二）劳动情感的发展

劳动创造了世界，劳动是人存在的方式，劳动的发生需要参与者付出一定精力和时间。在过去的一段时间里，在应试教育的压力下，"唯有读书高"的风气充斥着中学校园，教育不能触及劳动的本质，学生对劳动的积极性也被压制。在英语教学中融入劳动教育，教师可通过选择恰当的英语语篇为载体，挖掘相关主题意义，设计情境性的教学活动，让学生分享到语篇中劳动过程中的收获和乐趣，感受劳动过程中无私奉献、团结友爱的集体协作精神，珍惜劳动成果，尊重劳动人民，改变对体力劳动的偏见，实现其劳动情感的自我超越和发展。

（三）劳动过程的体验

这里谈及的劳动体验的内涵，不仅是学生亲身的"做"，还包括"主体从心理上对自己或他人的'亲身经历'进行体验"。① 体验关注的重点在于学生的主体参与，学生只有主动地感受劳动过程才能激活自己已有的相关知识，从而上升为发自内心的深刻感悟。中学英语中的劳动教育可以充分利用英语学科教学的特点，通过英语课内外的活动设计，丰富学生譬如家务劳动、志愿劳动之类的劳动体验，帮助学生在了解东西方劳动传统差异和进行劳动过程体验的同时，体会劳动知识的代代传承，助力"学校—家庭—社会"三位一体教育共同体的形成，让学生从对劳动之爱延伸为对

---

① 李英. 体验：一种教育学的话语——初探教育学的体验范畴[J]. 教育理论与实践，2001（12）：1—5.

文化之爱，对家国之爱。

三、中学英语开展劳动教育的实践路径

（一）探究单元主题，挖掘教材元素，弘扬劳动价值

【教学案例 1】

外研社 2019 版教材选择性必修三第二单元 A Life's Work 的主题范畴是"人与自我"，通过介绍中外不同历史时期、不同领域的杰出人物在各自的职业生涯中对于工匠精神的理解和践行，旨在引导学生了解不同行业模范的事迹，体悟东西方共通的优秀劳动品德，学习他们锲而不舍的精神，在生活中钻研探索、持之以恒，发现自己的人生价值，实现人生理想。单元教学内容整体和关联性分析如表 1 所示：

表 1　单元主题意义分析

语篇		语篇类型（技能）	语篇主题和内容	语篇功能
Starting out：The fable of Cook Ding and quotes of work		寓言故事＋名人名言（看、听、说）	庖丁解牛：通过反复实践总结职业经验和技巧	引入主题，初识工匠
Understanding Ideas：Life Behind the Lens		新闻报道（阅读）	美国传奇街拍摄影师 Bill Cunningham 的职业操守和人生哲学人生	主题语篇阅读，了解国外匠人
Using Language	Grammar Review：Predicative clauses	记叙文（听和读）	美国园艺家 Ruth Bancroft 的多肉花园和京剧表演艺术家梅兰芳的艺术人生与贡献	多维度听读，理解工匠精神
	Listening&Reading：The spirit of craftsmanship	对话＋说明文（听、读、说）	传统手工艺逐渐失传的现状和"两弹一星"功勋科学家群体的优秀品质	多维度听读，崇尚工匠精神

续表

语篇		语篇类型（技能）	语篇主题和内容	语篇功能
Developing Ideas	Reading：Masters of Time	记叙文（阅读）	故宫博物院钟表修复师王津潜心修复钟表文物的事迹	主题读写结合，深入感悟工匠精神
	Writing：Writing an expository essay	说明文（读和写）	简介"样式雷"家族七代修建清代皇家建筑群杰作	
Presenting Ideas：Debate with opposite views over craftsmanship		辩论（写和说）	人的一生是应该广泛涉猎不同领域 Vs. 坚持专注做好一件事	联系自我，评价工匠精神
Project：Creating a directory of traditional crafts		项目式学习（综合技能）	通过自主学习、合作学习和探究式学习开展调研，收集本土的传统手工艺并制作名录	课外拓展项目，讲述本土工匠事迹

经过单元整体分析，我们确认单元主题意义为：探究"一生做好一件事"的职业工匠精神。因此教师可以设置本单元的教学目标为：学生能够围绕本单元的主题内容，基于单元提供的寓言、新闻报道、访谈、记叙文、说明文等多模态语篇，综合运用各种语言技能，结合现有知识储备，读懂与工匠精神话题相关的语篇，恰当使用所学词汇和表达来谈论、描述和评价各领域杰出人物对工匠精神的践行、传承和创新，了解中外各行各业优秀人物的职业操守和精神品质，学会做人做事，在深入探究单元主题意义的过程中，弘扬劳动价值观，树立"坚持不懈，精益求精"的人生态度。

活动一：聚焦标题解析感知工匠精神

单元 Understanding ideas 部分的阅读语篇为新闻报道，介绍了美国传奇街拍摄影师 Bill Cunningham 的职业操守和人生哲学，标题是 Life Behind the Lens。教材设置了一个与标题理解有关的活动，但只涉及学生对文章大意的理解，教师可以推进设置一个活动：Which title do you prefer：Life Behind the Lens or A Life in Photographs? Give your reasons. 旨在促进学生通过比较，体会更精练地概括文章主旨的标题内涵和语言描述生动形象之美；同时在进行判断和表达中，训练了学生准确地、有逻辑地输出自己观点的能力。

Developing ideas 部分的阅读是一篇源自纪录片《我在故宫修文物》的记叙文，介绍了故宫博物院钟表修复师王津及其弟子日复一日、争分夺秒地修复文物钟表的事迹。教材也设置了一个与标题相关的读后活动，由于对于大部分学生来说对该标题所涉及的修辞法的表达和阐述挑战性较大，教师可将这个活动改编为：Why is the title of the text not "Timepieces Masters" or "Masters of Clocks" but "Masters of Time"? 通过聚焦解析标题语言中隐喻（metaphor）和双关语（pun）的修辞手法和内涵让学生深刻感知到如果普通人能够以"择一事，终一生"的工匠精神潜心钻研，历经时光"time"的淬炼，也可以在平凡的岗位上成为大师"master"创造不凡。

活动二：以结构化输出表达弘扬劳动价值观

课文 Life Behind the Lens 在读后环节有一个反思性问题：Why is Bill Cunningham called a "cultural anthropologist"? 教师可以将这一问题与对文章语篇结构和主要信息进行梳理的思维可视化信息支架进行整合：Organize information from the passage，complete the diagram and give reasons why he is called a "cultural anthropologist"（见图 1）。从而引导学生对文章主人公能够被誉为"文化人类学家"的缘由——其精益求精的专业精神、极致简朴的人生哲学进行有理有据的结构化阐述。

课文 Masters of Time 有一个读后拓展的小组项目式活动，教师将活动要求进行整合简化，成为课文读后巩固延伸活动：

1）Work in groups to prepare a speech about Wang Jin's spirit of craftsmanship in the Palace Museum.

2）Organise your speech based on the information table.

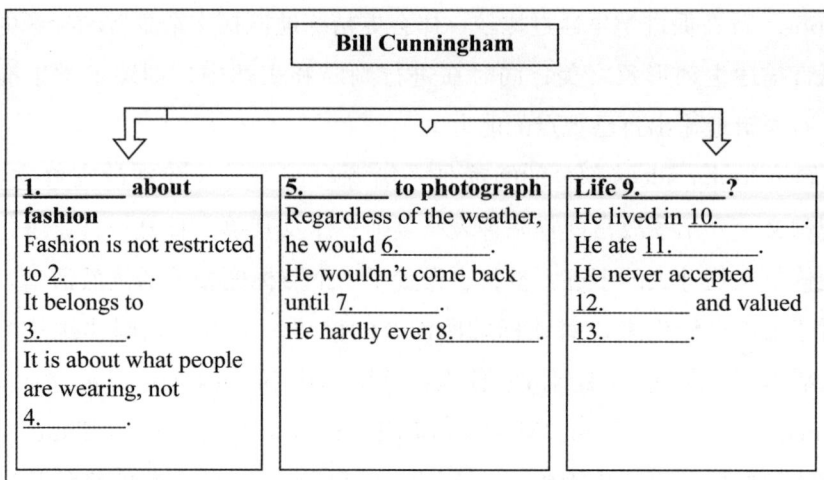

图 1　结构化输出任务单

Aspects of the spirit of craftsmanship	
Supporting examples	
Conclusion	

3）Give your speech to the class.

4）Vote for the most convincing speech with your reasons.

学生通过合作学习，结合反思性问题和评价性活动，提升了理解能力、表达能力和评价能力，以结构化的输出表达弘扬了本单元主题意义——工匠精神的劳动价值观。

（二）依托真实语境，设计任务驱动，厚植劳动情感

【教学案例 2】

初中英语人教版 Go for it 八年级下 Unit 2 I'll help to clean up the city parks 的单元话题是 Volunteering and charity，本单元内容紧扣劳动教育主题中的服务性劳动——公益劳动与志愿服务。《大中小学劳动教育指导纲要（试行）》中规定，中学阶段的劳动教育的内容包含了"增强公共服务意识和担当精神……具有主动服务他人、服务社会的情怀"。本单元内容从青少年志愿活动的招募真实语境开始，学习不同援助方式的英文表达，到组织开展志愿活动的策划与实施，通过短篇阅读强化对单元主题内容及语言项目的理解，让学生间接体会参与志愿活动的快乐与满足，了解

兴趣爱好可与志愿活动相结合以实现双赢的理想效果。"语法聚焦"可进一步拓展到国际援助，升华劳动主题的同时引导学生感悟爱心无国界的大爱情感。长篇阅读的一封感谢信，展现感恩情怀，从受助者视角传递做慈善的意义，有助于学生坚定志愿劳动信念。教师可基于课本内容，引导学生步步生成以公益劳动为主题的整体思维导图（见图2）。

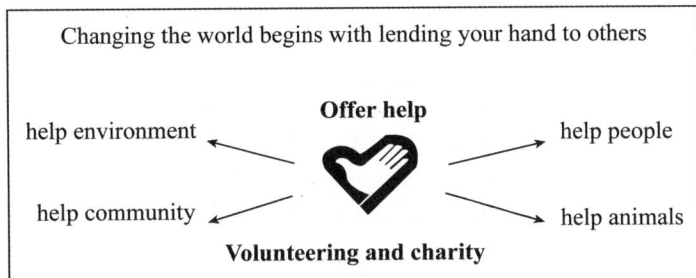

图 2　单元整体教学主题建构与升华

活动一：创设真实语境，设计志愿活动。

教学设计中可创设真实语境，设计任务驱动活动，帮助学生深入到劳动主题。任务设计从学生的劳动兴趣、生活经验和认知水平出发，让学生在体验、实践、参与、合作与交流中锻炼综合语言运用能力。根据通常的教学进度，本单元学习正值 3 月学雷锋月，这为开展校园志愿服务提供了良好的契机。教师可设计如下的驱动问题：What volunteer jobs can you do in school? Which volunteer job do you and your group want to do? Why? How can it help make our school life better? When are you free to do the job? 引导学生在真实情境中迁移运用目标语言。在学生完成了综合语用任务 Let's learn from Lei Fei, just volunteer to help make better school life 的探究后，思考关注到更多校园志愿活动选择与方案制定的细节问题，最终将小组初步意见汇总、记录，形成初步方案。组内轮流将可行性方案用英语进行报告，选出一名代表准备在全班汇报。任务型语言教学有助于使学生在活动中掌握如何运用适当的语言按要求完成规定任务。学生在任务的驱动下（task-driven）去巩固语言知识与劳动知识，让学生充分体验到如何用语言做事，如何在彼此合作中调动劳动兴趣和动力，激发完成任务的迫切期待。下面呈现部分学生通过头脑风暴、小组讨论出的比较集中的志愿活动想法（见表2）。

表2 具体志愿活动的提出

部分主题	相关志愿活动内容
Help people	* Help with the seventh graders' English homework 　辅导学弟学妹们的英语作业 * Have an English corner 　组织英语角，丰富校园活动，提升英语口语能力 …
Help environment	* Clean up campus 　打扫校园公共区域、卫生死角或校园周边卫生 * Make posters or slogans 　制作海报标语宣传树立保洁意识、维护干净校园 * Plant a tree 　结合植树节，植树、认养护养花草树木，美化校园环境 …

方案交流：各小组代表在全班口头展示本组方案设计，鼓励全班同学为方案做描述性评价并提建议。报告交流后小组内部优化方案，分工合作，将口头输出转化为笔头输出，在班内展出各组3月学雷锋小组志愿活动方案设计。

学生借助真实语境，结合校园生活实际与自身能力爱好特点，通过小组合作在完成任务过程中树立参与志愿活动的主动意识，培养"美好校园，人人有责；关爱他人，从我做起"的劳动品格。课堂上各组组员们群策群力、团结友爱、积极投入活动组织策划；分工明确、想法丰富，从言谈中的表情语气、句式结构的运用（如 I hope to/I'd like to/I want to）感受到同学们尽己所能、服务校园的劳动积极性与奉献愉悦感。

活动二：体验公益任务，厚植劳动情感。

在志愿活动方案形成之后，教师可鼓励学生以小组为单位，按方案计划实施任务。并将志愿活动的全过程以照片（配英文简述）、视频（配英文解读）、日记（英文）等方式记录下来，为任务交流做准备。在课堂上尝试用英文分享劳动感悟（遇到的困难、如何解决、心得体会等）。师生给予任务评价。教师还可随机采访与任务具关联性的人物如校长、清洁阿姨、园丁、受助学生等，录制感恩、赞扬视频为学生准备惊喜，让学生通过亲身劳动实践，不论智力或体力劳动，及观看视频反馈，感悟汗水泪水背后的幸福，体会劳动带来的快乐、满足和成就，更加热爱劳动体验。

下面呈现一份学生上交的日记记录（图3）：

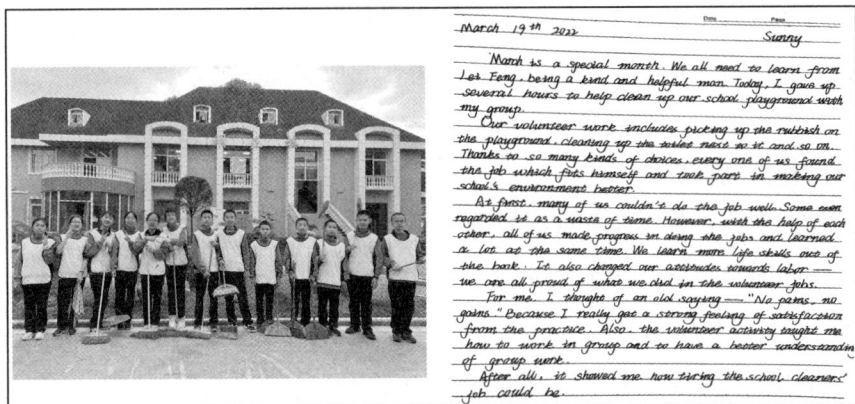

图3　学雷锋志愿活动日记记录

（三）丰富作业设计，比较文化异同，体验劳动过程

【教学案例3】

以初中人教版 Go for it 八年级上 Unit 8 How do you make a banana milk shake? 为例，单元话题为食物制作（Cooking），学生在真实语境中学习具有代表性的中西方食物制作方法。根据单元主题内容（见表2），将本单元教学目标设置为：学习使用食材名词、调味品名词、容器或器材的名词、食物制作的动词及短语以及表示制作顺序的副词，围绕食物的原材料选择、需求量多少以及烹饪方法，学生能够进行正确描述、同伴对话，生成并输出自己的语言；能依照指示语完成制作步骤，掌握一些简单的烹饪制作技能；思考、比较中西方食物制作的不同之处，从而了解中西方饮食文化的基本差异，了解中西方传统节日的饮食习俗以及家乡风味小吃的独特魅力。因此，为激发学生学习兴趣，内化语言知识，提升语言综合运用能力，训练学生实际动手能力，笔者在作业方面"动手术"。尽可能将课堂上的真实语境演练转化为生活中的真实劳动体验，将书面知识运用于生活实际，丰富学生的生活常识，培养学生的劳动技能，让学生热爱烹饪制作，在家里主动承担一定的日常生活劳动，进一步提高生活自理能力，增强家庭责任意识。

作业一：立足劳动习惯养成，实施长周期作业。

Real-life challenge 1——创写个人食谱

作业目标：1. 能正确运用核心词汇与句型，书面完成按顺序描述自己学会的食物制作步骤。2. 能通过长时期实践、观察、比较、分类、整理的语言学习方式，发展逻辑思维能力，完成实操手册，养成烹饪习惯。

情境设置：为配合英语 Cooking 主题学习，班级组织"一日一菜谱"设计制作博览周。

作业实施：根据单元课时划分里呈现的食物制作，在每个课时学习结束后，及时总结学到的食物制作方法。可以按照老师提供的美食制作卡（见表 4），也可自由发挥，梳理为以祈使句为主的精练文字描述，并适当配图美化，载入个人食谱。

个人食谱的特点在于：1. 学生可以根据自己的口味喜好，创写食谱。如将 banana milk shake 变为 strawberry milk shake，fruit salad 可以选择自己喜欢的水果，cheese sandwich 可以选择更多符合个人口味的种类如 chicken sandwich 等。培养学生的创造性劳动意识与能力。2. 每道载入食谱的食物都是自己通过课上理论课下实践学会的，会做的。学生创作个人食谱亦是学生的个人成果集，有助于劳动习惯养成，提高劳动积极性。3. 活页设计能够帮助学生将中西方美食制作分类收集。引领学生探索学习中西方饮食文化的基本差异，感受西方食品的部分特色（冷食、生态、新鲜、健康），初步了解西方人的饮食习惯。同时，活页设计便于作业评价，还可方便于班级张贴栏展示、交流。

该项作业基于传统书面作业形式，又更具开放性、自主性、可持续发展性。在本单元学习结束后，可鼓励学生继续充实个人食谱集，在今后生活中不断挑战自我，保持烹饪学习、实践与创新，养成会做菜、爱做菜、营养搭配健康饮食的好习惯，强化持之以恒的劳动品质。

表 3　各课时食物主题内容

课时	中西方食物
第一课时	banana milk shake，fruit salad
第二课时	Russian soup（popcorn，beef noodles）
第三课时	cheese sandwich
第四课时	turkey（dumplings，moon cakes，zongzi，tangyuan）
第五课时	Yunnan rice noodles（tomato and egg soup）

表 4　美食制作卡

How to make _____		
	Ingredients	Amount
How many		
How much		

Steps：
First，_____
Then，_____
Next，_____
After that，_____
Then，_____
Finally，_____

作业二：尝试多元作业设计，践行劳动知识与技能。

Real-life challenge 2——品鉴西方饮食

作业目标：1. 能够运用本单元所学，完成实践体验作业，提升综合语言运用能力。2. 通过体验为家人做一顿饭，体会家人制作三餐的不易。3. 与家人分享自制美食，互动交流，增进亲情。

情境设置：周末化身家庭小主厨，组织一次家庭聚会。亲自下厨让家人品尝西方特色食物。

作业实施：采访、收集家人口味，按各自口味做食材准备。依照个人食谱，为家人制作一杯奶昔，一份水果或蔬菜沙拉，一份三明治等；餐后组织聚会活动，教家人制作西方饮品和沙拉三明治等常见西方食物，家人互动体验西方饮品食物的制作过程。并将制作过程录视频、后期英语配音、上传班级空间。

该项作业训练学生学以致用的动手能力。丰富其烹饪体验，养成自己动手烹饪、主动分担家务的好习惯。通过为家长做饭，体会作为家庭一分子的责任担当，同时表达对家人的感恩之情。

作业三：比较、延伸食物制作，传承、传递劳动知识。

Real-life challenge 3——学做家乡美味

作业目标：1. 能正确描述家乡地道美食的制作步骤并依照指示语完成步骤。2. 能通过体验，了解并推广家乡风味小吃。

情境设置：你远在美国的笔友 Paul 想要了解你的家乡特色美食，请你学做一道家乡风味小吃，并写一份菜谱发给远在美国的朋友，介绍家乡美食（见图4）。

作业实施：查阅资料或请家长协助，学会制作你最喜欢的家乡特色食物。将制作过程用文字、照片记录下来，写信向笔友介绍家乡美食。整理后同时记录在你的个人食谱集。

学生通过课本阅读材料了解到美国感恩节以及感恩节传统食物——火鸡制作，由此引出中国传统节日及食物制作，通过课下自主查阅资料、课上小组合作讨论、你说我做等课堂活动，进一步加强中华美食烹饪知识与制作技能的学习与实践。由此再进行作业延伸，设置真实语境，与家人合作，学习制作家乡特色美食。该项作业不仅激发学生对家乡的热爱之情，还将情感领悟和语言表达相结合，书面输出劳动知识与技能，在提升学生英语综合运用能力的同时有助于家乡美食制作方法与技巧的对内传承、对外传播。

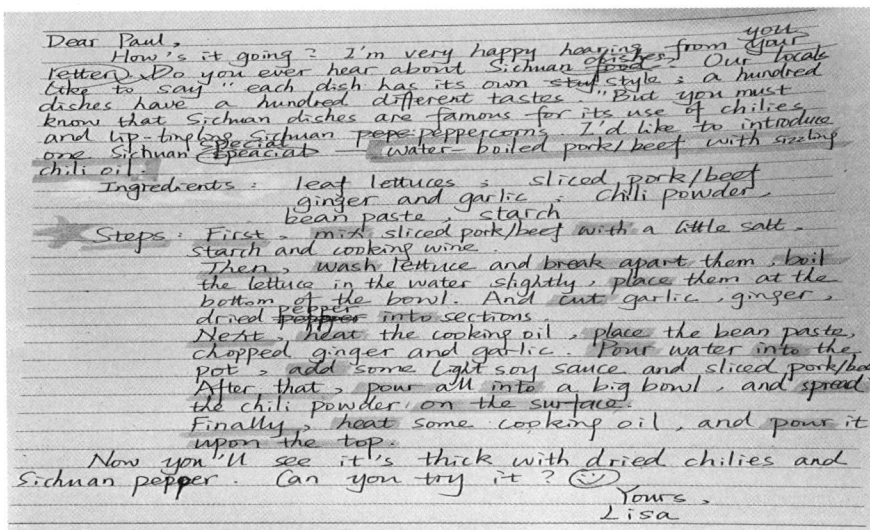

图 4　学生 Lisa 的实践作业——水煮肉片

四、结语

劳动是人生的第一堂课，中学英语教学中对学生劳动价值观的培育、劳动情感的发展、劳动过程的体验可以在发展学生英语语言能力的同时，促进学生的全面发展，增进英语教育的价值引领，彰显学科的育人价值。中学英语教学中融合劳动教育，回答的是"培养什么样的人"这个根本问题，兼具工具性和人文性的英语学科理应肩负起新时代立德树人的重任。教师可以通过探究单元主题、挖掘教材元素、弘扬劳动价值，依托真实语境、设计任务驱动、厚植劳动情感，丰富作业设计、比较文化异同、体验劳动过程的路径，在中学英语课堂中开展劳动教育。

STEAM 视角下博物馆教育实践的分析与探究*

——以成都武侯祠博物馆"小小讲解员"社教活动为例

方　涛**

摘　要： STEAM 教育概念就是为了培养综合型人才，将科学、技术、工学、数学和艺术不分学科地进行综合性教育的教学方式。博物馆作为一种文化资源，在 STEAM 教育中发挥了重要的作用。在新时代背景下，"馆校结合——科学艺术的教育"是博物馆教育的重要手段和方式，而博物馆根本上是一个教育机构，学习是它的核心使命。因此，本研究结合成都武侯祠博物馆"小小讲解员"公益讲解活动，基于 STEAM 教育理念，对博物馆教育的 STEAM 教育开发提出思考和建议。

关键词： 博物馆　STEAM 教育　馆校结合

一、引言

在当前的学校教育领域中，学生对于科学、数学等逻辑性比较强的抽象学科的学习有着畏惧心理，长时间后就失去继续学习的兴趣。而博物馆的使命和优势就在于激发人们对有关这些学科的兴趣和好奇心，帮助学生对科学形成一种欣赏力而非拒斥力。博物馆现场的情境式教育非常鼓励参与和社会互动，是一种基于真实生活的对科学、技术、数学、工程等方面

＊　基金项目：2022"师行万里——旧金山州立大学"教师海外培训项目成果之一；2022 四川师范大学交叉学科课程建设"大数据与现代社会"（项目编号：XJ20220739）。

＊＊　作者简介：方涛，四川师范大学计算机科学学院副教授，主要从事学校课程与教学、比较教育学研究。

的体验，这种体验式学习在传统的课堂教学中却非常局限。

除此以外，在博物馆中除了兴趣这个维度之外，还伴随很多其他的学习效果。比如，博物馆可以促进参观者之间的互动交流，帮助参观者与日常生活建立联系，并通过这种体验的方式，让人们学习很多与其他学科有关的概念、规则、定理等。从"整合"的观点来讲，以博物馆为代表的非正式教育能够促进 STEAM 教育与各个学科之间的融合，并且，这种整合和课堂内外的衔接也应该是我们课程标准强调的教学重点，是学校教育非常重要的体验场所。

中国博物馆数量庞大，如果能意识到博物馆教育的优势，基于 STEAM 教育理念，从政策、经济、教育、培训等多方面都发生一些变化和改进，让博物馆教育更好地与学校教育相融合，那么，这将对我们的学校教育有着非常重要的意义。

二、成都武侯祠博物馆"小小讲解员"教育活动现状

成都武侯祠博物馆，享有"三国圣地"之美誉，是现在众多三国遗迹和名胜中，在海内外影响最大的一处。成都武侯祠，不只是纪念蜀汉丞相诸葛亮，同时也是蜀汉皇帝刘备的陵、庙所在，是全国唯一的君臣合祀祠庙。所以，该博物馆具备着非常特殊的教育历史和丰富文化资源。

武侯祠的"小小讲解员"公益讲解服务从 2015 年开始创办至今，已经连续开展了多期活动，研究者有幸跟踪并参与到全程社教活动中。该活动旨在长期培养三国文化传承人，也培养孩子自愿为公众服务的社会责任心。成为一名合格的小小讲解员，分为以下几个流程：

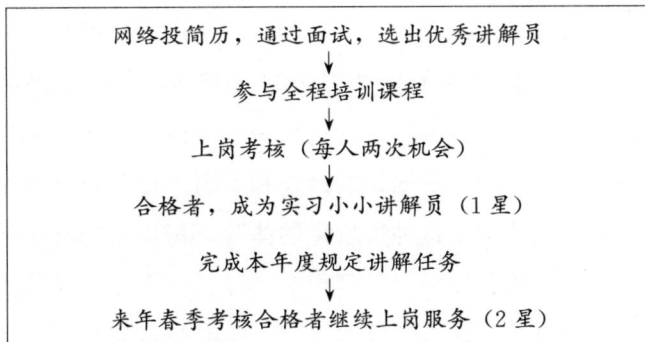

网络投简历，通过面试，选出优秀讲解员
↓
参与全程培训课程
↓
上岗考核（每人两次机会）
↓
合格者，成为实习小小讲解员（1 星）
↓
完成本年度规定讲解任务
↓
来年春季考核合格者继续上岗服务（2 星）

其中，讲稿内容安排如下：

"1星"阶段，博物馆集中培训孩子考核过关开始讲解，讲解内容为博物馆基本讲稿；

"2星"阶段，博物馆持续培训和考核，增加讲解内容，讲解员需要自己撰写"文臣廊"与"武将廊"人物信息；同时，同步开始英语讲解培训，同步培养中英文双语讲解员；

"3星"阶段，博物馆持续培训和考核，讲解员需要在讲解原稿的基础上选择部分内容做深度探究，改写讲稿；

"4星"阶段，博物馆持续培训和考核，讲解员需要在讲解原稿的基础上全部改写讲稿；

"5星"阶段，讲解员需要脱离原有讲稿，形成自己的讲解内容和风格。

在这个完备的讲解设计中，小小讲解员已经成为博物馆公益活动中一道亮丽的风景线，孩子参与其中不仅能亲身感受三国文化的魅力，还能在活动中挑战自己，丰富自身语言表达能力，学会主动与陌生游客沟通交流。他们在志愿服务中，更加热爱武侯祠，也不断地丰富自己的三国历史知识，每一个成为讲解员的孩子都非常自豪。而该项目也荣获2016年度成都市"优秀文化志愿者服务项目"、2016年度四川省"十佳"文化志愿者服务项目等荣誉。

三、对成都武侯祠博物馆"小小讲解员"教育活动现状的反思

在教育中，帮助孩子理解和欣赏自己的历史文化是非常重要的事情。了解我们熟悉环境的历史，他们才能更好地知道怎么样去继承和发扬。成都武侯祠"小小讲解员"活动成功地帮助到孩子们用这种独特的方式了解自己的本地文化，不仅树立了自身文化的自豪感，在服务讲解活动中观察、发现、思考；在回答游客提问的过程中学会辩论、体会和领悟，最大程度上激发孩子积极学习历史知识的兴趣和动力。而且，博物馆的教育没有教科书，没有考试分数，这种情景化的体验，可以跨越几个年龄段，让参观者积极地参与，孩子也可以学到很多，并且每个年龄段的人都非常享受这种相互学习的过程。这种情境式教育鼓励参与者和社会互动，是一种

基于真实生活的对历史文化方面的体验，这种体验式学习在传统的学校课堂中很少发生。

同时，我们也能清晰地看到博物馆教育活动的局限性。首先，这种活动的受众非常小。该活动是面向整个成都地区选拔，通过网络筛选、面试等环节，最后选出 20 名左右的优秀选手参加培训。在这个过程中，能够参与的孩子数量是非常少的。如何寻找适合的途径，让更多孩子能够参与活动体验也是博物馆开展这类社教活动的挑战。

其次，我们知道教育的核心是塑造思维。博物馆的教育是一种思维教育，它的价值在于促进学习和现实世界的联系。不是说跳开书本，而是说不只是书本。我们看到能够参与其中的孩子在接受培训的过程中，可以更多地了解三国历史知识和一些与武侯祠有关的历史典故，他们的收获更多还是停留在历史知识的收获。而我们知道，STEAM 教育之前是 STEM 教育，其中的 A 代表的是 Art，这个 Art 不仅仅是艺术，它包含了一个人文社会的大学科的理念。所以相较于前期的 STEM，它的核心在于它把艺术或者设计这个课程融入从小学到高中的教育中，目的是激发创造力。通过什么方法呢？运用综合的知识来解决问题。所以我们的孩子在整个学习过程中，对该博物馆艺术和设计等多学科领域内容涉及范围还是比较少的，对博物馆内容做多学科的开发和挖掘也是博物馆教育的必由之路。

最后，我们也看到博物馆的这些公益的社教活动都是博物馆里热心公益，喜欢探索和实践的工作人员努力的结果。有限的工作人员，利用休息时间完成教材的编写、课程培训、课后考核、实地实践指导等，为孩子的成长付出自己工作以外的时间和热情。能够参与其中的孩子是非常幸运的，即使这群小小的受益群体，孩子们在这种非常珍贵的博物馆教育中能够获得多大空间的持续提升还是有待考证。博物馆教育是否可以借助商业的力量、社会资源和体制内的学校等多重合力的模式走得更好、更远呢？

四、博物馆教育如何结合 STEAM 教育开展活动的思考和建议

从历史的角度来讲，STEM 教育是 2005 年左右起源于美国，STEM 是一种整合了科学（Science）、技术（Technology）、工程（Engineering）

和数学（Mathematics）的教育模式，在奥巴马的推动下立即火遍全球。自 2011 年起，Rhode Island School of Design（前罗德岛设计学院）的 John Maeda（约翰前田），主导推动了"STEM to STEAM"运动，他表示所有卓越的创新都来自把不同领域的东西聚合到一起。艺术不仅仅带领科学达到美的境界，它更能给科学领域不同的启发，自此，STEM＋Art＝STEAM 的口号也应运而生。在 STEAM 下教育理念下，博物馆教育有它先天的优势，它可以跨年龄，也可以跨学科，不同于学校核心课程，它可以在教学过程中整合多学科知识共同前行。

（一）博物馆教育如何融入 STEAM 教育

博物馆的教育必须深深根植于当地的社会文化情境中，这些情境成了科学和工程学等学科教育的基础。所以，在具体设计博物馆教育项目前，设计者必须了解了当地的社会体制。

以成都武侯祠博物馆"小小讲解员"活动为例，首先博物馆位于四川成都，成都在历史上是刘备蜀汉的国都所在，成都现在也是西南地区最重要的经济、政治、文化中心城市，家庭和社会对教育的要求是有深度和广度，也要求有很高的参与度。成都在中国西南也具有独特的地理位置和历史地位。因此，项目开发过程中，带领孩子从成都的具体地理位置研究开始是非常重要的因素，只有知道"我在哪里"，在中国的地理版图上找出自己的位置，学习才有坐标和定位感。人文地理的学习和思考，离不开科学、技术、工程、艺术和数学，包括关于川西坝子的各种摄影艺术、绘画艺术等都能够帮助孩子在多学科中发现自己，找到自己位置的存在感，然后鼓励孩子，积极地通过自己的方式（绘画、音乐、写作、话剧等具体的项目活动）演绎出自己思考后的成都及其历史。

跨学科整合的项目式 STEM 研究较多，整合视角下的 STEM 学习的一个重要议题是跨学科概念的构建与学习，课程开发者不仅要思考学科的核心知识，还要探索连接四个学科领域的大概念和共通概念。研究表明，[1] 跨学科的项目式 STEM 学习活动可以帮助学生更好地理解学科概念。

有学者认为[2] STEM 教育目标应和核心素养保持紧密联系，跨越 STEM 的学科特征本身需指向培养全面发展的、终身发展的人。因此，除了外延的博物馆教育的开发，武侯祠博物馆自身也需要文化、历史的探索。我们的博物馆教育更多的是停留在对历史知识、典故的讲解，但是，走入武侯祠博物馆，它的一土一木，每一座建筑、每一个痕迹都包含着厚重的文化和历史。所以在融入 STEAM 教育的过程中，项目开发可以细化。比如，我们可以关注博物馆内的建筑群，从科学、技术、工程的角度去观察和认识古代建筑，了解为什么手工艺人要这样设计和制造，探索他们为什么要使用那些材料，引导思考为什么在这里要加一个空气流通的洞口等，大量与科学、物理、数学和技术等相关的知识涌现出来。而且教育过程中可以就学生在日常生活中就可以看到或者使用的案例，抛开考试，让他们在生活中进行学习和讨论。在这种情境式的讨论中，自然贯穿了跟热力学、化学和物理等相关的概念和理论，在这个过程中，教育者要指导学生思考跟科学相关的各种原则。他们虽然不是建筑学家、历史学家、数学家，但在这个过程中他们不停地改变、修订、更正，其本身就是在从事与技术、工程甚至科学家一致的工作。所以，由于求知的欲望，学生就像科学家、工程师、数学家、技术专家一样查阅资料补充学习。这种经历在实际生活中指导他们思考和学习，潜移默化地影响着学校教育的发展。

（二）博物馆教育课程研发途径

任何优秀的教育项目，都离不开前期的完善的课程研发。项目课程开发是目前博物馆教育最大的困境。正如我们前面所看到的成都博物馆"小小讲解员"活动，整个项目活动是靠为数不多的工作人员负重前行，规模、形式、课程方式等也没有办法做到多元性，专业性。因此，让更多的参与者在了解历史和理念的背景下，把形式，材料以及自己的文化用一种形式进行探索是非常有必要的。在成都，其实已经存在有很多志愿者、社会团体、工作坊等，他们或者因为兴趣、教育培训或者其他原因，正在用自己的方式研究和探索自己的文化历史，并积极地开展公益活动。如果我们博物馆课程的研发人员有设计师、艺术家、音乐家、建筑学生、大学老师、舞蹈专业的学生、作家、自由职业者等，这是一个很有意思的事，这些人一起做一件事本身就是跨学科的交流，要用自己的专业解决大家的问题，这就是 STEAM 概念下的一些应用方式。我们的博物馆课程的开发离不开社会途径。只有让更多的爱好者参与其中，共同研发，整个社会的合力才能真正地帮助教育的提升。

在新时代背景下，"馆校结合——科学艺术的教育"是博物馆教育的重要手段和方式，而博物馆根本上是一个教育机构，学习是它的核心使命，博物馆因为具有浸入式、体验式、自我引导式、动手学习等方面的优势，它将成为未来教育的主流模式。学校由于其师资的稳定性、持续性以及其课程研究的系统性和科学性，校方参与博物馆教育课程开发是博物馆教育质量保证的重要因素。一个课程的研发需要多年的实践、修改、补充，而有保障的师资力量和固定的研发团队才能真正保证博物馆教育的持续、有效。高校在前期课程的开发，资料收集整理中应该发挥积极的作用，特别是教育学院的研究生、博士生，可以在博物馆申请项目，利用专业知识积极地做前期的资料收集和整体规划。博物馆研究人员可以开发出自己的课程体系，也可以提出自己的思维体系，让学校对博物馆的课程体系做教学化的教学设计和实践。因此，在馆校结合中，我们可以采用下面的开发模式：

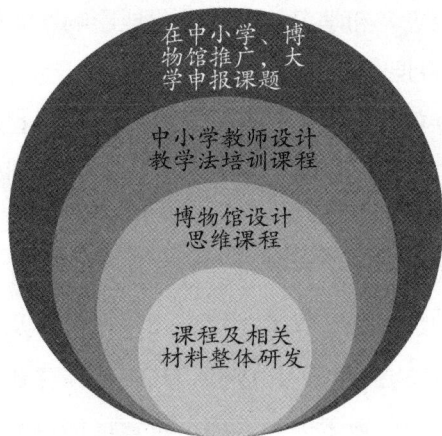

(三) 博物馆社教活动开展途径探索

博物馆教育中还是不能忽视商业的力量。在成都武侯祠博物馆，虽然研发了博物馆对应的商品，但是同质化严重。博物馆社教活动其实是离不开商业途径的。例如我们前面的例子中，我们的课程最终要引导学生思考、实践，我们需要空间呈现学生作品，这些作品能够反映出他们对课程学习的理解、思考和对自己文化的认识。好的作品可以呈现其自身独特的、唯一的商业价值。对于参观博物馆的人群来说，购买博物馆独有的艺术商品，把这个博物馆独特的艺术带回家，还是非常有价值的。

同时，需要提供参观的资料介绍。参观资料中可以有免费和有偿的，由于有偿的价值性，很多人还是愿意购买资料。每一个博物馆基本都有自己的商店，在这里都是关于该博物馆自己所特有的文化产品，来旅游的人都愿意购买这些独特的商品，因为离开这里，其他地方就再也找不到这样的纪念品。同时，博物馆也有大量免费的公益活动，幼儿、小学生、中学生、大学生、家庭、老人等不同的群体都可以享受到免费的学习、体验活动。这里有很多优秀的志愿者、来自大学的各个学科的大学教授、博物馆自己的研究教学团队等免费为孩子们耐心地就某个问题在博物馆开展探究学习，为每一个喜欢这个博物馆的人都提供机会。

所以，博物馆社教活动的开展中，其实不需要拒绝商业。商业的力量、社会的资源要和体制内的一些学校和一些文化的公益机构合力才能把博物馆教育做好。博物馆的项目学习模式本身就是跨学科的，或者说是跨年龄段的，我们在实施的时候一定要走出单一的模式。商业在历史上为文化的交流、传播发挥着积极的作用，所以不要忽视商业在教育以及文化生产中的重要作用，我们应该积极地应用和开发。因此，博物馆不应该拒绝营利性的课程开发和研究。营利性的课程可以开发和持续资助课程，同时也可以对公益活动和特殊人群（残疾人、孤儿、老人等）给予资助，间接实现活动推广。公益活动中也试用营利课程，为前期研发收集资料。商业加入博物馆教育，只要有了好的模式，一定能够促使博物馆的 STEAM 教育获得良性的推广和发展。

参考文献

[1] Fulton K，Britton T. STEM Teachers in Professional Learning Communities：From Good Teachers to Great Teaching［R］．National Commission on Teaching and America's Future，2011：32.

[2] 赵兴龙，许林. STEM 教育的五大争议及回应[J]. 中国电化教育，2016(10)：62—65.

多模态英语写作项目化实践的探索* **

何广宇***　王斐然

摘　要： 本文汇报了基于项目式学习的写作课程模式创新实践。教学中，学生以小组为单位，在完成以解决真实问题为导向的写作项目过程中去探究、生成相关的写作知识和技能，并将成果以多模态形式展示出来；过程中教师结合多种语言教学策略为学生提供技能支持，帮助学生克服写作难点，以师生合作的方式完善项目式学习的评价体系。课程最终实现了"学生中心、持续改进、自然育人"的课程创新发展理念。

关键词： 英语写作　多模态　项目式学习

一、实践背景

英语写作教学一直是英语教学的难点，存在着过度关注语言形式、应试导向明显、缺乏写作过程关注等问题。近年来，信息化技术的飞速发展给英语写作教学带来了新的机遇和挑战。机遇方面，丰富的数字化资源平台为数字化写作教学创造了良好的资源环境，有助于师生营造学习、创

---

* 本文内容曾于第 13 届外语写作教学与研究国际研讨会上进行宣读，感谢西安交通大学外国语学院杨瑞英教授中肯的点评和建议。

** 基金项目：四川省教育厅人文社会科学重点基地四川外国语言文学研究中心与高教社资助课题"课程思政背景下的大学外语教师身份建构研究"（编号 SCWYGJ23－24）；四川省教育厅人文社会科学重点基地四川外国语言文学研究中心、上海外语教育出版资助项目"产出导向法支持下的'文化回应教学'模式研究"（编号 SCWYH22－28）；四川师范大学 2021 年度校级教学改革项目"英语写作"（编号 20210171XKC）。

***作者简介：何广宇，硕士，四川师范大学外国语学院讲师，硕士生导师，主要从事外语教学、外语教师教育研究工作。

作、分享与合作的"参与式文化"。除此之外，自动批改技术的成熟也极大地提高了教学效率。挑战方面，信息技术的发展改变了现代的读写习惯，多模态交际成为一种常态。传统的一张纸和一支笔的写作模式已经不再是主流，多平台、多模态的多元读写能力成了学界关注的重点。

基于以上现状，本课程团队尝试基于项目式学习的教学流程重新设计英语写作教学，以关注学生的写作过程以及过程中除语言能力之外的其他高阶能力。同时，本课程在学生的写作形式上进行创新，鼓励学生产出多模态的写作文本，培养学生的多元读写能力，以更好地满足学生在新时代的生活学习需求。本文将主要从实践模式和实践成果两方面汇报团队近两年的英语写作教学创新实践。

二、多模态英语写作项目化实践模式

经过近两年的实践探索，本课程团队构建了以学生为中心，以多模态为特色，以项目式学习为指导的写作教学模式。该模式主要由六大板块构成，分别为自主选题、合作探究、教师支持、自由展示、全程评价和持续改进。本节将结合实际教学案例分别予以阐释。

（一）自主选题：真实问题驱动学习

区别于传统的"句、段、文"板块式写作技能教学，本课程以文体为大单元，即描写文、记叙文、说明文和议论文四大主题单元，学生在一开始便以写一篇完整的作文为目标进行学习。在项目式学习的理念指导下，本课程采取了与传统的定题式写作任务不同的任务方式，要求学生以小组为单位，在单元开始便选择一个发生在真实情境中、具有一定复杂性的真实问题作为驱动问题，并围绕该问题展开合作探究，最终通过写作来呈现、分析、理解，甚至解决该问题。

以记叙文大单元为例，学生的选题涉及其学习和生活多个方面的问题，如容貌焦虑、他乡求学、失恋等（见表1）。这些来自学生的真实问题便是项目式学习中的驱动问题。只有学生真正感兴趣的驱动问题才能激发学生的学习主动性，使学生更加积极主动地参与到写作的学习过程中。

表1　学生记叙文选题示例

写作项目名称	话题	驱动问题
Appearance Anxiety	容貌焦虑	大学生如何帮助身边同学正确面对容貌焦虑？
That Day, I Suddenly Found...	室友关系	异乡求学的大学生如何更好地与当地同学相处？
My Love Story	失恋	大学生如何面对失恋问题？
Both You and the Cookies Are My Stash	友情	如何看待友谊的多样性？
What Made You Want to End this Relationship?	人际关系	如何处理大学生活中的人际关系？

（二）合作探究：自下而上生成知识

项目式学习以社会建构主义学习理论为重要基础，强调学生通过合作和探究建构意义。在本课程中，学生以三到五人为小组合作完成写作项目，小组成员除了需要通过合作选定题目，还要同时确定写作的框架内容和呈现形式。在这个过程中，成员可以贡献自己关于英语写作的学科知识，如遣词造句、写作规范等。更重要的是，成员可以同时贡献跨学科的知识，如关于心理学、社会学以及多媒体制作的相关知识技能。在三到四周的时间内，学生会以小组为单位反复打磨一份作品，在过程中不断进行协商、对话，从而自下而上地生成、内化英语学科知识和跨学科知识。

（三）教师支持：全面关注学生体验

在项目式学习中，学生是学习的主体，教师主要扮演促学者的角色，在学生需要的时候提供必要的支持。在本课程中，教师提供的支持主要包括两个方面，一是认知层面的支持，包括语言和写作技巧；二是情感层面的支持。首先，学生提交的每个阶段的作业，从项目计划到文本初稿再到定稿直至最后的多模态作品，教师都会进行把关，精心批改并挑选其中的典型问题在课堂上进行讨论，保证学生可以在小组集体讨论的基础上，有来自不同小组以及来自老师的新的知识或技能方面的收获。同时，本课程也充分认可英语写作的学习受学生认知、行为、情感和社会等多个维度的影响。因此，教师也会在情感和社会交流层面予以学生支持。教师会在课堂内外跟每个小组保持联系和沟通，便于了解各小组项目的进展情况，及时发现他们遇到的合作和学习问题，以提供相应的帮助和支持，促进学生的合作学习以及对所写内容的深刻理解。从学生反馈来看，这样的做法，让他们减少了挫折感，增加了积极的学习体验。

（四）自由呈现：实现学生多样发展

学生在经过三到四周的合作探究和反复打磨后最终会形成一份写作成果，该写作成果的具体形式由学生小组在选题时自行确定，后期可根据实际情况进行调整。本课程中，学生的成果形式极其丰富，包括 PPT 展示、微信公众号推文、小红书笔记、有声读物等。学生在完成作品后会在课堂上进行公开展示，展示的具体方式则因其所完成的作品而异，包括现场播放、旁白讲述、表演等。丰富的作品形式和自由的呈现方式充分满足了学生个性化的发展需求，也能够更加全面地培养学生的策划能力、组织能力、总结能力、表达能力等。

（五）全程评价：师生合作全程评价

评价是课程的重要组成部分。传统的项目式学习评价体系以"解决问题"为导向，且往往需要外部专家的介入，这在英语写作课上的可操作性较低。因此，本课程构建了包括师生合作评价、同伴互评、小组自评和学生自评的四重评价体系。

师生合作评价主要针对学生的写作能力。基于文秋芳提出的师生合作评价，教师在仔细阅读学生作品后选择典型样本，在课堂上带领学生对典型样本进行评价，并针对样本中的问题设计练习。学生基于课堂上的新知识对自己的作品进行修改。以议论文教学为例，教师在阅读学生提交的初稿后发现学生在论据选择上较多地选用了事实性论据，没有使用推理。教师据此设计相应的练习帮助学生对比事实性论据和推理的异同，用小练习训练学生用推理进行论证。在习得了推理的基本技巧后，学生在课后对自己的初稿进行修改，将新技能运用到作品中。

师生合作评价有助于学生将评价作为学习的一部分，以评为学。学生在评价过程中也可以持续学习语言技能。但师生合作评价主要关照学生的语言技能，没有关照到学生的学习过程。因此，本课程通过同伴互评、小组自评和学生自评来对学生的整个学习过程进行评价。其中，同伴互评主要针对小组的最终作品。在每个小组呈现最终作品后，全班同学通过雨课堂学习平台进行即时的打分评价，主要考量作品内容、作品形式和展示方式三个维度。小组自评则主要由小组观察员或组长进行，从管理、合作和学习成效三个维度评价小组在整个学习过程中的表现。学生自评则由学生在作品展示完成后基于同伴互评和小组自评的内容进行，同样从管理、合作和学习成效三个方面进行自我评价。本课程构建的评价模式结合了对写作技能的评价和对学生学习过程的评价，较好地弥补了传统项目式学习对学生语言技能关注的不足，也突出了对学生学习过程的关照。

（六）持续改进：精进作品优化教学

持续改进是师范认证三大基本理念之一，即将评价结果用于教学改进。本课程借鉴该理念，鼓励学生在最终呈现后基于同伴互评继续精进作品并将作品带出课堂，如发布至社交平台、参与各类竞赛等，在该过程中不断学习。另一方面，教师也将基于小组自评和学生自评反思教学过程，持续优化教学流程和内容，例如开展合作教学、引入学案工具等。

三、课程实践成果

本课程自 2021 年秋季学期开始，经过近两年的实践，已取得了较为明显的成果。本节将从学生成果和教师成果两方面进行说明。

（一）学生成果

1. 英语写作兴趣和信心显著提高

基于项目式学习的流程让学生可以自主选题并持续探究，多模态的产出则尊重了学生个性化的表达需求，两者均让学生对英语写作更加感兴趣，其写作信心也得到了显著的提高。

"这学期的写作课和以前的课特别不一样。我觉得这样的上课形式挺好的，很能够吸引到我。以前每次上写作课老师总是讲理论、看例子，然后就开始写作，然后评论，就觉得特别无聊，上课就想睡觉。现在上课就觉得大家都是在学习、合作，然后展示自己，还有欣赏同学好的作品。"（学生反馈 1）

"本来对写作充满了恐惧，但是现在写作课成了大学以来最喜欢的课。作品成果化、可视化＋小组合作共创＋师生思维碰撞、思想交流＋过程化等等，让我很 enjoy 这个过程。"（学生反馈2）

"这一学期，我特别喜欢每次的展示环节，因为每个环节我都能看到好多以前没有想过的东西。第一次展示环节让我到现在都还记得的东西是有声书，那是一个全新的以前从未用过的东西，但是通过写作课我知道了这个东西，而且制作起来好像也没有那么的困难。"（学生反馈3）

以上的课程期末反馈生动地展示了学生对课程的肯定以及对英语写作兴趣的提升。除此之外，在每节课的课后，教师也会发布在线课件收集反馈，学生从一开始的全中文反馈，到寥寥几个英语单词，到最后敢于用大段的英语进行反馈和提问，也充分说明了学生对于用英语进行写作和表达感到更加自信。

2. 跨学科知识呈现丰富

本课程中，学生的自主选题带来了非常丰富的话题，这些话题让学生在合作和协商的过程中相互学习，积累了更加丰富的跨学科知识（见表2）。同时，因为丰富的多模态呈现形式，学生也自主或相互学习到了更多的多媒体制作技巧，进一步丰富了学生的跨学科知识。

表 2　学生选题跨学科知识示例

话题	跨学科知识
容貌焦虑	心理学
室友关系	沟通与交流
校园霸凌	心理学、教育学
劣迹艺人	法学、传播学
中医奇效	医学
蓉宝	视觉传达
高学历低就业	人力资源

"……而这次的展示，我也发现了更多值得学习的点，就是太莉她们组用 Word 做出了海报的感觉。我们天天都在用 Office 的功能，尤其是 Word，但是却忘记了 Word 上面通过艺术字或者排版也能做出很好看的

排版的感觉，这让我更加坚定了一定要让自己的计算机技术更进一步的想法。"（学生反馈4）

这样的反馈体现了学生对跨学科知识的敏感，同时也反映了学生在本课程中的主动学习。受自选话题的驱动，学生在写作过程中也能更加积极主动地检索、获取资源，充分发挥了其学习主动性。

"虽然很少用教材，但每节课都感觉学到了很多东西，而且在完成任务的时候遇到不清楚的地方也会自己去翻书或者是查资料，在这个过程中真切地感觉知识进脑子了的那种成就感真的很棒！"（学生反馈5）

3. 学习管理和合作能力提升

本课程鼓励学生以小组为单位进行合作学习，并基于项目式的学习流程从一开始便要求学生制订小组的写作计划，包括进度和分工等。这样的合作一方面可以帮助学生更好地相互学习，取长补短，另一方面也锻炼了学生的学习管理能力。从学生自评的数据可以看出，在整个学期的写作学习中，学生自我感知的学习管理和合作能力整体呈上升趋势，这样的提升在学生反馈中也得到了印证。

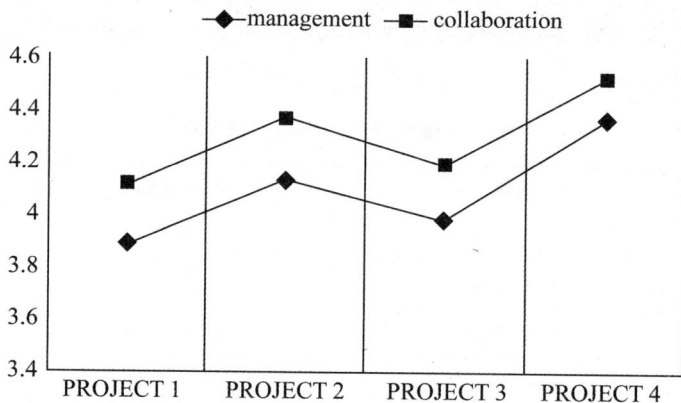

图1　学生自评均分变化

"通过本次活动我感受到了小组合作的优缺点，首先小组合作可以在短时间内收集到大量资料和信息，不管是获取信息的速度还是数量都远超于同时间内个人能够收集的信息……同时本次小组合作，让我成了一个更好的倾听者、学习者和批判者，也改变了我争强好胜的心态，让我明白了一味地求赢并不一定能够做出好的成果，有时候需要适当地让步，学会接

受和融合他人意见，不能总固执己见。"（学生反馈6）

4. 创新思维体现明显

多模态的作品呈现将学生从一张纸一支笔的写作模式中解放了出来，学生的作品形式便是其创新思维最直接的体现，如有声书、知乎短文、小红书博文、实物绘本等形式无一不体现学生的创新思维。从学生反馈中可以看出学生也能直观感受到这样的创新。

"第二次展示，明白了实物带来的强烈冲击，有个组她们将银杏叶直接做成花带来给我们看，还有个组将海报打印成实质的给我们看。这两个组的实物冲击让我知道了，如果要让别人一下子记住自己，要么特别，要么做得很好，要么就是实物的冲击。"（学生反馈7）

"Thirdly，I also learn more knowledge by watching the works of other groups. Some are about writing，such as how to be more nuanced in the psychology of the characters and how to make the plot flow more smoothly. Some are about the form of presentation of the work，and there will be more choices I can choose or think about in the future."（学生反馈8）

文秋芳曾指出，大学外语课程需要培养学生的六种关键能力，即语言能力、文化能力、合作能力、学习能力、思辨能力和创新能力。从以上的学生成果中可以出，学生在本课程的学习过程中通过自选题目、合作探究、全程评价等一系列的学习活动，已经自然而然地锻炼了其关键能力，体现了本课程"自然育人"的特点。

（二）教师成果

1. 理论学习

本课程的任课教师在开展课程实践前期进行了丰富的专业知识学习，尤其是与项目式学习和师生合作评价相关的理论知识学习。在授课过程中，教师也逐渐形成了专业学习共同体，秉持以学生为中心的理念持续进行学习，改进教学。

2. 竞赛荣誉

专业学习共同体的一大特征便是"公开的教学"，即教学实践的公开分享。本课程的任课教师在日常教学中积极与同事交流课程内容，分享学生成果，并邀请同伴教师观摩授课。除此之外，本课程教师也以团队的形式参与了多项教学竞赛，以求接受更大范围的验证。最终，本课程获得了某国家级教学创新大赛年度创新二等奖，基于课程理念的课例更是获得了某国家级外语课程思政教学比赛特等奖。

3. 同行反馈

如上文所述，本课程的成果在教学竞赛中取得了较为优异的成绩。除了获奖，本课程在参赛过程中也得到了来自同行专家的积极反馈，进一步肯定了本课程的价值和意义。

"本课程突出多模态英语写作的项目化创新，对于学生通过英语写作课程的学习提高综合能力具有创新意义。"（专家反馈1）

"选手基于项目式学习模式，创新教学内容和教学方法，将学生从模板化、应试化的英语写作中解放出来……此创新较好达成了教学目标，有积极和良好的推广意义。"（专家反馈2）

四、结语

本文从特色板块、师生成果两大方面汇报了课程团队在我校英语写作课程中的教学创新实践和收获。当然，本课程在实践中仍有不足之处，如在课程评价中较多关注了学生的学习管理和合作，而未能对学生的语言变化进行历时的跟踪评价；学生作品的批改仍以教师手动批改为主，未充分利用智能批改工具；缺乏可以保存、呈现学生所有多模态成果的数据平台等。本课程团队将在今后的教学实践中持续改进英语写作教学，也期待更多的一线教师加入写作教学创新的行列。

参考文献

[1] 陈功，宫明玉. 多元反馈模式促进深度学习的行动研究[J]. 外语教学，2022，43(3)：60－66.

[2] 王娜. 基于"体验英语——写作教学资源平台"的数字化写作教学初探[J]. 现代教育技术，2014，24(4)：52－59.

［3］ 刘应亮，刘胜蓝，杨进才. 社会文化活动理论视域下人机协同教学及应用探
索——以 iWrite 协同英语写作教学为例［J］. 中国电化教育，2022（11）：108—
116.

［4］ 张德禄，刘睿，雷茜. 多模态理论与外语教学中的多元能力培养［M］. 北京：外
语教学与研究出版社，2021：103.

［5］ 王勃然. 基于大学英语项目学习模式的学生学习成就满意度调查——一项社会建
构主义视角下的项目学习研究［J］. 东北大学学报（社会科学版），2012，14（5）：
461—466.

［6］ 徐锦芬，范玉梅. 社会认知视角下的外语学习者投入研究［J］. 外语教学，2019，
40（5）：39—43＋56.

［7］ 董艳，和静宇. PBL 项目式学习在大学教学中的应用探究［J］. 现代教育技术，
2019，29（9）：53—58.

［8］ 文秋芳. "师生合作评价"："产出导向法"创设的新评价形式［J］. 外语界，
2016（5）：37—43.

［9］ 王定华. 我国高校师范类专业认证的缘起与方略［J］. 中国高等教育，2019（18）：
20—22.

［10］ 文秋芳. 新时代高校外语课程中关键能力的培养：思考与建议［J］. 外语教育研
究前沿，2018，1（1）：3—11＋90.

针对来华留学生硕士课程的逆向教学设计
——以《第二语言习得》课程为例

刘娅莉 *

摘 要：使用逆向教学设计，从最终期望获得的两大产品——教学产品与科研产品逆向出发，对来华留学生的硕士课程《第二语言习得》进行了再设计。

关键词：逆向教学设计 对外汉语教学 国际教育

一、生源背景、定位与目标

（一）本校生源特点"两缺乏"

本校地处中国西南片区，因地理优势，一直以来与"一带一路"的南亚国家合作紧密。本校连续 8 年承接国家语合中心"南亚班师资"项目，为南亚国家如巴基斯坦、尼泊尔培养了大量本土汉语教师。本课程的授课对象，多以南亚发展中国家的汉硕留学生为主，以其他国家地区的汉硕留学生为辅。从生源情况上看，他们在整个硕士学业生涯及本课程的学习过程中多有以下两个特点：

第一，科研背景弱，科研能力的培养首当其冲。

与欧美日韩等教育较为发达的国家相比，来自南亚等发展中国家的汉硕留学生在本科阶段所接受过的科研训练相当薄弱。大部分学生不太了解科研论文，不知道如何入手，如何测试、取样、分析和借用理论；更有甚

---

* 作者简介：刘娅莉，博士，四川师范大学国际中文教育学院讲师，汉语国际教育硕士生导师，主要从事国际中文教育、汉语作为第二语言教学研究。

者，完全不了解科研论文是什么、要做什么。

第二，教学训练缺乏系统性，汉语教学能力的培养成为重中之重。

来自南亚国家的汉硕生群体，在来我校开始硕士研究生学业之前，缺乏系统的师范训练。他们本科的专业各种各样，横跨文理，但以汉语国际教育、汉语语言文学、普通师范等为专业的留学生几乎没有。此外，也几乎没有学生具备长期在本土从事汉语教学的工作经历。

（二）本校办学定位与培养目标

办学定位"多国别生源、差异化培养"；培养目标"两手抓、一手硬"。

本校本学院在办学定位时提出，"多别国生源、差异化培养"。也就是说，我校我院尊重来自不同生源国汉硕留学生的差异，实施"差异化培养"，包括"国别化教学、个体化培养、特色化学位论文"。

结合办学定位的培养目标是：一方面，对于"一带一路"倡议下生源数量较多的南亚汉硕留学生，我们亟须改善其科研、教学"两缺乏"的困境，在培养过程中尽可能地提高其科研能力与教学能力，力求缩短其与教育发达国家的汉硕留学生之间的差距。另一方面，对于数量相对较少的五大洲的其他国别的汉硕留学生（我校多以欧美日韩等教育发达国家的汉硕留学生为主），争取通过差异化培养，让其科研能力与教学能力迈上一个新台阶，能与国际接轨，参与高水平国际竞争。这就是培养目标的"两手抓"。

培养目标的"一手硬"指的是，对汉硕留学生个人的科研能力与教学能力实施差异化培养。对于科研能力强的个体，加大对其科研培养的力度；而对于拥有更多教学才华的个体，加强其教学能力的培养，让其在教学岗位和教师角色上发出更多的光和热。

（三）本课程培养定位与目标

本课程的培养定位和目标，与我校对汉硕留学生的培养定位与目标保持一致。即在定位上，尊重"多国别生源"，实施"差异化培养"。在目标上，科研能力"两手抓"，科研教学"一手硬"。

因此，本团队引入"逆向教学设计"理念，将本课程的最终产出的具体目标定在两大产品上：

产品 1：缘起于教学实践的创新性科研论文

产品 2：在论文新观点指导下的对语言点进行再教学的教学视频

以上两个产品的关系如图 1：

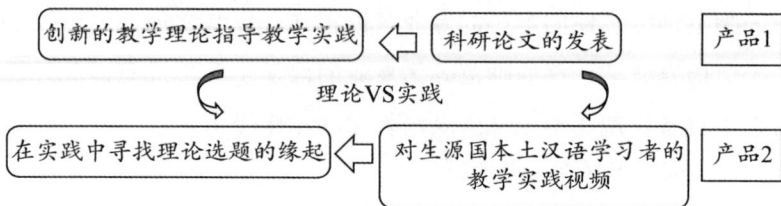

图 1　课程最终目标两个产品的关系图解

产品 1（创新科研论文）的选题来源于产品 2（教学实践视频）。汉硕留学生在教学中发现与"第二语言习得研究"有关的选题；通过梳理文献，包括学术论文与专著、留学生教材、留学生用语法书、词汇用法书、词典等教辅材料，来判定发现的选题是否具有创新性科研价值。若有，则继续将其成稿，并尽可能发表。

产品 2：（教学实践视频）中的教学尝试须为产品 1（创新科研论文）的具体实施。科研论文中发现的习得重难点、提出的新的教学法，需要回到教学实践中运用与检验，才能判断其正确性以及教学应用价值。

综上所述，本课程最终产出的两大产品，是理论源自实践，而实践又返回修改完善理论的无限循环的过程。

二、理论框架的建立

本课程基于"逆向教学设计法"，从"产品"逆向出发，对以知识点为模块的教材进行了重新整合与研发。我们引入 Bloom 的六层次理论（2018），按照本校本专业本课程的具体情况进行了改造，最终建设成以学生素养与能力为结构的"五层级五共"模块。详见图 2：

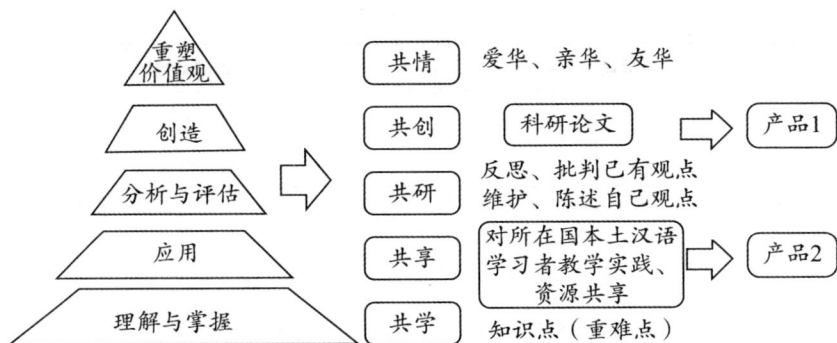

图 2　基于汉硕留学生素养与能力的"五层级五共"模块建构

如图 2 所示，我们建构了基于学生素养与能力的"五层级五共"模块：

1. 顶层素养与能力：重塑的价值观

共情：坚持将汉硕留学生培养成"爱华、亲华、友华"的海外本土汉语教师。

2. 高层素养与能力：创造能力

共创：创新创造，最终实现产品 1——科研论文。

3. 中层素养与能力：分析与评估能力

共研：培养在科研中的分析与评估能力。

4. 下层素养与能力：应用能力

共享：针对其所在国的本土汉语学习者，进行教学实践，并共享实践中的创新部分，形成创新性资源库。最终形成产品 2。

5. 底层素养与能力：理解与掌握能力

共学：理解、掌握教材原知识点，特别是重难点。

本课程 17 周共计 34 学时，课堂学时与整合后的"五层级五共"素养模块对应如表 1 所示：

表 1　素养与能力模块及对应学时

五层级模块	课堂学时数
重塑价值观	贯穿始终
创造	4 学时
分析与评估	10 学时

续表

五层级模块	课堂学时数
应用	4 学时
理解与掌握	16 学时

三、课程的重点、难点及解决办法

(一) 课程的难点及解决办法

难点 1. 拟培养的素养能力太多与学时数远远不够之间的矛盾

五层级的素养及能力培养，需要大量的时间与精力，课堂上的 34 学时是远远不够的。如何有效拓展课堂，增加汉硕留学生的学习投入，是本课程在设计时的难点之一。

解决办法：拓展课后，增加线上学习，实施"课堂课后、线上线下双轨并行制"，是有效拓展课堂、增加汉硕留学生学习投入的有效办法。

难点 2. 五层级模块与教材知识点的对应匹配问题

本课程使用的是在 Bloom 层级理论上进行修改的"五层级五共"模块，该模块切入的角度是学生的素养及能力培养，但教材是以知识点为模块组织结构的。如何将素养能力与教材知识点对应起来，是本课程在设计与研发中的另一难点。

解决办法：在教材原有知识点框架下，除了讲授知识，还引入以下方法方式作为新举措：

（1）课堂开设讨论课

（2）课后开设线上论坛

以上两者的目的，均在于对汉硕留学生进行专门的分析与评估训练。这包括：训练汉硕留学生反思批判他人观点，陈述维护自己观点，等等。

（3）课堂开设小型学术论坛

（4）课后开设线上学术报告、展板与论坛

以上两者的目的，在于为汉硕留学生的创造创新提供学术空间与场所。这包括：展示或陈述论文创新点；也包括反思批判他人观点，陈述维护自身观点等。

结合难点 1 与 2，我们拟定出如下具体解决办法，详见表 2：

表 2　教材知识点与素养能力培养的结合方式

教材知识点	课程类型	对应层次	对应学时	课后活动及线上拓展方式
绪论	讲授课	理解掌握	1	线上学习
第一章 第二语言习得研究概述	讲授课	理解掌握	3	线上学习 线上论坛
	讨论课	分析评估	2	
第二章 对比分析理论	讲授课	理解掌握	3	线上学习 线上论坛
	讨论课	分析评估	2	
第三章 偏误分析理论	讲授课	理解掌握	3	线上学习 线上论坛
	讨论课	分析评估	2	
第四章 第二语言习得过程与习得顺序	讲授课	理解掌握	3	线上学习 线上论坛
	讨论课	分析评估	2	
第五章 第二语言个体差异因素研究	讲授课	理解掌握	3	线上学习 线上论坛
	讨论课	分析评估	2	
期末总结 理论梳理与综合	学术论坛	创新	4	线上学术报告、展板、论坛

注：以上学时总计为 30，"应用"层级所对应的 4 学时在四（二）节详细阐述。

（二）课程的重点及解决办法

重点：课程的重点在两大产品的孵化与产出上。如何保证在课程结束后，汉硕留学生能够成功产出课程要求的、优质的两大产品——科研论文与教学视频，是本课程研发时需重点考虑的。

解决办法：逆向设计，产品出发；知识讲授，课堂为主；素养能力培养与过程性考核，线上线下结合；产品提交，线上完成。

具体实施详见图 3：

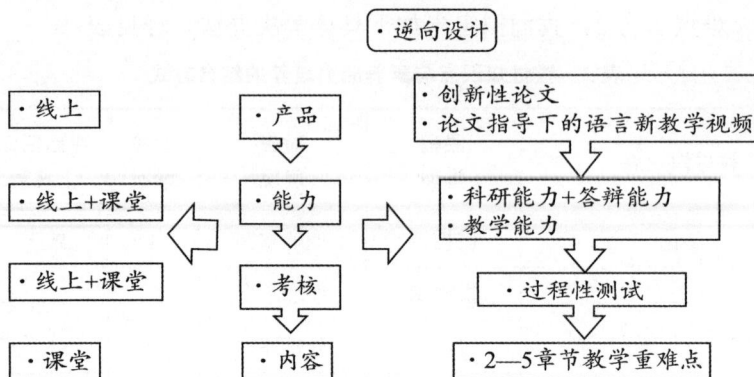

图 3　本课程逆向教学设计图示

如图 3 所示：

本课程展开线上线下、课堂课后两条并行主线。讲授的内容主要在课堂（线下）完成；而对汉硕留学生科研能力及教学能力的培养，以及在培养过程中逐步实施的过程性考核，则两条线并行，既在课堂（线下）实施训练，又在课后（线上）加以扩展强化；最终本课程需要提交的两大产品，均在课后完成后线上提交。

四、理论课所含实践教学活动的设计

理论课包含一定的教学实践内容，具体设计思想如下：

（一）教学实践，启迪科研创新；科研创新，回归教学实践。

如前所述，本课程的产品 1（创新科研论文）与产品 2（教学实践视频）相辅相成，互相补充。为让汉硕留学生在本课程结束后顺利产出这两个产品，本课程注重科研能力与教学能力的并重培养。

首先，鼓励汉硕留学生在教学实践中观察与自己同背景的汉语学习者的偏误与习得困难，找到科研的选题。

接着，引导其进行文献综述。除科研专著、学术论文外，更要梳理留学生教材、留学生教辅、留学生专用词典、留学生专用语法书等，以确定科研选题的价值。

进而，通过语言测试、问卷调查、数理统计，给予正确清楚的回答，提出创新性的教学处理与教学建议。

最后，将科研论文中提出的创新点，再次运用于针对汉语学习者的教学实践中，检验新的教学处理与建议是否能减少汉语学习者的偏误、降低汉语学习者的困难、增加汉语教师在教学时的容易程度。

具体过程阐释如图 4：

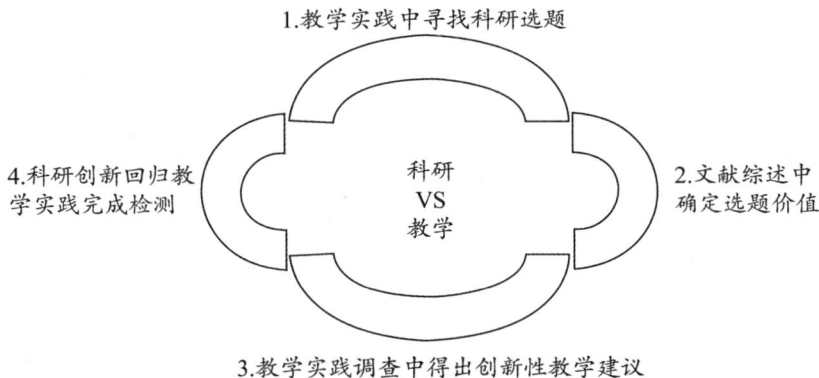

1.教学实践中寻找科研选题

4.科研创新回归教学实践完成检测

科研
VS
教学

2.文献综述中确定选题价值

3.教学实践调查中得出创新性教学建议

图 4　实践与科研的关系图

（二）实践形式多样，线上线下同步。

修读本课程的汉硕留学生，有的已来华，在我校攻读学位；有的以线上远程学习的方式攻读学位。无论是哪一种，本课程都要充分保证其有实践的场所和教学的对象。由于汉硕留学生来自不同国家，实践教学活动需要针对同样母语背景的汉语学习者展开。我们积极调动一切资源，开拓资源的多样性，鼓励线上线下的多种形式。具体包括：

第一，本校合作孔院、孔子课堂成为本课程长期稳定的教学实践基地。

本校的合作孔院目前有巴基斯坦的卡拉奇大学孔子学院、韩国延世大学的孔子学院；合作孔子课堂建在巴基斯坦佩特罗中学。这些"汉推"基地，成为本课程汉硕留学生进行实践活动的最大基地。

第二，汉硕留学生的海外母校，成为本课程实施教学实践活动的另一基地。

部分汉硕留学生，联系了其本科就读时所在母校，为其母校的中文系课程、校级中文选修课程，提供教学服务。比如，修读本课程的老挝籍汉硕留学生尤颂，在修读本课程时选择了回到母校老挝国立大学中文系进行教学实践活动。

第三，汉硕留学生曾经在海外工作过的培训机构，也是本课程实施教学实践活动的又一绝佳场所。

来华之前，有部分汉硕留学生曾在海外的华文学校、中文培训学校工作过。联系其曾经工作过的机构或单位，也能解决本课程的部分实践活动。比如，修读本课程的俄罗斯籍汉硕留学生安娜，曾是俄罗斯一家中文少儿培训机构的教师。她不仅自己在原单位完成了实践，还帮助修读本课程的所有俄罗斯籍汉硕留学生解决了实践场所的问题。

通过以上三种方式，身在海外本土的"线上班"汉硕留学生，选择直接到以上基地进行教学实践。另一些来华的汉硕留学生，则通过 Zoom、腾讯会议、微信视频等方式，开展教学实践的云课堂。

五、实践课的设计

实践课是指在本课程安排中特意设置并专门划分出来的，用于学生实践的专门课时。

（一）实践课的设计思想

本实践课目标在于培养"五层级五共"层级模块中的"应用"素养与能力。

设计思想同样源自汉硕留学生素养与能力"五层级五共"建构模块。其中，"重塑价值观""创造""分析与评估""理解与掌握"四个层次主要由理论课负责培养；而"应用"层次则主要由实践课来承担。实践课与实践教学活动，共同促成产品 2（教学视频）。三者关系见图 5：

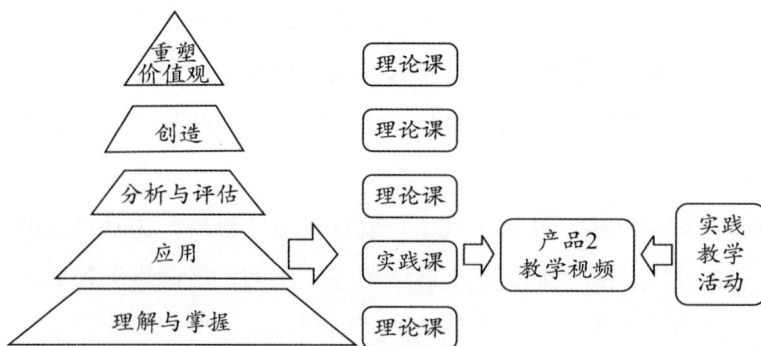

图 5　"五层级五共"、实践课、实践教学活动关系图

教学实践

（二）实践课的内容

实践课的具体内容如下：

表3 教材知识点与素养能力中"应用"层级的结合方式

教材知识点	课程类型	对应层次	对应学时	课后活动 及线上拓展方式
知识点教学应用	实践课	应用	4	线上云课堂教学

具体实践项目包括：

1. 说课能力：

能够结合《第二语言习得》课程中的知识点，对一门汉语语言课进行分析，包括教学内容、教学目标、教学重难点、教学设计等。

2. 试讲能力：

能够结合《第二语言习得》课程中的知识点，对该门汉语语言课其中的部分内容，进行教案设计，并实施模拟教学。

（三）实践课的组织形式与教师指导方法

1. 课程组织形式：以汉硕留学生为中心的深度教学

本课程结合项目式学习（project-based learning）与问题式学习（problem-based learning）。前者是一种以人工制品开发，驱动汉硕留学生主动发现问题并协作确定解决问题方案的学习型课程模式。其人工制品多为报告、视频和录像。后者是一种以虚拟问题场景或真实案例驱动汉硕留学生主动学习、整合理论与实践的教学策略。汉硕留学生在小组中合作，通过解决没有唯一正确答案的问题来学习某个主题。

基于上述两种学习方式的特点，教师在教学中还辅以合作学习、课堂翻转、任务式教学，开展以学生为中心的深度学习。

2. 教师指导方法：模拟真实教学环境展开

开启 Zoom 或腾讯会议等云课堂，邀请同语言背景的汉语学习者进入课堂。汉硕留学生需要：

第1部分说课

（1）从真实的案例出发，陈述所发现的同语言背景汉语学习者的一个偏误或一个习得困难。

141

（2）陈述现有文献中的不足。

第 2 部分教学

针对选定的偏误或习得困难，整合本课程所学理论，对同语言背景的汉语学习者重新教学。

第 3 部分评价

（1）同背景汉语学习者评价其对汉语语言点的讲授是否更加易懂。

（2）同行（其余汉硕留学生）评价其对汉语语言点的讲授是否更加清晰、有逻辑。

（3）教师评价其对汉语语言点的讲授是否更具创新性。

（四）实践课的考核

本实践课程以汉语语言点的再教学为考核内容。具体考核方法为提交再教学视频。具体考核标准如表 4 所示：

表 4　教学实践视频的考核标准

考核标准		分值
汉语语言点的选择	1. 从真实的汉语语言教学案例出发	10
	2. 汉语语言点的选择有再教学价值	10
说课	3. 该语言点的讲解在现存文献中的不足	10
试讲	4. 该语言点教学重点难点突出	30
	5. 该语言点的再教学具有创新性	30
	6. 教师授课语言清楚，教态大方得体，具有亲和力	10
总计		100 分

六、教学条件

（一）教材选用与建设

第一，选用国内第二语言习得专家、北京大学对外汉语教育学院赵杨教授编著的汉硕教材《第二语言习得》。该教材由外语教学与研究出版社出版。教材编著者及出版社均为国内第二语言习得界的领航者。

第二，从"五层级五共"能力与素养角度入手，对教材知识点进行了重新编写整合。具体整合方式详见前述表2。

（二）自主学习的扩充性资料与网络教学资源

本课程选用国内汉语国际教育前沿阵地北京语言大学闻婷副教授团队开发建设的中国大学 MOOC 慕课资源"第二语言习得"，作为最有力的补充。汉硕留学生在线上自学知识点的同时，还能了解到北京语言大学最前沿的学术动态和科研方向。

（三）实践性教学环境与实习基地

如前所述，本校在巴基斯坦卡拉奇大学、韩国延世大学设有合作孔子学院；在佩特罗中学设有合作孔子课堂。此外，汉硕留学生曾经大学本科毕业的母校，以及其曾经工作过的中文教学机构，均为本课程汉硕留学生提供了强有力的教学实践基地保障。汉硕留学生教学视频的讨论与录制，科研问卷的发放与访谈，大部分是在以上机构完成的。

七、教学方法与手段

（一）教学方法与使用目的

本课程所使用的教学方法如下：

1. 项目式学习与问题式学习等以学生为中心的深度教学方法。

以本课程两个最终产品（科研论文、教学视频）目标性导向出发，采用逆向教学设计，引入最适合本课程目标的两大教学理念：项目式学习（project-based learning）与问题式学习（problem-based learning），作为本课程的核心理念。

2. 合作学习、课堂翻转、任务式教学等辅助性教学方法。

鉴于上述两大核心理念均以学生为中心，本课程还引入合作学习、课堂翻转、任务式教学等教学方法，运用苏格拉底式提问法深度探寻，确保学生主体地位。

（二）实施过程与效果

过程：本课程引入"课堂课后、线上线下双轨混合式"。课堂（线下）主要完成讲授与课堂讨论；线上（课后）拓展则包括自主线上学习、论坛讨论。

效果：经过一系列举措，汉硕留学生最终产出高质量的科研论文与教学视频这两个产品。

（三）上课学生规模

每年 2 个行政班（线上班、线下班各 1 个），每班约 20 人，总规模约 40 人/年

（四）信息技术手段

中国大学 MOOC 慕课资源、雨课堂论坛、Zoom 云课堂。

（五）作业与考核

作业与考核的具体安排如表 5 所示：

表 5　本课程作业与考核情况

五层次	作业	考核	考核比重
重塑价值观	作文： 在修读"第二语言习得"课程过程中的中国故事	作文	10%
创造	科研论文的分步作业： 1—3 周： 阅读科研论文，分析科研论文框架与格式 4—7 周： 论文第一部分选题缘起、第二部分文献综述 8—11 周： 论文第三部分数据的描写与分析 12—15 周： 论文第四部分原因分析 16—17 周： 论文第五部分教学建议	科研论文	30%
分析与评估	线上论坛讨论	课堂讨论 线上论坛讨论	10%
应用	假期—新学期开学后 1 个月： 录制教学实践视频	教学实践视频	30%
理解与掌握	课后（线上）自主学习	雨课堂知识点测试	20%

参考文献

[1] 安德森，等. 布卢姆教育目标分类学[M]. 蒋小平，罗晶晶，张琴美，译. 北京：
    外语教学与研究出版社，2018.

据于德，游于艺：课程思政
在师范院校教育类课程的实践探寻* **

牛君霞***

摘　要：立德树人是师范院校教师教育类课程思政的根本任务。师范院校的示范性决定着课程思政实施的必要性。教育类课程作为师范院校教师教育课程的重要组成部分，在课程实施上有着时间优势、范围优势、内容优势、效果优势。以《教育学原理》课程为个案进行探讨，发现其蕴含着政治认同、家国情怀与传统文化、文化素养、"四有好教师"、"四个自信"等丰富的课程思政内容。教育类课程思政的实施路径包括"三维一体"的生成性课程目标、"三者结合"的混合性教学内容、"线上线下"的混合型教学方法、"三段齐抓"的全方位考核评价。

关键词：课程思政　师范院校　教育类课程

　　教育类课程作为师范院校教师教育课程的核心组成部分，旨在培养师范生的教师基本知能素养和实践操作技能。2020 年 5 月教育部印发《高

---

*　　基金项目：本文系 2022 年"师行万里"海外师资培训项目研修成果、四川省哲学社会科学重点研究基地四川省教师教育研究中心"固本开新：近代以来中国师范生师德培养制度发展研究"（TER2021－002）、四川师范大学 2021 年度校级教学改革"课程思政"类示范课程"教育学原理"项目（XJ20210921）的研究成果。

**　本文为四川师范大学首届课程思政比赛的教学实践思路初探，详细学理性探讨请参见论文：牛君霞. 师范院校教育类课程实施课程思政的实践与思考——基于《教育学原理》的探讨［J］. 沈阳师范大学学报（教育科学版），2023，2(2)：50－55.

***作者简介：牛君霞，教育学博士，四川师范大学教育科学学院讲师，主要从事中国教育史、教师教育研究。

等学校课程思政建设指导纲要》（以下简称《纲要》），规定科学设计课程思政教学体系，结合专业特点分类推进课程思政建设。教育学类专业课程要在课程教学中注重加强师德师风教育，突出课堂育德、典型树德、规则立德，引导学生争做有理想信念、有道德情操、有扎实学识、有仁爱之心的"四有好老师"。从目前教育类专业课程思政实施情况看，依然存在教育理论"悬浮化"、思政元素"拼接化"的"硬融入"现象，课程思政实践呈现"贴标签""两张皮"的样态。目前学术界对各级各类学校不同科目的课程思政实施现状已进行了详细的探讨，除此之外，对课程思政的实施路径、体系构建等亦有论述。相较而言，针对师范院校教育类某一门课程的思政建设实践研究相对较少。基于此，本文聚焦于《教育学原理》①（*Foundations of Pedagogy*）这门教育类具体课程，以此为个案，对课程思政融入该课程教学的优势、素材、实践进行一定的探讨，以期抛砖引玉，对目前师范类院校教育类课程的思政教学提供一定的启示。

一、师范院校实施课程思政的必要性

课程思政的精神主旨是完成"立德树人"的根本任务，这和中国传统的师道思想、师范院校的本质特征不谋而合。这亦决定着当下师范院校课程思政的必要性。就中国传统师道思想而言，为师之道的精义就是德重于术——人师先于经师。荀子认为贤师之益，在于以人格之感化为主体，以矫正学生本性，教师之人格感化胜于书本教育。至后汉陈国童子魏昭之称郭泰为"人师"，"经师易求，人师难得"的思想开始形成，人师皆主德重于知，情谊之培植重于知识之传授。张謇曾言："范者，法也，模也，学为人师，而不可不法不模。"我国自1897年盛宣怀创办南洋公学师范斋培植师范生伊始，在中西文化价值冲突下，仍坚持传统师道，并一直持续至今。"师德为先"的理念，自晚清形成之后，一直延续至今，未曾中断，成为我国培植师范生的独有特征。可以说"人师"教育是我国教师教育发

① 本文中《教育学原理》指目前全国师范院校通用的，由《教育学原理》编写组编著、高等教育出版社2020年出版的马克思主义理论研究和建设工程重点教材《教育学原理》。

展浓墨重彩的一笔，也是富有中国教育特色的重要举措。我国之所以能够造就敬业又稳定的1400万超大规模师资队伍，既与师资队伍的使用和管理有关，也与长期以来坚持"师德为先"的教师教育模式紧密联系。

就师范院校的本质特征而言，其对学生德行的培养体现出师范院校的"师范性"。师范学校之根本在师范生之师，师范生之范。所谓"师范性"是教师教育在培养和训练师资的指导思想、教育教学活动、课程等方面所体现出来的有别于其他各类教育的独特的、基本的特性和特征，是师资培养的有效保证。它寓于教育共性之中，但又不能被湮没和取代，是教师教育应体现、追求的本质特性。有学者认为"师范性"由"师德""师知"和"师术"构成。其中，"师德"是灵魂，是师范生无怨无悔地从事教师职业的根本，它对师范生的职业起着定向和动力作用。教师教育的"师范性"若离开了"师德"，将成为无源之水，无本之木，只能成为一种没有实质的形式。职是之故，基于"人师先于经师"的传统师道以及师范院校"师范性"之本质特征，决定着课程思政在师范院校实施的必要性。

二、师范院校课程设置与教育类课程的思政优势

我国师范教育始于1897年由盛宣怀所设南洋公学的师范学院，至今已有一百二十余年的历史。师范学校从课程设置伊始，就形成"公共基础课程、学科专业课程和教育类课程"三足鼎立的课程样态。背后的生成逻辑是课程结构须彰显师范学校的"学术性"与"师范性"。其后，因政治动荡、课程设置价值取向变化等多种因素，不同时期课程的设置比重有所不同。"公共基础课程"又称通识课程，以基础科学为主，包括马克思主义哲学原理、近代史纲要、大学英语、计算机、体育等，是师范生的本体性知识。"学科专业课程"是不同学科师范生修习"教什么"的课程，是师范生的主体性知识。"教育类课程"又称教职课程，指为各专业学生开设的有关教育教学理论、方法、技巧等培养教师职业素养和技能的课程，是解决未来教师"如何施教，怎样育人"问题的课程，是师范生的条件性

知识。①

教育类课程与其他课程相比，在师范院校有四大优势。其一，时间优势，起步早跨度长。教育类课程开设时间起步早（基本上在第一学年开始），跨度长（第一学年到第四学年），使师范生时刻受到师范氛围的熏陶。② 以四川师范大学为例，第一学年开设教育类课程有《教师口语训练》《书法技能训练》《教育政策法规和教师职业道德》，第二学年包括《教育学原理》《现代教育技术应用实训》，第三学年包括《班级管理》，第四学年包括《中外教育名著导读》等。就每门课程的行课时间而言，时间较长。以《教育学原理》为例，该课程 2 个学分，32 学时，行课 18 周，占满整个学期。其二，范围优势，全面覆盖。教育类课程全方位覆盖学校教师教育方向所有师范生，可以形成不同专业的课程思政教学。其三，内容优势，元素丰富。以《教育学原理》为例，其内容包括宏观层面的教育学发展、教育及其本质、教育与社会、教育与个人、教育科学研究；中观层面的教育目的、人的全面发展教育、学校教育制度；微观层面的课程、教学、教师与学生。每个层面都可以挖掘出相应的思政元素。其四，效果优势，扎实高效。教育类课程的内容都是模块化的，是有针对性的。若在课堂教学中纳入能力培养和价值塑造机制，就能够使理论和实践携起手来。而理论和实践相联系（不同专业学生的实践会有不同）是培养学生能力、塑造价值观的高效条件。正如哈格里夫斯所倡导的"师范生（教师）的培养应像牙医一样，在实践中学习，在不断练习中实现专业发展"。因此，教育类课程的课程思政是一种全新的教师培养课程观，是高等师范院校实现培养新时代合格教师的重要保障。

三、课程思政的内容与素材——以《教育学原理》为个案的探讨

《纲要》规定课程思政建设内容要紧紧围绕坚定学生理想信念，以爱

---

① 彭小虎. 高等师范课程比较研究与我国师范课程体系的建构[J]. 高等师范教育研究，2000(5)：62—70.

② 同上。

党、爱国、爱社会主义、爱人民、爱集体为主线，围绕政治认同、家国情怀、文化素养、法治意识、道德修养等重点优化课程思政内容供给，系统进行中国特色社会主义和中国梦教育、社会主义核心价值观教育、法治教育、劳动教育、心理健康教育、中华优秀传统文化教育。结合《纲要》精神与《教育学原理》课程内容，将课程思政内容与素材挖掘如表 1 所示。

表 1　《教育学原理》课程思政内容与素材一览表

课程思政内容	教材模块	思政素材
政治认同	教育学及发展	中国化马克思主义教育理论的传播、探索、发展
	教育目的	马克思主义关于人的全面发展学说
家国情怀与传统文化	教育及其本质	教育的要素与形态。"教""学"两字的词源考察以及中国古代典籍中关于"教""学"的论述，理解教育本质及其要素的古代教育思想
	课程	中国古代朱熹、孔颖达等课程观，我国历次课程改革
	教学	《学记》所蕴含的优秀传统教学思想，叶澜、郭文安、朱永新等现代学者教学思想
文化素养	教育与社会的发展	教育与社会制度的关系。党的历次重大报告明确指出教育的重要地位和作用，实现中华民族伟大复兴的"中国梦"，应优先发展教育。目前的教育扶贫，乡村振兴
	教育与人的发展	教育可阻断贫困代际传递。教育以促进人的发展为根本职能。坚持"育人为本"是我国教育工作的根本要求，党的十七大报告指出"育人为本，德育为先"
	人的全面发展教育	德育的目标、内容、方法。德育方法与学生讨论正反道德例子呈现的必要性，以及对道德榜样"自我技艺"过程的强调，让学生做"义利之辨"
"四有好教师"	教师与学生	教师的角色、劳动特点、职业历史发展阶段。"四有好教师"有理想信念、有道德情操、有仁爱之心、有扎实学识
	教育科学研究	教师与教育科研。教师开展教育科研的意义、类型和导向等，科研伦理的意义、原则、特点
"四个自信"	教育制度	古今中外教育制度的演变

　　注：本表中教材模块与内容均来自全国师范院校通用的，由《教育学原理》编写组编著、高等教育出版社 2020 年出版的马克思主义理论研究和建设工程重点教材《教

育学原理》。

由表 1 可知,《教育学原理》作为师范院校教育类课程,其蕴含了政治认同、家国情怀与传统文化、文化素养、"四有好教师"、"四个自信"等丰富的课程思政内容。需要说明的是,每个模块不仅包含笔者所整理的思政内容,每个模块之间不是单独割裂的,是一个有机的整体,是全面覆盖、类型丰富、层次递进、相互支撑的课程思政体系。

四、教育类课程思政的实践路径

(一)"三维一体"的生成性课程目标

《纲要》规定落实立德树人根本任务,必须将价值塑造、知识传授和能力培养三者融为一体,不可割裂。生成性课程目标是在教育情境之中随着教育过程的展开而自然生成的课程目标,它是问题解决的结果,是人的经验生长的内在要求。杜威反对将某种外在的目的强加于教育,认为课程目标不是教育经验的预先具体化,反而是教育经验的结果。学生首先利用自己的经验去探讨、互动、创作来认识课程中的思政元素。课前的主动探究希望培养学生的能力,塑造学生的价值。课中再进行基本知识传授。当学生从事与自己目标相关联学习的时候,他们会越来越深入地探究知识。随着问题的解决和兴趣的满足,学生会产生新的问题、新的价值观和新的对结果的设计。这个过程是持续终身的,因此,基于"生成性目标"的课程必然会促进学生的终身学习,也必然伴随着课后的整体反思。在此基础上,实施"三段式"教学,课前探究、课中讲授、课后反思三者深度融合,科学"增负"教学深度与广度,聚焦课标与教材,促进学生对课程思政内容政治认同、家国情怀、文化素养、法治意识、道德修养等的吸收。突破"照本宣科教材式"教学的习惯性认知,创新教学方法,创设学习情境,让不同专业学生"动起来"进行探究式、案例式学习与个性化学习,体现"创新性"。

(二)"三者结合"的混合性教学内容

教育类课程紧紧围绕习近平总书记"四有好教师"的教育思想,以爱党、爱国、爱社会主义、爱人民、爱集体为主线,围绕政治认同、家国情怀、文化素养、法治意识、道德修养等重点优化课程思政内容供给，系统进行中国特色社会主义和中国梦教育。并将上述内容逐一分配在每一板块之中，注重话语体系的重构，有机结合新时代教育学话语体系重构与教材国家意志话语体系重构，注重教材内容与课程思政内容深度融合，实现课程"铸魂"育人功能与价值引领。在实施过程中，争取将"学科知识""社会生活经验""学习者的经验"三者结合起来，以"混合取向"的课程组织形式建构上述教学内容。特别是教育类课程，本质上是学科知识、学习者的心理逻辑和当代社会生活经验三方面的统一。因为人的经验本身具有整体性，任何把人的经验的某一部分从整体中人为隔离出来并片面强调的做法，都无助于人的经验的健全发展。

（三）"线上线下"的混合型教学方法

作为面向全校不同专业的教师教育课程，在课程思政的实施中，教学主要采取课堂内外、校内校外、线上线下相混合的教学模式，主要采用讲授法、讨论法、情境教学法、探究教学法，并使用现代信息技术"雨课堂"。孔子言："志于道，据于德，依于仁，游于艺。"

教育不是苦刑，学校不是牢狱，学生的学习，要在良好的环境中，专心而怡然涵泳、浸淫，不但有获得新知的兴奋，而且有思索、创新和成长的喜悦。让学生在创作中、行动中、实践中"润物细无声"地吸收家国情怀、职业理想和道德修养等。在具体实施中，教师要引导学生结合自己不同的专业背景进行探究，创设情境。由此激发学生的学习兴趣，引导学生深入思考，不断提升课程思政育人的针对性和实效性。在课前，教师通过线上的形式，引导学生以小组为单位探讨某个主题。全班进行分组，每一个组采取艺术形式进行探究，主要有情景剧、诗歌、绘画、调研、歌曲五种形式。在课中，教师首先展示学生的探究成果，并总结学生对主题的认识。在此基础上为学生系统讲解理论知识，使学生对实践知识有理论性的升华，培养其逻辑思维，引导学生积极参与和体验，引发学生的情感共鸣，激励学生产生学习内动力，促进学生对课程知识的理解、掌握、拓展和深化，帮助学生更好地理解文本并使学生的心智获得发展。上述利用不同学院不同学科这一优势，以开放性的、生成性的思政目标为主，引导学生在实践中、作品中深刻感受课程思政，不断提升学生的课程学习体验、学习效果，可以实现显性教育和隐性教育的统一，形成育人的协同效应。

（四）"三段齐抓"的全方位考核评价

考核评价贯穿在课前、课中、课后三段。其一，诊断性评价。每次课前以"雨课堂"随机点名的形式，请三位同学就今天讲课的思政元素进行发言，对学生的基础进行诊断和摸底。除此之外，亦可以锻炼学生的表达能力和语言组织能力，为后续的"微格"课程打下一定的基础。其二，形成性评价。课中对学生的学习动态状况进行系统性的评价，主要依据来自雨课堂数据。在考勤上、课堂互动上均可对学生进行过程性的动态评价，了解学生的学习状态。其三，总结性评价。在目标上，对教学活动中的重点课程思政元素进行全面评定，并给学生评定的成绩；在内容分量上，重点评价"教育目的""教育制度"等重点章节的思政元素，在测试内容的概括性上，题目多为知识、技能、能力等多因素的综合。

参考文献

[1] 程鑫，许海深，张子玉. 基于师范生实践能力培养的教育学公共课"五结合"策略实施研究[J]. 黑龙江高教研究，2017(12)：172—176.
[2] 哈格里夫斯. 知识社会中的教学[M]. 熊建辉，等，译. 上海：华东师范大学出版社，2007：3. 转引自程鑫，许海深，张子玉. 基于师范生实践能力培养的教育学公共课"五结合"策略实施研究[J]. 黑龙江高教研究，2017(12)：172—176.
[3] 李学勤. 十三经注疏·论语注疏[M]. 北京：北京大学出版社，1999：85—86.

基于学生学科核心素养发展的课程设计与实施路径探究

——以《融合教育理论与实践》课程为例*

彭　燕**

摘　要： 我们正处于一个巨大变革的时代，在"互联网＋"的发展背景下，高校课堂也正在发生静悄悄的革命。充分利用各种线上线下资源，构建合作学习的课堂，使学校成为学习共同体，使学生成为有生命力、有创造力的自主学习者已成为新时代的育人要求。《融合教育理论与实践》在课程建设中面临社会需求大但对师资融合素养要求高、课程建设时间短、资源奇缺、学生缺乏学习内驱力学习处于浅层等困境，研究者通过重新架构基于学生学科核心素养发展的课程目标，对包括教学内容、手段、评价在内的课程实施进行顶层设计，组建授课团队，积极寻求和整合支持学生学习的优质线上线下资源库等方式进行了课程改革探究并取得了一定的成效。

关键词： 学科核心素养　课程顶层设计　课程实施　课程评价

一、课程改革：机遇与挑战并存

（一）课程改革，教学理念改革须先行

"教育是有意识地以影响人的身心发展为直接目标的社会活动"。学校教育与其他教育比起来是更有目的、有组织和有系统培养人的社会活动。

---

* 四川师范大学 2021 年《融合教育理论与实践》校级教材建设项目成果；四川师范大学 2021 年《融合教育理论与实践》顶点课程建设项目阶段性成果。

** 作者简介：彭燕，博士，四川师范大学教育科学学院副教授，硕士生导师，主要从事特殊教育、融合教育、学前教育研究。

而教学在本质上是人类一项高度复杂的综合性活动，是教师的教和学生的学共同组成的双边活动。"教"和"学"虽有不同，但是两者密不可分，只有两者合起来才是"教学"。"教学"是一方通过社会能够接受的方式与手段力图使另一方去习得某种他所期望的系统内容的活动。教学本质上是由教师的教、学生的学、教学内容这些要素的关系所构成的系统。教学不仅是一个所谓"传授"知识的过程，从深层次来看，教学涉及人的发展、人的完善和人的实现，以及理性的人和人的理性的问题。教学论的原则主要涉及人的问题、人的知识和人的潜能问题。当前我们正处于一个巨大变革的时代，在"互联网＋"的发展背景下，各领域观念技术的快速进步使得教育必须进行全新的改革。原有的教育结构与实践依旧存在，全新的教育结构与实践正在不断产生和涌现。教育管理者与教师正在经历教育改革所带来的巨大压力，同时必须不断适应自己的新角色，持续不断地学习和改革课堂教学，在立德树人的过程中，自我得到迅速成长。

21世纪的社会是知识高度复杂化的社会，是知识不断变动、更新、发展的社会。社会变迁提出了教育必须培养学生创造性思维、批判性思考、沟通能力、探究性学习能力的需求，要求培养能够终身学习的主体。在21世纪的教室里，我们不仅追求学习的"量"，更注重追求学习的"质"，注重学生的学习风格、学习特点，扩大教学的通用性和个别指导性来促进每一个学生的成功。课堂革命正在全世界悄然却波澜壮阔地进行着。作为教师，必须积极回应时代发展需求，改变教学观念，选择性接受新的教育思想，不断学习来完善自我，提升专业素养。在教学方式上要从传递、讲解、评价的教学转向触发、交流、分享的教学。学生的学习方式要从呆坐式的学习走向活动性的学习，从习得、记忆、巩固的学习转向探究、反思、表达的学习。课堂是师生共同学习、共同成长的场所，教师要尽量遵循学生的共同学习特点和个人学习风格，运用当前互联网时代下的各种网络平台和专业学习资源，改变教学方式，用思想点燃课堂，用专业充实课堂，用人格温暖课堂，使学生能够得到真正的成长；充分利用各种资源，构建合作学习的课堂，使学校成为学习共同体，使学生成为有生命力、有创造力的自主学习者。

（二）课程的价值与意义：使学生具备应对未来融合教育的核心素养

一般意义上而言，课程可能会被认为是一种组织知识和经验的地图或计划，通过这种有系统的安排，学生被期望能够有效率的学习并能适应生活，创造新的价值。《融合教育理论与实践》课程是社会经济文化发展到了一定的阶段才出现的需求。随着社会经济的发展以及人口老龄化的加剧，人们更加关注社会弱势群体，并积极思考怎样支持他们融入社会，享受与运用公民权利，并创造更多的生产力。目前已经有超过一半的特殊儿童在我国普通学校就读，怎样去支持他们并使得这些学生能够在普通学校留得住、学得好，是当前学校急需解决的问题。当前普通学校急需融合教育的专业人才，本课程对社会的变化做出了积极的回应，在课程内容上，以开展融合教育所需要具备的理念和能力为轴心，通过理论学习及实践操作，使学生能够具备进行融合教育的素养。

本课程既反映了社会经济文化发展的需求，又试图通过教育理念及教育方法的不断创新保持课程的开放性、灵活性和超前性，进而使得课程培养出来的学生能够满足人类的发展、社会变迁的需求，并能够应对不确定的将来，保证学生能对现代社会各种各样的融合教育的趋势做出积极的反应。

（三）课程在实施中面临的难题

1. 社会需求大，对师资融合素养要求高。

从我国近 20 年的教育部统计数据来看，近 50％的特殊需求儿童较为稳定持续在普通学校随班就读，但是目前能够支持随班就读的特殊学生的情绪行为、进行班级管理、课程调整、个别化支持计划的设计与实施的教师资源和特殊教育学校的巡回指导教师非常少，不少在普通学校就读的特殊需求学生出现了"随班混读""坐不下、学不好、留不住"的现象，融合教育质量堪忧，特殊学生和普通学生及其家长之间、家校之间关系紧张。要想实现真正的融合教育，有质量的师资培养必须先行。

2. 课程建设时间短。

我国是从 20 世纪 80 年代的中后期才开展融合教育的，全国设有特殊教育专业的师范院校将融合教育设置为专门的课程的时间也不长，该课程的学科化建设历程非常的短，许多核心概念、理论也还存在较多争议，学科发展比较不成熟。这对于本专业该课程的建设增加了不少的难度，较有挑战性。

3. 课程资源奇缺。

融合教育在国内外的研究都发展得非常快。课程需要紧跟上国内外的研究成果及发展需求，学生需要在课堂外大量地自主学习与拓展、实践操作，一是需要较为经常更新和精心设计的课程学习资源；二是需要大量的一线案例与实践操作场域来增加学生的对核心技能的习得、巩固和迁移。但是无论是国内外的研究成果资源、融合教育的微视频与案例，能够接纳大量学生较为持续、方便观察、评估及支持随班就读的特殊学生的学校场地等资源都非常缺乏。任课教师需要花费大量的精力和时间去寻求资源，这是课程建设的巨大挑战。

4. 教学和实践关联度不够，学生缺乏学习主动性。

由于在课程前期课程资源的缺乏，课程整体架构比较偏向理论学习，对学生实践操作的支持不够，学生在课堂学习的成果难以在实际情景中运用，学生在学习中也更多是被动听讲，学习多停留在浅层的理解与识记层面，高阶思维难以形成，自主学习较难出现，真正的融合教育学科素养也难以养成，课程难以回应社会的需求。

二、行动中的课程改革：重要策略与路径

为了解决这些课程发展的难题，提高本课程组织与实施的适切性，促进学生学习方式的转变和学习质量的提升，在"互联网＋"的学习背景下，授课教师对该课程连续进行了三个阶段的课程改革。在特殊教育学校和融合学校所需求的未来融合教师的准确定位上，结合"互联网＋"的学习背景和教育信息技术的飞速发展，历经新冠疫情，该课程紧扣学生毕业要求，运用倒返设计重新构建了课程的目标和评价框架，并借助"智慧树"网络平台、"艾课堂"教学 APP、QQ 群、腾讯会议、雨课堂等网络平台，对课程教学方式进行了系统的教学实践探究，从而提高本课程组织与实施的适切性，并最终促进学生学习方式的转变和学习质量的提升，为

学生做好了融合教育有效开展的职前准备及打下融合教育专业素养终身发展的基础（见图1）

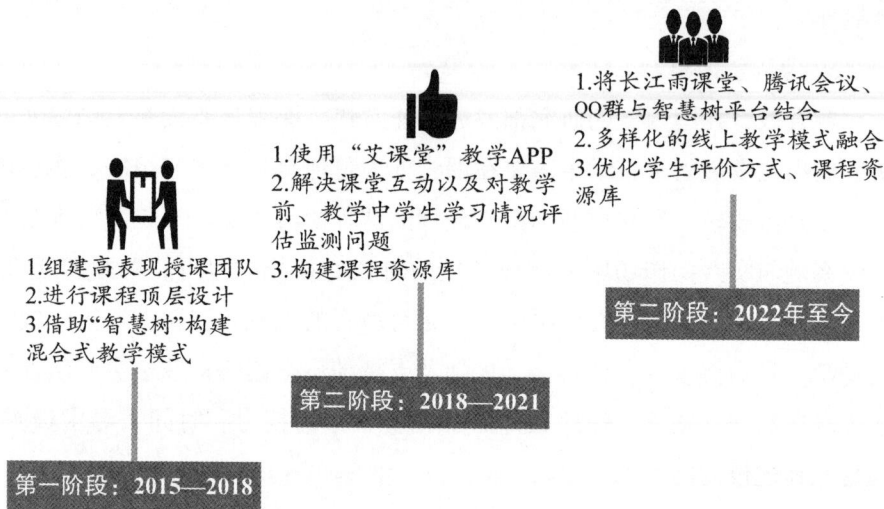

1.将长江雨课堂、腾讯会议、QQ群与智慧树平台结合
2.多样化的线上教学模式融合
3.优化学生评价方式、课程资源库

第二阶段：2022年至今

1.使用"艾课堂"教学APP
2.解决课堂互动以及对教学前、教学中学生学习情况评估监测问题
3.构建课程资源库

第二阶段：2018—2021

1.组建高表现授课团队
2.进行课程顶层设计
3.借助"智慧树"构建混合式教学模式

第一阶段：2015—2018

图1　《融合教育理论与实践》课程建设的三个阶段

在此过程中，课程主要围绕以下几个方面进行思考和改革：

（一）基于学生学科素养发展的倒返设计：课程目标体系如何建构？

1. 课程目标的调整：市场需求与学生可持续专业发展能力的双重考虑。

《融合教育理论与实践》是特殊教育专业核心必修课。在专业课程开设体系上，它占有非常重要的地位。该课程和其他的特殊教育专业课所涉及的范畴有所不同，其他特殊教育专业课程更多集中讨论在特殊教育学校或者机构背景中的特殊需要儿童，《融合教育理论与实践》则主要探讨普通学校背景下就读的特殊需要儿童，课程以怎样在普通学校为特殊需要的学生提供综合全面的个别化支持服务活动为切口，全面探究融合教育的开展。本课程需要学习者对一些基础的特殊教育专业课程有基本的掌握，还需要学习者对普通教育有一定的了解。本课程会充分运用到学生之前已经学习过的《特殊需要儿童诊断和评估》的技术和方法，以及《特殊教育导论》中各类特殊儿童身心发展特点和教学支持策略的学习为基础，并对已经学习的《教育学》《普通心理学》《儿童发展心理学》等普通教学的原则方法以及学生教学干预所必须了解的身心发展特点等专业知识。课程也将为后续主要涉及的各类儿童的深入学习和干预教育搭建扩展思维、搭建专业框架基础。在大量征求一线特殊教育学校、融合教育学校管理者的用人需求，结合学生可持续发展的专业能力的考虑基础上，本课程制定了如下的课程目标：

课程目标1：通过该课程的学习，激发学生对融合教育工作的兴趣和热情，培养学生对融合教育的专业情感；形成严谨的、专业的融合工作态度，树立正确的融合教育的学生观和教育观。

课程目标2：掌握国内外融合教育理论与实践的基本知识，熟悉国内外融合教育领域前沿的研究热点、难点，具有较为先进的融合教育理念。

课程目标3：掌握融合教育实际操作技能，能够根据随读学生需要调整课程、管理班级、构建与运行资源教室。

课程目标4：掌握与普通学校教师、其他专业人员协商合作的技能和资源整合的技能，熟悉团队合作流程，能够协助普通教师融合教育班级教学和解决特殊学生行为问题。

2. 课程目标的调整：课程目标与本专业学生毕业要求的一体化设计。

专业课程的开设不仅要体现出这门学科本身对于学生专业素养的存在价值和意义，还需要有力支撑学生的毕业要求，从而达到专业的培养目标。课程目标与毕业要求的关系见表1。

表1　课程及课程目标对毕业要求及毕业要求分解指标点的支撑矩阵

毕业要求 课程目标	践行师德					学会教学							学会育人						学会发展					
	师德规范			教育情怀		学科素养				教学能力			班级管理			综合育人			学会反思			沟通合作		
	1.1	1.2	1.3	2.1	2.2	3.1	3.2	3.3	3.4	4.1	4.2	4.3	5.1	5.2	5.3	6.1	6.2	6.3	7.1	7.2	7.3	8.1	8.2	8.3
课程目标1						M																		
课程目标2						H																		
课程目标3													M			M								
课程目标4													M									L		

（二）如何以课程目标为轴线，建设"有生长力"的课程？

1. 紧扣学生未来就业和专业发展实现了教学理念和行为的翻转，强调学生的自我成长。

课程教学模式的改革不仅是一种新的教学手段，更是一种教学理念的翻转，它以学生为中心，更加关注不同学生个体的需求，更强调学生自我成长，更追求因材施教。

2. 对教学改革行动进行了精心的顶层设计。

授课团队成员通过归纳高等教育课程模式改革的相关成果，调研学习其他已经进行教学模式改革的高校同行的成功实践经验，重新规划了课程教学目标、教学内容及不同板块的教学策略和模式，设计出了既有先进教学理念，又能够落地实践操作的教学改革实践行动方案。

（三）如何建立课程测试题库和学习资源库，为学生开阔专业视野、自我学习提供适宜的途径与资源？

特殊教育专业课堂教学模式改革较为缓慢，在线课程资源较少，融合教育相关课程资源更加少见。因此本课程教学针对此现状，整合并利用了当前网络上已有的资源。团队成员对相关的高校课程精品资源共享课以及可以共享的其他网络资源进行了梳理，并将这些进一步优化后用到了教学实践中，例如国际救助儿童会的"全纳教育在线教育项目"、加拿大的"全纳课程"线上免费学习项目、中央电教所和世界儿基会的融合在线学习项目。课程共建构了 49 个资源，无论线上课还是线下见面课都有可供参考的国内外前沿研究成果和重要扩展书目课参考，这为学生的自我学习和成长提供了极大的方便。

一方面，课程建立了作业题库。作业题库既有课程前置学习测试、课程中的过程性测试、课程后的测试等不同学习时段的作业，又有客观题、主观题、讨论题、实践操作任务单等不同的作业类型。面对不同的班级学生水平，教师会适当调试或者设置新的作业内容与类型。通过几个学年的累计，目前课程已经初步构建起了题型多样的课程题库。

另一方面，课程通过前置自我学习资料、课程学习中的补充性学习资料、学习后的拓展性学习资料建构了多个学习资源，无论是线上线下都有可供参考的国内外前沿研究成果和重要扩展书目，为不同学习需求层次的学生进行自我学习和自我成长提供了极大的方便。以下是已经建设的课程资源库举例：

1. 线上课程资源：已建设成熟的多个具有层次性、有区分度、能够支持不同学习水平的同学选择性自学的国内外线上资源整合的课程资源。

（1）中国大学 MOOC 慕课网融合教育（课程前的前置学习课程，适合专业基础较差的同学补偿性学习）

该课程是为在学习融合教育之前，《特殊教育导论》《特殊儿童心理与教育》课程学习基础不够扎实的同学准备的，此类同学在基础概念还不扎实的情况下，可以选择性地通过此课程的学习夯实基础，更有利于融合教育课程的真实学习和理解。一般的同学也可以作为融合教育理论与实践课程前的"hook"联结性学习资源。

（2）救助儿童会：全纳教育在线基础课程（上下）（课程前和课程中的学习资源，用于巩固强化融合教育的基础概念）

这套课程主要是在课中作为微课资源辅助学生对融合教育的基础概念进行深入学习和巩固强化的微课资源。具体内容包括：什么是全纳教育、全纳教育的服务对象、课程教学调整与支持、教育评估、个别化教育计划、教育康复、管理行为、残障和有特殊需要学生支持服务体系八个专题的视频课程。课程全免费。

（3）开普敦大学融合教育在线课程（课程后的拓展性学习资源，用于有余力进一步深入学习的同学课后拓展性学习）

开普敦大学融合教育课程对融合学校、社区的包容性文化建设，社区的资源整合等方面有较为深入的讨论，有利于学生课外拓展学习，学习内容有初级和高级两个层次，供不同程度的学生选择学习。

2. 各种融合教育相关专业网站、平台、APP（例如微信平台"掌握现代特教"）。

3. 建设课内外学生学习支持的资料包。

（1）IEP 评估工具包

（2）2013—2019 级学生制作的电子绘本资料包

（3）融合教育教学案例

（四）如何构建高表现授课团队，丰富课程资源与授课方式？

针对课程资源少，教学中理论与实践联系不够紧密的难题，在课程实施过程中，授课教师通过课改课题和自己的研究课题，逐步吸纳了其他高校科研单位和一线的融合教育优秀实践者参与到教学团队中，构建起了一支能够充分整合融合理论研究、融合教育实践管理、融合教育一线优秀教师和资源的高表现教学团队。高表现团队在教学中发挥了两方面的重要功能：

一是在教学团队的多次研讨和磨合中，团队成员对未来学生对融合教育所应该具有的素养有了更为清晰的认识，这些认识又深刻渗透到了我们的课程不断调试和改革的过程中，指引着我们进一步聚焦课程目标、不断地优化内容、丰富教学实践和学习资源。

二是教学团队根据各自的研究领域优势和教学优势，参与了教学案例的研发，直接参与了教学，为学生提供融合教育实践的真实问题和经验，还为学生提供了丰富的实践教学资源和学生课程中与课程后的见习场所，极大丰富了课程的资源和引发了学生学习的内在动机，也使得学生有较为充分的机会能够在真实情境中巩固、强化、迁移、创新课堂学习成果和进行批判性思考，在与同学的合作和与学校资源教师、融合班级教师的合作中增强了合作能力和资源整合能力，这些能力也极大助力了未来融合教育教师核心素养的形成。

三、课程建设与实施的成效及对未来课程持续改革的思考

（一）课程建设与实施的成效

1. 合理的课程顶层设计使得课程目标和学生就业需求结合更加紧密。

在课程实施中，课程研究团队充分利用团队的资源展开了一线学校融合教育现状、问题和对融合教师需求的调查，进行了未来融合教育教师的核心素养的讨论和研判，摸清了市场的需求和对融合教育教师需求发展的趋势，并充分利用倒返设计，将这些认识成果运用到了课程目标定位、课程内容调整、课程作业重设、课程资源聚焦、课程评价创新的设计上，课

程和学生就业需求结合更加紧密。

2. 形成较为稳定的课程实践操作支持基地。

（1）盐道街小学卓锦分校：紧邻川师，可以连续多轮提供随班就读个案，支持特殊教育专业本科同学到校观察评估随读特殊学生，为其进行IEP的制定和调整。

（2）新津区资源中心：持续为我专业同学提供与全区普通学校资源教师结对的机会，提供资源以便特殊教育专业同学到普通学校资源教室进行参观、分析、讨论资源教室的建设与运作方案。

3. 满足了学生个性化学习本课程的需求，提升了学生基于自我学习能力和实践反思之上的融合教育实施能力，增强了学生就业的自信心。

该课程教学模式的改革是基于传统课堂学习的一种重要创新，在充分吸纳一线优秀融合教育实践者经验的基础上，通过丰富的案例学习，可以让学生自主学习、探究学习，较大程度上提升学生的专业素养与能力。目前对2013—2019级毕业学生及用人单位的调查反馈显示，大部分渠道特殊教育学校的学生已经在担任融合教育"巡回指导"专业中坚力量，部分学生直接到了融合学校担任资源室教师开展融合教育工作，取得了较好的成绩并得到了学校的认可，这无疑是对课程建设最好的肯定。

（二）未来课程持续改革的思考

总体来看，《融合教育理论与实践》课程在建设与运行过程中，通过综合运用多种教学模式，促进了师生共同深度学习的发生发展，受到了学生的一致好评。增强课程团队建设，锻炼预备融合教育教师的核心素养，保障课程引领方向的正确性，使我们所培养的学生既符合市场急切需求，又走在市场需求的前面。下一阶段课程将积极深化改革，提炼课程建设经验，积极示范推广。在未来课程持续改革中，授课教师团队需要继续秉持"做中学""行动中反思"，继续优化与完善课程资源库并尝试多种线上线下教学方式的综合运用。

参考文献

[1] 佐藤学. 静悄悄的革命[M]. 李季湄，译. 长春出版社，2003.

[2] 邓猛. 融合教育理论指南[M]. 北京大学出版社，2017.

[3] Peng Y, Potměšil M. Inclusive Setting-A Current Issue In Special Education[M]. Olomouc：Palacký University，2015.

[4] 彭燕. 融合教育理论与实践[M]. 四川师范大学电子出版社，2019.

[5] 郭强，王雨琦. 美国石山学院基于《高等教育信息素养框架》的课程改革评介[J]. 世界教育信息，2021，34(6)：49－56.

[6] 方健. "互联网＋教育"背景下基于合作性学习的高等教育课程教学改革研究[J]. 北京印刷学院学报，2021，29(10)：113－115.

[7] 熊菊，杨婧，毛馨谊. 德国教育"4.0"对我国设计高等教育数字化课程改革的启示[J]. 中国包装，2023，43(9)：111－113.

[8] 穆澜，汪宜香，王淑超. 高等教育课程改革：热点、展望与路径——基于学术文本的聚类分析[J]. 巢湖学院学报，2021，23(3)：117－124.

[9] 吴向文，王志军. 2001－2015年境内外教师教育研究文献计量分析及其启示[J]. 教师教育研究，2016，28(6)：105－114.

[10] 朱旭东，袁丽. 论二次转型背景下大学教师教育资源整合[J]. 教师教育研究，2016，28(3)：1－6.

[11] 郝文武. 师范教育向教师教育转变的必然性和科学性[J]. 教育研究，2014，35(3)：127－131.

[12] 杨天平，欧玉芳. 21世纪以来美国教师教育研究——基于2000—2011年JTE的可视化分析[J]. 教师教育研究，2014，26(3)：81－89＋100.

专业课程竞争性学习机制的教学实践与思考

赵　华*

摘　要： 从高中阶段进入大学阶段，学生的学习行为有一个适应转化过程，在教学中促成自动自发学习行为反应模式的迫切性增加，需要教师在教学中着力建构良性的学习心理机制。论文基于作者开展竞争性教学实践的经验和思考，针对专业板块的不同课程模块、在教学过程中的不同环节，分析竞争性学习机制的引入与应用，以激发学生求胜心理，引出好胜行为并转化为自我引导式的主动学习过程，从而有效提高专业课程教学效果。

关键词： 教育心理学　专业课程板块　竞争性学习机制

大学教学过程实质上是一个心理环境构建，共享价值观、理念、态度、情感以及知识的特殊环境过程。教师在教学过程中对教学参与各方心理的把握，着力引导并构建适当的心理环境，既是教育特殊性的应有之义，又是教育过程追求良好教学效果的有效路径。竞争性心理是指基于人群集合系统的特殊心理环境，身处其间的个体以追求表现卓越或胜过他人而产生的一系列行为反应机制。从自然进化过程中演进而来的人类社会群体，基于社会资源稀缺性客观约束，积极进取求胜以获得优质机会和资源，对族群的进化是有利的，从这个意义上讲，竞争性心理是一种良性心理机制，将之引入到大学专业课程教学中，有助于显著提高教学效果。

---

*　作者简介：赵华，教育学硕士，四川师范大学经济与管理学院讲师。

一、竞争性学习机制的教育心理特征分析

(一)大学阶段学生学习心理转变的一般特征

通常来讲，教育心理学认知认为，学生在参与教育过程中普遍存在以下心理：好奇心、求知欲、参与感、竞争性等。进入大学阶段学习过程的学生，在早期的初级教育阶段和中级教育阶段，已经完整地体验了以上心理机制对教育过程体验的促进和学习效果的促进作用。

大学教育阶段会有显著的不同学习过程的阶段性，以上心理发挥作用的主导机制就有了明显的区别。一年级阶段，好奇心和新鲜感、求知欲以及急于参与大学生活，改变和改进自我学习行为的心理占据主要地位。学生的学习积极性和热情非常高，普遍存在"霍桑效应"，表现在学习行为中，出勤率高，课堂纪律好，课堂笔记和课后任务按指令完成；急于寻求"大学生"身份认同感，从事社团和社群活动较多。

进入二年级阶段，"霍桑效应"开始减弱。专业课程增多，尤其选修类课程开设建立在其"半自主选择"前提之上，对专业认知的盲目导致选择障碍，并进一步引起学习的不适。对专业课程学习的生涩感以及大学教育目标方向的淡化和定位不清晰交织在一起，容易引起学生学习过程中的不适应状态。这一阶段，学生表现出明显的遵从权威心理和追随大众心理。学习行为表现出被动参与和无目的性；学习效果仅以考试考核类明确的信号为导向。学期终了或学年终了，往往懵懂自己所学专业知识的理论抽象性，被动学习过程进一步被固化。课后的学习性活动参与较少，仍然渴望有组织推进，对任务式学习行为有反应，但对自动自发行为没有建立起反应机制。

二年级至三年级阶段，专业课程的密集排布以及资格考试的"职业化"诱惑，使得学生学习行为的分化显著。理论课程教学和实验课程教学的配合一定程度上弱化了这种被动效应，增强了学生参与感心理的学习效果，但只有少数学生可以实现自我引导式成长，大部分学生还是以课程课堂为学习的唯一路径，课后和社会实践过程中的自我修炼式和专业拓展式学习不足。专业知识体系的碎片化感知，使得相当部分同学在专业知识、专业技能和专业能力三者的转换和提升方面存在较大障碍。

前期自我学习行为养成和能力提升的不足，使得大三到大四的转化退化为专业课结业和学位证书获取的一般学历证明式能力。与社会人士交往过程中的社会化意识苏醒缓慢，不容易意识到就业、居住以及其他社会资源的竞争状态，也就很难在短期内迅速进入角色。一旦面对社会实习和应聘式竞争，不少同学感觉陡然被抛向社会。用人单位对这类新进员工的被动式反应往往简单给出一个结论，即大学教育存在失误，没有培养出大学生的社会参与能力。从被动响应到自动自发，欠缺的是一种积极乐观追求成就的竞争性心理机制。

竞争性心理在大学各年级阶段的适时引入，有助于塑造大学生健全的社会性人格，从过去被保护和呵护的"学生"身份认同感转化为"预社会化"身份认同，直至缩短身份转换周期，完成"职业人""社会人"身份意识，积极提升"后大学"时代的职业生涯晋升通路。

（二）竞争性心理在各年级阶段的作用机制

在现代教育理念中，竞争性心理既有先天的社会进化机制，又是后天习得性动机反应机制诱导的结果。当前社会快速发展，优质资源的稀缺性体现更加刺激人心。中学阶段竞争性氛围强烈，但考入大学后，校园内竞争环境相对弱化，新生对自身的自信和未知的知识体系的茫然交织在一起，如果教学运行方式中不能提供合理合适的竞争性心理环境，新生学习行为机制就可能出现错乱行为。

以经管类专业课程学习为例，根据人才培养方案设计与教学计划安排，低年级课程通常都缺少课后训练部分，教师自行安排作业训练难免存在内容不规范或是任务单一的缺陷，而期末考试作为课业学习状况评价机制虽然标准化，但长期强化效应趋弱，大一新生难以建立起自我学习状态的客观和准确认知，更加难以调整学习行为以塑造个人大学学习模式。在这一阶段，适当通过个体到团队的组建，诱发小群体内竞争环境，促进课后学习讨论氛围，有利于学习模式转化。这时的竞争性心理，有潜在的极大增强动力。

大二阶段，专业初步排名一定程度上能够激发学生求胜心理，各项评价指标的多样化构建也为学生的自我成长提供可选择路径；同时，专业课程难度增加，课时有限，多种课堂同步构建过程具有复杂性，这些因素容易导致学生学习认知行为碎片化，学生也难以在个人学习中建立起目标明确并导向清晰的学习路径，大学学习容易退化为"课堂听讲记笔记，课后按要求做作业，期末复习考试作效果定论"这一相对简单行为模式。在这一阶段，可以通过课堂评价刺激，团队构建内部成员互评，促使专业竞赛类活动的广泛参与，尝试建立"专业晋级制度"，把绩点评价与专业修养评价结合起来，加强学生自动自发学习机制的初步形成。

大三阶段，个人成长认知的迫切性大大增加。关于专业学习对就业选择的促进效果的焦虑感，专业课程考试难度增加的焦虑感，专业相关性职业前景的焦虑感交织在一起。学生个体明显感觉到时间紧迫性和任务重要性以及大学学习的被动性。全体同专业学习如何区分出个体差异，同学之间的专业知识、专业技能和专业能力差距是否存在，如何提升个体特征具有差异化的专业素养，这些都成为学生难以解决的重大困境。对专业课程相关课程模块选择的认知还不足够清晰，课程模块学习的知识和自身特征的契合，知识学习转化为现实具体任务解决能力的程度，个体究竟在竞争环境中居于怎样的区位等。在这一阶段，加强专业成绩排名，增强竞争性项目结果反馈，融合社会现实工作机会的竞争式参与，能够较好地促使学生真正完成个体对以上问题的思考，填补整体式职业教育规划的不足。

大四阶段，实习类、顶岗类、毕业论文或设计类工作本身的竞争性显著增强。传统方式下，相当部分同学在基本成绩合格的遮掩之下，无法感知自身与社会需求之间的差异和差距，匆忙仓促间投入社会大环境，才开始开启竞争反应模式。这一时期的学生心理既有反思反悔，也有盲从盲目、随遇而安，能够积极应对，精准定位，展开中间交易成本最低的毕业—求职—就业的学生是少数，但也是大多数学生希望达到的效果。在这一阶段的早期，结合各专业综合实训类、实验类课程的开设，加强竞争性评价机制的筛选作用，推荐优秀的大学生保研就业，就业辅导针对以往表现较好的群体，不仅可以促进"早就业"，还可以"就业好"，并对后续年级形成示范效应。

二、竞争性学习机制的教学实践探索：以工商管理专业为例

近 5 年来，本人在自己担任的工商管理专业课程教学实践中尝试建立一种竞争性学习机制，并在专业课程成绩评价中引入优胜劣汰的机制，学生反馈意见比较良好。

（一）竞争性学习机制在不同年级的教学实践

在一年级工商管理新生的学科基础课程中，本人从以下两个方面设计竞争性学习机制：第一，组建学习团队，开展团队竞争。在《管理学（原理）》《现代企业管理》等课程中，引入团队构建，从随机作业开始，以个人和团队名义开展持续性学习工作，强调个人任务和团队任务的整合，多次拆开和重组团队，以促进学生彼此间融合，尝试建立团队式学习和团队式竞争。平时成绩的获得，个人表现只占 1/3，团队平时任务和团队终极任务占 2/3。第二，鼓励跟随高年级学生参与竞赛类项目，培养竞争性意识。积极鼓励一年级同学参与科创类大创类项目，参加二年级团队，作为跟随者学习竞赛类学习活动所展示的人际技能、技术技能和概念技能；观摩团队领导者如何拟定项目方案和建构项目任务，如何推进团队工作，如何分工与协作。为他们二年级时期担纲任务做准备。本人在近 5 年，先后担任近 10 项科创类项目指导教师，指导其他项目若干。

在二年级工商管理学生的学科基础课程中，着力从以下两个方面设计竞争性学习机制：第一，继续推行学习团队式竞争，加大竞争力度，并引导学生正确处理内部竞争与合作问题。例如在《财政学》等课程中，每次给出 1—2 个题目，每个题目要求 2 个团队竞争，题目才有效；每个团队通过课题开题式陈述，在现场竞争中获得作业资格；最终将会有 1 到 2 个团队 6—7 人因为竞争失败而无法获得作业资格，失去这部分平时成绩；团队在获得任务资格和完成任务资格的过程中接受评价，同时团队成员进行互评，分别就其在团队任务中的贡献予以评分。第二，组建以工商管理专业班导师班级驱动机制，开展招募团队工作，推动以二年级为核心成员和领导成员的团队竞赛类活动的积极参与。

从二年级到三年级，是教学中建设竞争性学习机制最关键的阶段，本人结合课程作业并配合实验类课程，在各类场景中展开竞争性学习活动，

在教学实践中重点抓了以下两个方面：第一，推动各类竞赛驱动式专业课程学习。如在《现代企业管理》课程教学中，学生团队的学期终极任务是完成一份商业策划案，围绕商业策划案的价值链或产业链，团队成员各自完成较小规模但必须是产业相关性、技术相关性或市场相关性的策划案。教师站在投资人角度，对项目的专业性、创新性和可行性进行评价。策划案成绩是团队整体成绩。第二，在特色创新课程和专业方向课程中，建立"社会现实模拟型互动学习机制"。社会表现出对大学生创新意识和参与意识的强烈需求与积极支持，各类商业企业也有意借助学校平台展开模拟性企业管理活动。学生受到显著刺激渴望参与，但不知道如何把教室搬到社会，把学习转变为成长，把参与转化为习得。本人在课程教学过程中积极引进房企市场营销策划方案、政府创业创新大赛、社区福利性公共区域活动空间及项目设计等类似活动，意图增强两者的互动，强化学生的竞争意识和对接社会意识。

（二）竞争性学习机制实践的初步经验总结

上述教学实践都基于个人教学行为的改进，影响面小，5 年教学实践涉及学生群体仅仅在 1000 人次左右，而且因为课程授课专业班级的分化而很难保持一致性；本人自行开展的教学效果调查，由于缺乏各项条件支持而难以持续开展，而且没有独立观察方，有关教学效果评价主要依靠师生面对面反馈，很难进行实证验证，客观性相对薄弱。

从机制设计自身看，则存在以下两个需要进一步完善的地方：第一，本人的实践主要从教学环节和评价方法两个环节进行局部调整，个人实践难以形成整体课程板块的教学模式性调整，如果要进一步从理论上概括出竞争性学习机制建立的要件，就必须根据专业特性设计，按专业课程模块适度调整。第二，个人教学不可能就工商管理专业板块进行全局性的教学模式安排，难以保证分年级、分阶段以及分课程模块的内部一致性，难以建立长效机制。

三、基于课程板块的竞争性学习机制设计思路

当前的培养模式面向动态性的社会用人方需求，强调课程板块的内部整合、专业课程彼此衔接，有必要按照专业板块课程性质，分别设计不同的竞争性学习机制，包括教学内容模式调整、教学环节重新设计、教学评价从个体竞争逐步转向团体竞争等方法，形成有效的竞争性学习机制。

（一）学科基础课程板块的竞争性学习机制设计

大一、大二阶段，专业课程板块以基础课程开设为主体，辅以专业必修课和选修课，作为衔接专业核心课程的先导性学习任务，建立和养成良好的大学学习行为机制至关重要；与大学阶段学习行为机制相对的是，在高中阶段的学习过程中一般以个体的单独学习为主，学习的目的性明确，评价指标体系简单清晰，学生的学习动力和学习行为习惯容易养成；固化的学习行为机制对应考试导向型评价机制，行为惯性的强势，导致学生在大学一、二年级阶段往往忽视自身的学习主动性。

因此，这一阶段的教学设计是"专业导读＋课堂授课＋推荐书目"：以导读大纲为先导，基础课程理论授课为主线，推荐书目阅读，并考核完成率。评价机制设计为：专业导读后，能完成专业方向选择自我规划书；学习基础课程教材案例作业自动完成，在线提交；推荐书目阅读率（建议达到 70%）；出勤率（建议要求满勤）；建立专业文献阅读读书会；分课程建立本专业学习团队；纵向协调各年级学习的深度。

（二）专业核心课程板块的竞争性学习机制设计

专业核心课程是本专业的理论基础和技能基础，主要开设在大一至大二学期时段，这一阶段的教学设计是"课堂授课＋实验课程＋推荐书目＋专业竞赛类考核"：在课堂授课，理论课与实验课程结合，课程学习过程中设置学习团队，规模在 2—3 人，以核心课程内容为选题完成研究报告；建构并完成课程题库，以课程建立在线平台，授课期间学生加入课程群；专业经典书目推荐阅读完成率。相对应的评价指标体系包括：课堂授课到课率（学生个人）；实验课程课后上机或操作考勤；课程题库完成率（建议达到 60%）；团队学习报告成绩；20%同学报名参加一项团队竞技性学习项目（创投等）；专业经典书目推荐阅读完成率（建议达到 80%）。

（三）特色创新课程板块的竞争性学习机制

这一板块的教学设计是"课前案例＋课堂授课＋课后实习"：课前指定相关案例进行学期阅读研究，期终完成案例分析报告；课程学习过程中设置学习团队，规模在 2—3 人；课堂授课加大学生团队课堂现场讨论与陈述；以特色创新课程内容为选题完成研究报告，并结合实践自拟科创、创投等比赛题目；结合课程完成 5—7 天的课程实习调查；结合地区发展主题、创新创业园区或创客空间打造，要求学生至少参加一项国内大型或国际大型会展活动。相对应的评价指标体系包括：课堂授课到课率（学生团队互评）；实验课程课后上机或操作考勤；课程题库完成率（建议达到80％）；团队学习报告成绩；学生参加团队竞技性学习项目比率（建议达到 40％）；专业经典书目推荐阅读完成率（建议达到 90％）。

（四）专业方向课程板块的竞争性学习机制

这一板块的教学设计是"课堂授课＋在线公开课学习＋资格考试模拟＋课程实验课"：课堂授课注重前沿；提出在线精品课程资源学习或新浪、网易等免费公开课程学习时限要求；组织相应职业资格考试模拟题库；课程学习过程中设置学习团队，规模在 2—3 人；建构并完成课程题库，以课程建立在线平台，授课期间学生加入课程群；加强课程实验和实验课程课后学习考勤。相应的评价指标体系包括：课堂授课到课率（学生团队互评）；实验课程课后上机或操作考勤；课程题库完成率（建议达到 80％）；团队学习报告成绩；学生参加团队竞技性学习项目比率（建议达到60％）；专业经典书目推荐阅读完成率（建议达到 90％）；完成专业方向课程的资格考试，如会计证、经济师、人力资源管理师、金融理财师等。

（五）竞争性学习机制的评价与反馈

竞争性学习机制的重要构成是对竞争结果的反馈，除了传统意义上的成绩评定，奖学金评定等激励方式以外，可以借鉴社会组织如企业的"管培生"模式，针对大二、大三优秀学生制定"导师团队辅导制"，分别设立就业辅导团队、考研升学辅导团队和创业意向辅导团队，把前述模块评价中表现良好的按专业 15％—20％的同学吸纳进这个团队，以此建立竞争性学习机制的正强化效应。在教学中采用以上环节设计和模式调整，尤其引入竞争性评价机制逐步取代或部分替代百分制等，有助于竞争性学习机制的逐步建立。

四、竞争性学习机制的贯彻实施

基于课程板块的竞争性学习机制设计只是基础性工作，要在专业教学中全面贯彻竞争性学习机制，首先要强调竞争意识。几乎所有新生都认为做作业的"资格""获得分数"或"有成绩"都是天经地义的，只需要扮演"学生"的角色就能获得"学习"这项特殊资源，而只要有相关成绩就证明大学完满修炼完毕，在校期间，无论社会或者学校都难以准确评估到"我"的实际竞争力。竞争性学习机制则致力于传递这样一种意识：大学学习过程存在优质资源的稀缺性问题，进入大学校园，只是获得竞争资源稀缺性的初始资格，优质教师、优质教学资源和社会性学习资源都必须通过竞争才能获得。

在不可能完全打破当前课程安排模式的前提下（少数"双一流"大学在这个领域开始进行初步实践探索），只有通过内部优化，引入竞争性学习机制，启动"鲇鱼效应"，最终才能形成学生自动自发的个人引导式成长方式，这方面的建设任务至少包括以下几个主要方面：以一年级到四年级的阶梯式发展，拟定不同课程板块学生自主学习能力的评价体系；在专业培养定位准确的前提下，创造条件让学生在自我发展预期的导向下增强自主选择培养方向的自觉性和能力；以专业课程设置板块为平台，在教师团队中推进改革创新；在课程考核评价中，逐步全面引入团队合作评分机制作为平时成绩权重较高的事项，以课程教学内容为课题方向引导团队学习；结合学校、省级创新、创业训练及科创、创投等项目开展，在专业课程授课中，鼓励授课老师全面承担指导教师工作；等等。

参考文献

[1] 王薇，程海腾. 竞争性合作学习在大学英语听说课中的实证研究[J]. 鸡西大学学报，2015，15(1)：96－100.
[2] 朱俊华. 以大赛为导向，提升大学生工程训练综合能力[J]. 价值工程，2014，

33(21)：283－284.

［3］史秋衡，郭建鹏. 我国大学生学情状态与影响机制的实证分析[J]. 教育研究，2012，33(2)：109－121.

［4］牛丽丽. 浅谈合作学习中的独立性与竞争性[J]. 才智，2012(31)：241.

［5］车诚，李雷鸣，王军会，等. 研究生综合能力评价体系及模糊综合分析[J]. 陕西科技大学学报（自然科学版），2011，29(1)：165－168.

［6］张静，贾培佩. 经济管理类大学生综合能力评价模型[J]. 合作经济与科技，2011(2)：111－113.

基于探究共同体理论的大学英语课堂互动研究

王斐然[*]

摘　要： 目前大学英语课堂互动存在对话缺乏交互性、过程缺乏生成性、互动实践流于形式等问题。根据"探究共同体"理论，笔者提出通过建构问题引导下师生协同探究和小组群体探究互动模式，提升课堂互动质量，更好地实现对语篇主题意义的探究。

关键词： 探究共同体　课堂互动　主题探究

信息化技术的飞速发展对教与学的方式带来了巨大影响，学生获取知识的途径多样化，然而教材的有效使用仍然是语言教学至关重要的环节，课堂仍然是学生学习语言和知识的重要场所，不能忽视。互动是语言教学的重要形式（程晓堂，2016），教材单元和语篇主题意义探究有赖于课堂互动来推进，师生互动的质量对主题意义探究的广度和深度具有重大的影响，重新审视并改进课堂互动有助于更好地达成主题意义探究目的。但目前，大学英语课堂中的互动还存在较大问题，亟待改进完善。

一、大学英语课堂互动存在的问题

课堂互动是英语课堂教学必不可少的环节，师生之间通过课堂互动，互相创造学习机会，促进对知识的理解，也是成员之间思想和情感交流的主要通道。在传统的课堂中，词汇语法的讲解作为行之有效的课堂教学方

---

* 作者简介：王斐然，硕士，四川师范大学外国语学院副教授，主要从事语言学理论和大学英语教学研究。

式，占据了英语课堂相当大的比例（束定芳，2011），课堂互动很大程度上也是以此为基础展开。然而，以学生为中心的课堂，其核心任务是要引导学生采用自主、合作的学习方式，开展基于主题意义探究的课堂活动，参与主题意义的探究活动，自主建构知识和能力。探究，顾名思义是指探索和研究。对主题意义的探究，就是要引导学生通过探究活动，实现意义的共同建构，是语言工具性和人文性双重价值的体现。然而，笔者认为当下大学英语课堂互动普遍存在以下问题：第一，对话互动缺乏动态交互性。对话是外语课堂互动的主要表现形式，传统的"提问－对话－反馈（Initiate-Response-Feedback/Evaluation，简称 IRF/E）"师生对话模式，更多呈现教师为主导，控制整个对话过程，缺乏真正意义上的交际。对话更多是主体和客体之间的问答，师生之间是从属关系，而非平等基础上的、主体与主体的相互关系，老师更多是权威知识的代表。

第二，互动过程缺乏生成性。传统课堂教学很大程度上仍然是从老师到学生的一个单向的信息传递过程，语言双向互动的工具价值没有体现。例如，教师提问："What day is it today?"学生回答："It's Saturday."教师通常以类似"right" or "wrong"的简单回应结束本轮次的对话，再启动一个新的话轮。这样的例子中，教师提出的问题更多是对陈述性知识的一个检查，没有给学生提供更多思考、讨论和推理的机会，学生通过简单的记忆、理解等层面思维活动就能完成对问题的回答，提问缺少对思维逻辑性、批判性、创造性方面的引导，没有体现深层次的认知要求，就不能引发学生的深度思考，激活对话协商，完成意义的共同建构。

第三，团体式互动流于形式。常态下的英语课堂，由于班级人数较多，课堂时间有限等客观原因，制约了语言课堂实践活动的开展。高中学龄段的学生，思维的活跃度和对新知识的接受能力都很强，探究活动的开展要建立在其英语语言能力与认知能力相匹配的基础上，这为课堂互动的开展增加了难度。我们看到课堂上与老师互动频繁的始终是少数同学，而剩下的是沉默的大多数。以小组形式展开互动，话语权往往集中在个别同学，或呈现出类似成员之间的轮流发言的单向的表述，组内缺乏共同的内在动力，缺少双向的动态的协商与交流。这样的团体互动流于形式，一方面占据了很多的课堂时间，另外一方面难以达到教学效果。

然而，课堂互动只有将老师、教材和学生三个主要的课堂元素结合起来，让三者之间的关系趋于最佳状态，实现教与学的双向互动，才能呈现更好的课堂教学效果。在此现实状况下，建立适切的课堂互动模式和内在联系紧密、兴趣目标一致的互动探究群体，引导学生去学习语言，使用语言获取新知，实现对意义的探究就显得尤为重要。

二、"探究共同体"理论下的课堂互动

探讨改进大学英语课堂小组互动问题，可以哲学上的探究共同体理论为基础。"探究共同体"（Community of inquiry）概念来源于实用主义哲学，最早用于科学研究领域，指成年人以群体形式进行初步的科学探究，强调科学的探究精神和成员间平等合作的态度。著名的儿童哲学家马修·李普曼对其概念进行进一步解释并延伸到儿童哲学教育领域，使之成为儿童哲学核心概念之一。儿童哲学教育中的"探究共同体"理论，倡导把常态的学校班级经过整合，转变为内在联系紧密、兴趣目标一致的团体（或是以小组为单位的亚团体），以群体探究（community inquiring）的形式，在平等合作的基础上，通过哲学的对话与讨论，探讨与自己关系重大的问题，发表看法并阐明理由，从而发现有意义的生活，发展其理智能力（李墨一，2019）。"探究共同体"理论下的基于还原生活意义的、哲学的、理性的对话探究，不是静态的、单向的线性模式，而是平等合作基础上有逻辑、有结构的，动态的、开放性的多向互动模式。共同体成员之间通过相互合作，在倾听与对话过程中，不断矫正自己的思维，进行经验的重构和整合，在此过程中发展儿童的批判性思维、创造性思维和关爱性思维。

课堂互动要坚持学生的主体地位，以开放式的、参与性的、积极的动态的学习流程，通过主动思考、平等对话让主动学习发生，在原有知识基础上自主建构新的知识体系，实现旧知和新知的衔接。依据"探究共同体"理论的思想，本文认为真实课堂互动具有三个方面特点：

第一，课堂对话应具有交互性。教育的本质在于发现生活的意义，对话是人探索真理，认识自我的重要途径（雅斯贝尔斯，1999）。"探究共同

体"思想下的课堂互动，要求每一个成员以互相尊重为前提，通过成员间平等的对话，发表看法并阐明理由。这种对话不是师生、生生之间简单的问答或轮流叙述，而是各种意义平等、价值相等意识之间相互作用的特殊形式（雅斯贝尔斯，1999），学生通过主动思考生成有逻辑的语言，通过差异中的动态交互，相互启发，过程具有交互性、生成性和社会性（郑鸿颖，2020）。对话的内容要具有生成性，过程要具有交互性，共同体内部成员之间要学会倾听和评价不同的观点，要坚持自己观点，也要接受不同的评价。

第二，互动主体之间存在相互关系。哲学主体间性领域观点认为，"只有主体与主体之间的关系才是真正意义的相互关系，主体和客体之间的关系是主动和被动的关系，是单向的，因此不能称之为相互关系"（哈贝马斯，1998，转引自方展画，2005）。"探究共同体理论"进一步诠释了哲学主体间性领域概念，赋予了其课堂情境下的含义。在课堂教学中，教师和学生之间以及学生和学生之间应互为主体，平等地参与到整个活动过程中。教师的角色不仅是知识的传授者，更是活动的参与者。教师因其存在自身优势，在共同体形成初期，可以在群体探究中发挥渠道作用，引导整个"探究共同体"走向成熟，但终将逐步融入，自身也成长为共同体中一员（方展画，2005），在共同的活动中发展自己。

第三，语言互动与思维互动相互契合。语言和思维密切相关，对话是思维的外显形式，思维是内隐的对话（Lipman，1991）。思维可以通过语言表达出来，也是在语言实践过程中得到发展。根据"探究共同体"理论，共同体成员之间通过相互合作，在倾听与对话过程中，不断矫正自己的思维，进行经验的重构和整合，从而发展其批判性思维、创造性思维和关爱性思维。语言的学习，就是要学会用目标语的思维方式进行思考，深入语言内部，体会其承载的文化内涵，并通过对话实现思维的不断碰撞（李墨一，2019）。只有当语言能力和认知水平处于动态平衡，并相互契合，才能通过对话与讨论促进有效的思考，在质疑、批评与肯定中内化共同的认识论，实现旧知和新知的衔接，完成对意义的建构。有效的对话和讨论可以激活思维的碰撞，促进有效的思考，而思维的逻辑缜密性是实现互动式对话的前提。

三、基于语篇主题探究的课堂互动探究策略

外语教学中，探究活动的设计要建立在学生语言能力的基础上，对学生的语言水平和思维能力都有很高要求。大学生处于思维非常活跃的阶段，教学活动的设计既要符合其语言能力，又要契合他们的认知水平，才能激活师生之间、生生之间有效的互动对话，实现对意义的建构。基于课堂"探究共同体"理论，结合当前课堂互动存在的问题，本文提出通过有指导的探究活动和可控的课堂互动，优化教学过程，实现教学效能最大化。

（一）课堂互动式探究策略的建构

探究活动是课堂教学的一种活动形式，要充分利用教材资源，以语篇为依托，开展基于语篇主题的互动式探究。探究要紧扣主题，教师要充分发挥渠道作用，把握其深度和广度，确保课堂教学有序进行，具体实施原则为：

1. 以语篇为载体

教材是教学的重要武器，教材的有效使用对于课堂教学效果至关重要。语篇是英语教学的基础资源，对设计课堂活动有重要意义。基于主题探究的课堂互动，作为课堂活动的一种形式，其核心是依托教材，把握教材中语篇所体现的主题意义，根据语篇所建构的新的语言和知识结构，在新的情境之下开展的对意义的探究活动。因此，语篇是互动式探究活动的载体。

2. 以任务为中心

任务是完成活动的起点，也是终点。任务类型、任务主题与参与者的关联性是影响小组互动效果的重要因素（庞继贤，2000）。研究表明，若课堂互动的任务不是以操练某一语言现象为目的，而是以意义为中心，解决贴近学生生活经历的实际或需求的交际问题，学生（包括性格内向的学生）就会积极参与，并在互动中产生较多的相互修正（庞继贤，2000）。因此，课堂互动探究要求教师从微观视角出发，选取符合学生认知水平，贴近学生生活经历，引发学生思考的内容为切入点设置探究任务，围绕探

究任务展开探究活动。例如，在人与社会语境之下，教师可以针对当前共享单车使用中所存在的乱停放、车辆毁坏等社会现象，开展探究活动，完成"providing possible suggestions to solve the problems"这一探究任务。

3. 以问题为线索

大学生处于思维异常活跃时期，对信息的接受能力也很强。在探究活动中，当学生的认知水平和语言能力出现不相匹配，又无法寻求及时帮助时，小组活动就容易出现偏离主题等前文所提到的常见的问题。根据最近发展区理论，在教学活动中，教师要不断创造最近发展区（the zone of proximal development，ZPD），并通过提供支架式（scaffolding）教学，帮助学生完成个体所无法独立完成的任务，获取新知。因此，本研究提出互动式探究活动要在任务引领之下，通过设置一系列相互关联、有层次的、符合认知规律的问题序列，为探究过程提供支架，引导学生思考和对话方向。

根据认知复杂程度，布卢姆将教育的认知目标设定为"记忆、理解、应用、分析、评价、创造"六个层次，认为记忆、理解、应用为低阶思维能力，分析、评价、创造为高阶思维能力（安德森等，2009）。依照布卢姆认知目标体现的思维发展特征，本文认为可以通过问题体现从理解到应用、从分析到评价等不同层面认知水平的要求，循序渐进地引导学生思考的方向，为交互式对话过程提供支架。例如，问题 Could you give us some examples? 通过让学生举出例子来考查其对问题的理解能力；What else can you think of? /Why do you think so? 这样的问题体现了对学生应用与分析能力的要求；What are the pros/cons of your idea? 则体现了对批判与评价能力的要求。每一个层面的认知能力，通过问题得以体现，有利于把握探究的方向，优化探究效能。需要注意的是，每一层面的问题的设置要以引导学生的思考，激活对话互动为目标，尽量以展示性问题（referential question）引发不同的观点，接受和评价不同的意见。

4. 以群体探究（communal inquiring）为主要方式

李普曼的儿童哲学教育思想认为，儿童一个人解决问题的能力与和同学老师一起解决问题的能力是不一样的。儿童的成长不是靠知识的传授，而是通过成员之平等合作、相互交流、共同探讨解决问题的答案过程中完成（王凌，2003）。探究共同体中内部通过群体探究，开放地、彼此尊重地交换意见，为正在讨论的问题做出有价值的贡献；并培养良好的倾听技能，对别人讲话的内容做出积极的反应，支持那些有充分理由的观点，并能坦然地修正别人的意见。

（二）课堂互动式探究策略及应用

大学英语课堂教学中，以互动形式开展基于语篇主题的探究活动，包括引导式对话下的师生协同探究和学生交互式对话下的小组群体探究两种形式。

1. 师生协同探究

引导式对话下的师生协同探究，强调通过师生之间的对话，激活学生的思维，通过对话中形成的问题链，引导师生之间动态互动，完成对主题意义的探究。老师和学生以互相尊重、同为主体的身份参与到对话中，教师选取能引发学生深度思考的内容，根据布卢姆认知目标层次设置问题链进行追问，以问题激活学生进行深层次的思考，引导探究走向深度。师生对话要有生成性，问题的提出要遵循思维发展的规律，符合深层次的认知要求，有效的互动对探究的深度和意义的建构起决定作用。

在传统的英语 IRF 师生对话模式下，提问是最关键的一个环节。如果教师提出的问题是一个封闭性的问题，问题的答案是唯一的，或者是简单的"yes or no"，老师通常以评价性的反馈结束整个话语轮。这样的对话，是切断式的，不具备生成性。要引导学生对主题意义进行深入探究，问题要有生成性，教师要善于抓住 Response 环节的"对话点"（talking points），找到学生的最近发展区（ZPD），在 Feedback 环节尽量以参考性问题（referential question）作为反馈，为学生的回答搭建脚手架。由于参考性问题没有唯一性答案，有利于调动学生的思考，寻求未知信息，激活下一个话语轮，实现语言的交际功能。（见图 1）

对话点的选取，要体现不同层面的认知要求，问题的设置能有效激发学生的思考，引导学生寻求新的信息或是对已知进行分析和推理，从批判的视角去分析和解释问题，并建立新知，推动学生的思维水平从低阶向高阶发展，实现对问题的深层次探究。师生之间通过有效的对话互动，实现对任务所承载意义的探究，对于学生认知能力的发展和学科成绩的提升有很大的促进作用。

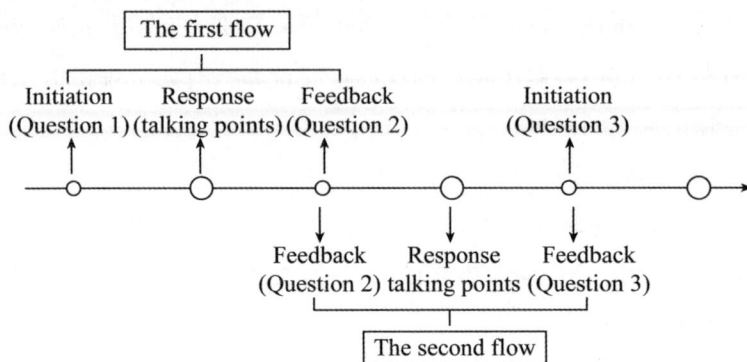

图 1　师生协同探究教学策略

以《新时代明德大学英语综合教程》第一册第八单元"Embracing Diversity"为例，在单元引入环节，教师播放一段录音，内容为学校广播站的广播员们，分别用不同的方言介绍自己，以开启每日校园广播。通过学生熟悉的情景，引出单元主题，激活学生的思考和讨论。在对话过程中，授课教师抓住对学生对话信息中的对话点（talking points），依照 opinion-reason（观点－原因）的思维路径，借助 why do people use their dialects to introduce themselves? How do you think so？这样的参考性问题，及时搭建脚手架进行追问拓展，引发师生之间的对话互动，激活学生对于单元主题 Diversity 的思考，引导话题走向深度。

2. 小组群体探究

交互式对话下的小组群体探究，是要将课堂改造为以小组为单位的探究共同体，在教师预先设定的问题序列引导下，组内展开互动探究，最后以课堂呈现形式展现。通过以语篇为载体，任务引领下的问题序列为线索，群体探究为主要形式的小组互动，将课堂作为探究共同体加以改造，通过共同体内部平等的、真实的对话互动对语篇所承载的主题进行探究发现活动，可以培养学生主动学习、合作学习和探究式学习的能力（见图 2）：

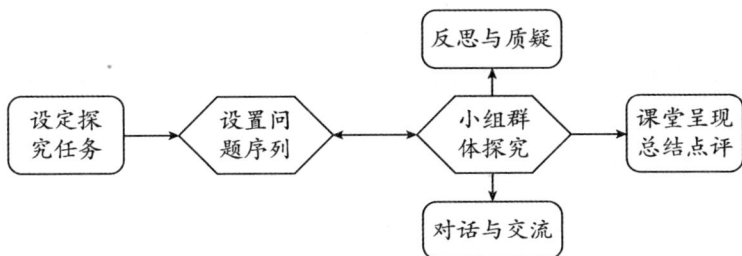

图 2　小组群体探究教学策略

小组群体探究是引导学生融合自主、合作、探究的学习方式，强调通过多元和批判性思维分析问题，理性表达自己的观点、情感和态度，并创造性地解决问题。具体步骤如下：

（1）划分探究小组

据儿童哲学教育中的课堂探究共同体理论，儿童通过哲学对话探讨与自己生活关系重大的问题，首要条件是要建立内在联系紧密、兴趣目标一致的探究共同体，只有共同体内部有共同的内在动力，才能让每一个成员积极主动参与到对话与谈论过程中。研究表明，教师指定结对的固定组、学生自由结对的固定组和随堂就近结对的非固定组三种结对模式中，学生自由结对固定组对于语言输出的数量和质量以及学生对结对互动的看法都优于另外两种模式（徐锦芬，2012）。借助于此研究结果和探究共同体思想，本文建议鼓励学生根据自身兴趣和价值取向，通过自由组合构建相对固定的探究小组。

在活动开展初期，教师可以依据小组和班级整体情况，对小组进行协商调整。随着探究活动的进一步开展，在反复的对话和思维的碰撞过程中，成员之间的默契度会得到进一步提升，小组内部内化共同的认识论，形成相对稳定、联系紧密、兴趣目标一致的小组探究共同体。

（2）语篇解读，确定探究任务

小组群体探究是在语篇主题意义和价值取向基础上进行的小组合作对话探究，因此语篇解读是活动的第一步。以《新时代明德大学英语综合教程》第一册第八单元语篇 "Cultural Intelligence：Working Confidently in Different Cultures" 为例，该语篇探讨的是如何提高文化智能来面对生活中所遇到的文化多样性问题，语篇分别从 what、why 和 how 三个角度介绍了 cultural intelligence 的概念、其重要性，以及提高文化智能的有效办法。

通过语篇解读，学生形成新的知识结构：如今的社会是一个文化多样性的世界，培养文化智能，了解各种各样的文化，并学会与来自不同地方和背景的人一起工作生活非常重要。围绕主题和所形成的新的知识结构，教师设置探究任务：讨论和寻找生活中与自己密切相关的"Diversity Story"，分析其带来的影响，并找出解决办法。

（3）设置问题序列

在探究任务的引领之下，依据布卢姆教学目标所体现的认知水平，将任务进行进一步分解，依据 Phenomenon—Opinions—Facts—Reasons—Solutions（现象—评价—判断—原因—解决）的思维路径，设定层层跟进的问题（follow-up questions）激活学生的思考，引导学生从发现现象到评价现象，分析其产生的影响，探究产生误解的原因，最后寻求解决办法。语篇"Cultural Intelligence：Working Confidently in Different Cultures"的阅读活动中，教师设置如下问题序列：

Q1：What is Cultural Quotient? And why is it important?

Q2：Among the 4 skills, which is more important to you? And why?

Q3：How effective are these tips? Can you provide more tips to boost CQ?

学生通过对每一个问题的对话讨论，内化共同的认识论。问题序列的设置要体现理解、分析、评价、创造等不同层面的认知要求，通过与其认知水平和语言能力相契合对话互动，引发不同的观点，接受和评价不同的意见，为各小组有逻辑地进行互动式探究活动搭建支架。

（4）小组群体探究

在明确探究任务之后，学生以小组为单位，组成探究共同体，独立进行合作探究活动。问题序列中的每一个问题，体现了不同的认知要求，共同体内部成员可以通过信息自由提供的方式或者轮流交换的方式，在小组内进行反复的对话和讨论，小组成员之间不断发生思维的碰撞，随着对每一个问题的一步步解读，共同体内部内化共同的认识论。在此基础上，讨论并分析与自己密切相关的"Diversity Story"带来的影响，提出解决办法，完成探究任务，最后在课堂呈现。

（5）课堂呈现

课堂呈现是小组活动的延伸，目的在于将全班同学置身到相同的英语学习语境之下，共同思考，互相交流，整合成为以班级为单位的"探究共同体"。教师依据问题所体现的信息和认知要求，引导学生沿着（如：现象－评价－判断－原因－解决）思维路径有逻辑性地表达观点。

在整个探究活动过程中，学生是主体，教师为辅助，或者是师生同等地位。教师是课堂探究共同体中的一员，既是协助者，也是参与者，要尽可能参与到对话谈论中，及时了解各组的探究情况，鼓励学生，并给予点拨，同时对课堂呈现提出有效的评价。

四、结语

信息化技术的飞速发展对教与学的方式带来了巨大影响，但是课堂仍然是学生学习语言和知识的重要场所，不能忽视。大学英语课堂互动式探究教学策略是结合英语教学的特点和大学英语学情提出，旨在为教材语篇主题意义探究目标下的课堂互动的开展提供路径，有助于提升学生的思维品质，实现大学英语课程的育人价值。

参考文献

[1] Lipman M. Thinking in Education[M]. London：Cambridge University Press.

[2] Vygotsky L S. Thinking and Speech Rieber（ed.）. The collected works of L. S. Vygotsky. New York and London：Plenum Press.

[3] 程晓堂. 英语课堂上究竟应该做什么？[J]. 山东外语教学，2016，37(1)：61－67.

[4] 方展画，吴岩. 李普曼以对话为核心的儿童哲学课程及其启示[J]. 教育研究，2005(5)：70－76.

[5] 李墨一，王澍，于畅. 李普曼的儿童哲学教育实践取向探析[J]. 外国教育研究，

2019，46(5)：30—40.

[6] 安德森等. 布卢姆教育目标分类修订版[M]. 北京：外语教学与研究出版社.

[7] 庞继贤，吴薇薇. 英语课堂小组活动实证研究[J]. 外语教学与研究，2000(6)：424—430＋478.

[8] 束定芳. 论外语课堂教学的功能与目标[J]. 外语与外语教学，2011(1)：5—8.

[9] 王凌，曹能秀. 从"儿童中心"到"探究群体"——李普曼儿童哲学对杜威教学理论的新发展[J]. 比较教育研究，2003(6)：40—44.

[10] 普通高中英语教科书英语必修第一册、第二册[J]. 北京：外语教学与研究出版社.

[11] 徐锦芬，曹忠凯. 不同结对模式对大学英语课堂生生互动影响的实证研究[J]. 中国外语，2012，9(5)：67—77.

[12] 雅斯贝尔斯. 什么是教育[M]. 邹进，译. 北京：生活·读书·新知三联书店，1991.

[13] 郑鸿颖. 基于复杂系统理论的思维发展：中学英语课堂对话教学策略探究[J]. 四川师范大学学报（社会科学版），2020，47(1)：108—114.

浅谈"古代汉语"课程教学中巴蜀地域文化元素的融入*

王 振**

摘 要：包括巴蜀民俗、方言以及四川少数民族语言等在内的地域文化元素对于巴蜀高校古代汉语教学有一定参考价值。本文分享了一些具体案例，并在此基础上总结了古代汉语教学过程中融入巴蜀地域文化元素的意义，包括丰富趣味元素、拓宽学术视野、增强文化底蕴等三方面，同时指出了将巴蜀地域文化元素融入课程教学的三个注意事项，即所选素材的契合性、融入形式的多元性、课程目标的核心性。

关键词：古代汉语 课程教学 巴蜀文化 方言民俗 民族语言

一、引言

就四川省属院校而言，其办学一般都是立足四川。以四川师范大学为例，学校明确提出"扎根巴蜀大地办大学，服务治蜀兴川新战略"的神圣使命，作为师范专业的汉语言文学专业也有"立足四川，面向全国"的目标定位，所培养的从事中学语文教育工作的毕业生也大都在四川省内。按照教育部师范专业认证的理念和要求，"课程目标—毕业要求—培养目标"是逐层支撑的关系。要实现人才培养目标，最终还是要落实到课程上，课

---

* 本文是四川师范大学 2021 年度校级教学改革项目"基于认证标准和产出导向的古代汉语课程教学改革"（项目编号：20210141XJD）的阶段性成果。

** 作者简介：王振，博士，四川师范大学文学院副教授，博士生导师，主要从事语言学研究。

程目标的实现又得益于教学内容、教学方式、课程考核等多个方面。就四川师范大学汉语言文学专业"立足四川"的这一定位而言，在专业课程中融入巴蜀地域文化元素或者开设巴蜀地域文化相关课程，有益于本专业人才培养目标的实现。巴蜀元素的融入，能够让学生感受巴蜀文化的魅力、接受巴蜀文化的感染，在潜移默化中培养学生理解巴蜀文化、热爱巴蜀大地、奉献巴蜀教育的情怀。因此，在课程教学中融入巴蜀文化元素是必要的。

能够融入巴蜀地域文化元素的专业课程并不少，古代汉语就是其中之一。《古代汉语》课程是汉语言文学专业必修课程和核心课程，主要"培养学生阅读中国古书的能力"①，同时也有提高学生语言修养和古代汉语语言学理论知识的目标——高永安将其归纳为应用目的（阅读古书）、技能目的（语言修养）和专业目的（理性认识）三个方面②。古代汉语既是中国古代的汉语，也是中国古代文化的重要载体。巴蜀地域文化是中国古代文化和优秀传统文化的重要组成部分，与古代汉语有契合之处。在古代汉语教学中适当融入巴蜀地域文化元素，是可行的。

立足人才培养目标，我们在《古代汉语》课程教学中，尝试融入巴蜀文化元素作为辅助材料。③ 本文重点分享和讨论一些实际案例和素材，希望能够对其他相关学校、专业以及课程的教学，在内容或者理念上，提供一定的参考。④

二、巴蜀地域文化元素融入古代汉语教学的具体案例

（一）融入文选字词教学

古代汉语教学一般分为"文选"和"通论"两部分。文选主要学习经典的古代文言作品，而词语的理解是文选学习的重点之一。部分词语可以

---

① 王力. 古代汉语·绪论（校订重排本）［M］. 北京：中华书局，2018：1.
② 高永安. 浅谈古代汉语课程的语言学目的［J］. 中国大学教学，2021(3)：44—47＋65.
③ 本文所谓"巴蜀地域文化元素"是宏观意义上的，不仅包括传统意义上的巴蜀历史文化、民俗文化等，也包括巴蜀地区的少数民族语言和汉语方言。
④ 本文主要是基于笔者自己的古代汉语课堂教学实践的思考，不当之处，恳请方家指教。

结合巴蜀文化或四川方言进行阐释。以下列举两例。

文选《楚辞·山鬼》① "留灵修兮憺忘归，岁既晏兮孰华予"一句中"晏"，意为"晚"。《小尔雅·广言》："晏，晚也。"《吕氏春秋·慎小》："二子待君日晏，公不来至。"高诱注："晏，暮也。""晏"表示时间晚，中古为影母字即零声母字，今普通话也读零声母，在四川方言中读为 ngan^4，这是方言音变所致。四川方言中影母开口字读入疑母，音 ng-，例如中古影母开口字"恶、按、安、矮、爱"等普通话读零声母而四川话声母为 ng-（读零声母是保留古音，读 ng-是转入疑母）。《四川方言词典》收"晏"，注音 ngan^4，释义为晚、迟。李劼人《大波》："这时候并不算晏，寻常人家不过才吃过晌午饭。"巴金《家》："你们今天怎么回来得这样晏？要不是姑妈来玩，我们早吃过饭了。"李劼人、巴金文学创作都受到四川方言和巴蜀文化影响，其作品中的"晏"即为四川方言的 ngan^4。《四川方言词典》"晏"词书证中即有李劼人例。②

另据考证，"晏"表示晚、迟的意思，其本字当为"旰"。③ 旰，古案切，今音 gàn，意为晚。《左传·襄公十四年》："日旰不召，而射鸿于囿。"杜预注："旰，晏也。"今有成语"宵衣旰食"。徐德庵先生指出，旰"转入影纽音同晏"，"通即假晏为之。今四川俗语音转如岸，则入疑纽矣"。④ 意即"旰"本见母，后发生音变读同影母的"晏"，既而用"晏"代"旰"，四川方言影母又"入疑纽"，故而有 ngan^4 的读音。

学习《文选·山鬼》"晏"一词时即可结合四川方言词语"晏"ngan^4 来讲授，将方言词语跟古代汉语结合起来，同时延及音韵，顺便解释某些字普通话读零声母而四川话读 ng-声母的成因。

文选《史记·伯夷列传》"西伯卒，武王载木主，号为文王，东伐纣"，句中有"木主"一词。《汉语大词典》释："木制的牌位。上书死者

① 该文在王力《古代汉语》（中华书局，2018 年）和周及徐《新编古代汉语》（中华书局，2014 年）的"文选"中都有收录。
② 林立《巴金语言词典》（四川辞书出版社，1990 年）未收录"晏"一词，参其序言，该书收录方言词，故当补入"晏"词条。
③ 蒋宗福. 四川方言词语考释[M]. 成都：巴蜀书社，2002：439-440.
④ 徐德庵. 古代汉语论文集[M]. 成都：巴蜀书社，1991：2.

姓名以供祭祀。又称神主。俗称牌位。"周及徐主编《新编古代汉语》注释为"为死者立的木制牌位"。词典和教材释义甚确，就语文层面而言，本无问题。为了让学生更加直观地感受木主为何物、是何状，则可补充木主的其他相关材料。

虽然先秦木主已不得见，但今四川民间仍存清代木主，部分地区丧葬活动中仍作木主，可作为参考材料融入教学。四川民间木主俗称"神主"，其形制、材质、尺寸、书写内容等均有讲究。巴蜀各地家祭所用神主多为木质，由底座、内主、外主三部分构成，内主、外主合并后，再嵌入备有槽口的底座即可。巴蜀民间多用栗木竖牌、枣木底座，象征"早立子"。神主长为七点二寸，象征七十二地煞；宽为二点四寸，代表二十四个节气；厚为一点二厘米，意为十二个时辰。底座长为三点六寸，取三十六天罡之意；宽为一点二寸，代表十二个时辰。[①] 四川地区神主上要写"XX之神主"，在写的时候，"神"字省去最后一竖，"主"字省去一点，写成"王"字，留在发丧前夜家祭之时，请德高望重的人补全"神"字的竖和"主"字的点，称之为"穿神点主"或"点神主、点主"。[②] 关于木主和点主的相关记载，在清代民国时期的四川家谱、地方志中多有记载。我们田野调查也收集到一些清代和现代四川木主实物。[③]

讲授文选《史记·伯夷列传》"木主"一词时可以引入巴蜀丧葬习俗中仍然流传的木主，让学生更加清楚深刻地理解木主之意、认识木主之物，并感受先秦礼俗在巴蜀地区的传承和发展，体会中华传统文化的悠久历史和强大生命力。

（二）融入通论教学

1. 牌坊铭文与避讳教学

王力《古代汉语》通论的"古代文化常识"以及郭锡良《古代汉语》

---

① 此为我们在四川省成都市新都区田野调查得知。

② 《儿女英雄传》第二十四回："你不见神牌上'主'字那点不曾点？神像便叫作开光，神牌便叫作点主。"民国 16 年《简阳县志》："作木主请贵者点之，名曰点主。"民国 18 年《合江县志》："凡题主，须刺血和朱，不书全主，但填神字末笔、主字起笔而已，谓之穿神点主。"

③ 黄尚军，王振，游黎，等. 巴蜀汉族丧葬习俗研究［M］. 成都：四川民族出版社，2016：203-225.

通论"古代汉语常识"中在谈及古人姓名时，均涉及避讳问题。避讳"就是不直接称君主或者尊长的名字，凡遇到和君主尊长的名字相同的字，则用改字、缺笔等办法来回避"，[①] 这种做法导致语文上的混乱，影响我们阅读和理解古书，因此一些《古代汉语》教材中会讨论古书中的避讳问题。常见的避讳的例证如汉高祖名邦，则《论语·微子》"何必去父母之邦"在汉代石经中改为"何必去父母之国"；唐太宗名世民，则有改"民"为"人"者，柳宗元《捕蛇者说》"故为之说，以俟夫观人风者得焉"，"人风"即"民风"。

清朝的典型避讳之一就是康熙皇帝名玄烨，遇"玄"则改为"元"。清陈康祺《郎潜纪闻》卷六："先后三娶二媵，举十三男，十二女，孙二十九人，曾孙三十八人，元孙二人。"其中，"元孙"即"玄孙"，是为避讳。清代四川牌坊铭文中也常见"元孙"一词。例如自贡大安区凤凰县五星村道光年间所建黄谢氏节孝坊铭文署名有"孙……曾孙……元孙……"，威远县观音滩镇观音滩村道光年间所建王杨氏节孝坊有"侄曾孙……侄元孙……"。[②] 这些牌坊中的"元孙"即为"玄孙"之讳，可以作为避讳学习时的参考资料，从书本到现实，让学生了解古人避讳现象和避讳材料距离我们并不遥远。

2. 祭祀习俗与语法教学

通论讲授"古代汉语的词序"这部分时，宾语前置是重点，一般也会涉及数量词的位置，其中一点是"上古汉语表示物量，往往不用量词，只是将数词放在名词后边"。[③] 例如《尚书·召诰》"越翼日戊午，乃社于新邑，牛一，羊一，豕一"，魏学洢《核舟记》"通计一舟，为人五"。这类结构翻译成现代汉语的时候，要把数词放在名词之前，一般还要加上量词，才符合现代汉语语法规则，这是古今汉语语法差异的体现。

这种名词加数词的结构，在四川民间祭祀活动中仍会出现。出丧前夜，举行家祭三献礼仪式。家祭时，礼生要引导孝子进献祭品。礼生有两

---

① 王力. 古代汉语·绪论（校订重排本）[M]. 北京：中华书局，2018：959.
② 黄尚军，杨小锋，等. 巴蜀牌坊铭文研究[M]. 成都：四川民族出版社，2013.
③ 周及徐. 新编古代汉语[M]. 北京：中华书局，2014：118.

位，一为引赞，一为通赞。引赞发出指令，引导孝子进献祭品；通赞在孝子进献之后做出回应，确认此项献祭已经完成，可以进入下一项。① 两者一唱一和，互相配合，吟唱对话如下。

引：初上香，

通：以香归于灵炉。

引：初进爵，

通：以爵滴于茅沙。

引：初进财帛，

通：以帛焚于火池。

引：初献羹汤馔饭，

通：初进馔饭羹汤。

引：初献牲仪熟食，

通：初献熟食牲仪。

引：初献时花时果，

通：初进时果时花。

引：初献三牲五供，

通：初进五供三牲。

引：初献羊肘豚肩，

通：初进豚肩羊肘。

引：初献鸡一豕一，

通：初进豕一鸡一。

引：初献鲜鱼鲤鱼，

通：初进鲤鱼鲜鱼。

引：初献一切不腆之祭仪，

通：初进一切不腆之祭仪。

上述唱词中，有"初献鸡一豕一，初进豕一鸡一"，这里"鸡一""豕

---

① 礼生口中说出的祭品很多，但因客观条件所限，有些祭品只是礼生口头说出而实际上并不进献或者以其他祭品代替。

一"即为仿古表达，从形式上看保留了上古汉语中名词直接加数词的语序，可以作为数词语序教学的素材。

3. 四川方言词与汉字结构、词义引申的教学

前文谈到，四川方言词有些源自古代汉语，可以在文选词语解释与教学中加以合理运用。不仅如此，通论教学中涉及汉字结构、词义引申的相关内容，也可引入四川方言词的部分材料。有些四川方言词，源于古代，传承至今，《说文》有载，可为教学之用。以下列举几则材料。[①]

①踞

《说文·足部》："踞，足所履也。从足，叚声。"该词四川方言常用，读音 qia^2，意思是跨、迈。李劼人《大波》第二部第八章："百多里路，你默倒象在成都省穿街过巷，几步就踞拢了么？"原书自注："踞，据明朝时候四川人李时著的《蜀语》说，是其遮切，音茄。若以现在成都方音读之，读为'卡'字音，倒比'茄'字音近。《蜀语》又云'急行曰大步踞'，其实踞即行义，不分大步小步。同时倒还有'跨'字意义，如言踞门限即跨过门限是也。"

"踞"是形声字，"足"是形旁，跟意义有关，叚是声旁，跟读音有关。在形声字结构教学时可举"踞"字例。此外，该词在方言中也写作"奓"，由"大"和"步"构成，这样写的话则为会意字，也可在教学中作为例字使用。

②衁

《说文·血部》："衁，血也。从血，亡声。"《左传·僖公十五年》："士刲羊，亦无衁也。"杜预注："衁，血也。"章炳麟《新方言·释形体》："淮西谓猪血曰猪衁子，鸡血曰鸡衁子。""衁子"是四川方言常用词，指的是凝结的动物的血，菜品中有毛血衁、肥肠血衁等。"衁"为形声字，"血"是形旁，"亡"是声旁。《广韵》呼光切，普通话读 huāng，四川话

---

① 以下四个例字的相关考释以及相关材料参考了蒋宗福《〈说文〉中所见今四川方言词语考释》《〈说文〉中所见今四川方言词语续释》，《语言文献论集》，巴蜀书社，2001 年，第 1—64 页。

读 wang[4]，四川方言中晓母变读为微母，声调也由平变去声。[1] 在形声字教学中，可以使用"盂"的例子。

③幺

《说文·幺部》："幺，小也，象子初生之形。"段玉裁《说文解字注》："子初生，甚小也。俗谓一为幺，亦谓晚生子为幺，皆谓其小也。"朱骏声《说文通训定声》："此字当从半糸。糸者，丝者半；幺者，糸之半，细小幽隐之谊。"李孝定《甲骨文字集释》按：甲骨文"实糸之初文"，"许书之幺乃由糸之本义'细丝也'一义所引申"。以下列出"幺"和"糸"的字形演变供参考。[2]

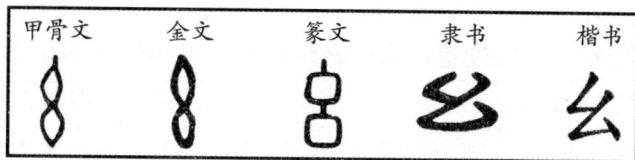

"幺"字形演变

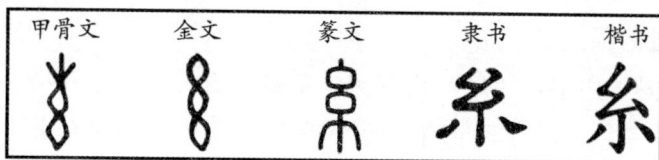

"糸"字形演变

综上所述，或以为是初生幼子之形，故有小义；或以为字形与糸相关，糸是细丝，故引申出小义。虽然对字形的解读不一，但从结构类型上应是象形无疑。

四川方言常用幺表示小或者排行最末的意思。《蜀语》："小儿女曰幺，幺音腰。"四川俗语有"皇帝爱长子，百姓爱幺儿"。幺儿不仅表示排行，也蕴含了亲昵怜爱的色彩。有些独生子女无关乎排行，亦称"幺儿"，表现怜爱之情，表明"幺"从排行最末引申出的新的意义与用法。在象形字

---

① 蒋宗福《〈说文〉中所见今四川方言词语考释》(《语言文献论集》，巴蜀书社，2001 年，第 36 页) 原文为"由晓母变读为为母上声的同音借用"，其中"为母"当为"微母"，调类当为去声而非上声。《四川方言词典》(第 394 页) 收录"旺子"，旺即盂的记音字，语音标注即为去声，是也。

② 字形图片取自国学大师网站 http://www.guoxuedashi.net/。

以及词义引申教学中，可引入"幺"字的相关材料。

④潐

《说文·水部》"潐，尽也。从水，焦声。"《玉篇·水部》："潐，水尽也。"《新方言·释地》："高邮谓水尽为潐。"郭璞："长沙谓干涸曰潐干。"

潐为形声字，水为形旁，焦为声旁。义为"水尽"或"尽"，又由"尽"引申出"很"之义。今四川方言中一般写作"焦"，表示"很"的意思但一般不独立成词。《四川方言词典》释为"某些形容词的前缀，表程度深，意思相当于'很'"。清末英国传教士钟秀芝所编《西蜀方言》中举例有"炒得焦黑""饭焦臭了""焦干""焦湿"，今四川方言仍然使用。因此，在形声字以及词义引申教学中，可引入"潐"字的相关材料。

4. 少数民族语言与汉语古音教学

四川除了汉语方言之外，还有丰富的少数民族语言资源，例如藏语、羌语、彝语、白马语、嘉绒语、尔苏语、拉坞戎语、普米语等，大都属于汉藏语系藏缅语族，跟汉语同源，在语音上也有一些同源词能够反映出汉语的古音特点。正如郑张尚芳先生所说："语言在迁徙传播中不断分化，系统较为接近的形成方言，较远的形成亲属语言。不管怎么变，都会含有反映古音状态的层次。"① 兹举两则材料为例。

①藏语语音演变与"古无舌上音"教学

上古汉语声母的学习中，要学习清代钱大昕提出的"古无舌上音"的观点，意思是上古汉语没有舌上音"端透定"，舌上音是由舌头音"知彻澄"演变而来的。舌头音"端透定"今天读为 d 或者 t，舌上音"知彻澄"今天读为 zh 或者 ch。因此，"古无舌上音"简单理解就是今天读 zh 或者 ch 声母的字有一部分在上古是 d 或者 t。②

藏语中原无卷舌塞擦音 zh 和 ch，其 zh/ch 是由塞音与下加字 r 的组合演变而来，其中最先变为塞擦音的就是舌尖塞音 d-组与-r-的组合。这在

---

① 郑张尚芳. 上古音系（第二版）[M]，上海：上海教育出版社，2013：7.
② 这只是简单理解，是基于本科生学情的权宜解释，并不全面，特此说明。

明代编纂的乙种本《西番译语》藏汉对音资料中有直接体现。[①] 例如"grang-革郎、skra-思革剌、brang-卜郎"当中的 g/k 与"革"对音，b 与"卜"对音，均与塞音汉字对音，说明这些音未变为塞擦音，而译语中 dr-组合的对音材料如"dro-浊、drab-扎、dred-折、drin-真"，其中 dr-均与汉语的 zh-声母字对音，说明 dr-已经变为卷舌塞擦音。d 就对应汉语的舌头音，zh 对汉语的舌上音，因此藏语语音史上也存在舌头音变舌上音的类似音变。需要说明的是，藏文中是 dr 变为 zh，汉语中是看似舌头 d 变为舌上 zh，其实汉语中并非所有的端组变成知组，不是所有的 d/t 都变成了 zh/ch，汉语语音史上舌头变舌上的条件就是有-r-介音，这与藏语的音变条件也是一致的。

"古无舌上音"的教学中引入藏语材料，是对钱大昕这一观点的补充论证，说明藏语中有同类音变，一定程度上证明了舌头音变舌上音的普遍性与客观性，从类型学的角度提高这一结论的科学性。另外，藏文是表音文字，教学过程中使用藏文字母拉丁转写，更能直接体现语音演变的过程。

②民族语与上古疑母教学

上古汉语的疑母字跟中古一样，一般构拟为软腭鼻音 *ŋ。中古音的构拟参考了现代汉语方言的材料，上古汉语构拟可以参考与汉语有亲属关系的藏缅语资料。

汉语与藏缅语的同源词中，如果是疑母字，与之对应的藏缅语一般也是 ŋ。以基本词汇中的疑母字"我"为例，在四川少数民族语言中有如下读音：藏语 ŋa，羌语 ŋa，嘉绒语 ŋa，尔龚语 ŋe，木雅语 ŋɯ，扎巴话 ŋa，纳木义语 ŋa，彝语 ŋa，史兴语 ŋe。[②] 这些语言均与汉语同源，"我"一词的声母也都是 ŋ，一般对上古汉语"我"的声母构拟也是 ŋ，与之一致。所以在学习疑母字为何上古构拟为 ŋ-时，可以引入亲属语言的材料。另

① 朗杰扎西. 从乙种本《西番译语》看藏语 Cr 类辅音声母的融合演变轨迹[J]. 南开语言学刊，2016(2)：45—50.
② 民族语读音参考《藏缅语语音和词汇》编写组. 藏缅语语音和词汇[M]. 北京：中国社会科学出版社，1991：1343，这里主要讨论声母问题，未记录声调。

外，汉语第一人称代词中还有"吾"和"卬"，也是古疑母字，古音声母也都是 ŋ，与"我"是同一系列的代词，通过古音也可以将"我、吾、卬"联系起来。

三、巴蜀地域文化元素融入古代汉语教学的意义

本文通过具体例证，讨论了如何将巴蜀文化元素融入古代汉语课堂教学。我们认为，这么做有三方面的意义。

第一，丰富趣味元素。以巴蜀文化辅助古代汉语教学，可以增加教学的趣味性。例如把四川方言词融入文选字词教学和汉字结构教学，根据笔者的课堂实践，效果较好。作为四川省属高校，我们面临的大多数学生都是以四川方言为母语的，当看到自己熟悉的词语时，学生会感到亲切，当分析了记录这些词语的汉字的字形结构、文献例证和意义演变时，学生会感到有趣而豁然开朗。①

第二，拓展学术视野。方言词语、民俗文化、少数民族语言等方面的资料是教材中所没有的，将其融入教学之中，不仅有助于学生理解古代汉语知识，也能看到与之相关的其他知识，还能够初步培养学生的学术意识，让学生感受借助不同类型、不同领域的材料阐释问题、分析问题和解决问题的过程，初步体会到学术研究的基本步骤，开拓学术视野，增加知识深度，培养研究意识。同时，也引导学生认识古代汉语、认识语言学，深化对这一专业方向的理解，感受其学科魅力。②

第三，增强文化底蕴。课程教学融入巴蜀地域文化元素，有助于提高课程的地域文化底蕴，使学生在潜移默化中接受巴蜀文化的熏陶，增强文化素养和文化传承的意识。巴蜀文化内容丰富，博大精深，绚丽多彩。无

---

① 即使有少数非四川方言母语的学生，在四川上学，也自然对四川方言有兴趣或者有了解，一般也会对方言材料产生兴趣。

② 这方面有很大的现实意义。根据我的了解，很多学生对古代汉语有畏难情绪，这直接导致的问题就是考研选专业时不选汉语言文字学，因为学生的大概印象是汉语言文字学是研究古代汉语的（当然这种认识也存在误区，兹不赘述），而古代汉语本身就难懂，更难谈研究。因此，我们认为，在古代汉语课堂上应该适当展示古汉语研究的材料与方法，让学生感受到古代汉语研究的趣味性和逻辑性，了解古代汉语研究领域和材料的多元性与丰富性。

论是汉语方言民俗，还是民族语言文化，都颇具地域特色。我们在教学过程中，选择既契合古代汉语教学需要，又符合时代要求的素材融入其中，本身不是对巴蜀文化的教学，但是学生会在这一过程中听到、看到、感受到巴蜀文化。

四、余论

虽然巴蜀地域文化元素融入古代汉语教学有其意义与价值，但是要想取得较好的实际效果，在实际操作中还需要注意一些问题。

第一，所选素材的契合性。不能单纯为了丰富教学元素而添加无关紧要的内容，一定要选择跟教学主题密切相关的素材融入教学。有些素材可能有一定的关系，但是不够典型、不够直接，那么选择时应该慎重。

第二，融入形式的多元性。巴蜀地域文化元素与古代汉语教学结合，不是一定要把巴蜀地域元素在课堂学习中直接呈现，教学环节不仅包括课堂教学，也包括课前预习、课后复习与练习、课下作业、课程考核等。本文第二部分的举例，也只是材料案例的介绍，并不意味这些材料都适用于课堂教学，也可用于课后延伸拓展或者作业、考核等，应根据学生学情、课程内容需要和课时安排等因素灵活处理。巴蜀地域文化元素在哪个教学环节、以何种形式呈现，值得认真考虑。如果课堂讲授时融入的话，则要特别注意如何有效引入、如何自然过渡、如何及时收尾，不能给学生一种生硬呈现的感觉，要提前做好教学设计，环环相扣，有机融入，让学生感觉到教学内容和引入的元素之间是浑然一体的。

第三，课程目标的核心性。课程目标是课程的核心，教学内容和形式均应服务于课程目标。按照教育部师范专业认证的思路和理念，课程教学的内容和各个环节用来支撑课程目标的达成。古代汉语课不是巴蜀文化课，巴蜀地域文化元素是古代汉语教学的辅助素材，是为古代汉语教学服务的。因此，如果是在课堂讲授中融入，则应该注意时间的把控和内容的筛选，应该支撑古代汉语课程目标的达成而不可偏离主题。

参考文献

[1]《藏缅语语音和词汇》编写组. 藏缅语语音和词汇[M]. 北京：中国社会科学出版社，1991.

[2] 高永安. 浅谈古代汉语课程的语言学目的[J]. 中国大学教学，2021(3)：44－47＋65.

[3] 黄尚军，王振，游黎，等. 巴蜀汉族丧葬习俗研究[M]. 成都：四川民族出版社，2016.

[4] 黄尚军，杨小锋，等. 巴蜀牌坊铭文研究[M]. 成都：四川民族出版社，2013.

[5] 蒋宗福. 四川方言词语考释[M]. 成都：巴蜀书社，2002.

[6] 蒋宗福. 语言文献论集[M]. 成都：巴蜀书社，2001.

[7] 朗杰扎西. 从乙种本《西番译语》看藏语 Cr-类辅音声母的融合演变轨迹[J]. 南开语言学刊，2016(2)：45－50.

[8] 林立. 巴金语言词典[M]. 成都：四川辞书出版社，1990.

[9] 王力. 古代汉语·绪论（校订重排本）[M]. 北京：中华书局，2018.

[10] 王文虎，张一舟，周家筠. 四川方言词典[M]，成都：四川人民出版社，2014.

[11] 徐德庵. 古代汉语论文集[M]. 成都：巴蜀书社，1991.

[12] 郑张尚芳. 上古音系（第二版）[M]，上海：上海教育出版社，2013.

[13] 周及徐. 新编古代汉语[M]. 北京：中华书局，2014.

基于培养学生批判性思维能力的英语演讲教学研究*

王佳莉**

摘　要：批判性思维能力是大学教育中最重要的能力之一，然而在英语演讲教学中，学生批判性思维能力的培养普遍缺失。英语演讲不仅是一项实用技能，还是培养英语综合语言能力和促进思维能力发展的有效途径。英语演讲可以充分展现演讲者的综合素质，尤其是批判性思维能力。本文基于培养学生批判性思维能力，研究并讨论了英语演讲教学，试图构建更有效地激发思维的教学模式，以提高学生全面发展的综合素质。英语演讲课程应着重培养学生的批判性思维能力，通过翻转课堂来内化扎实的知识，丰富文化内涵，引导学生根据交流任务灵活运用逻辑思维和创造性思维，并完善演讲内容。总体而言，英语演讲不仅可以提高学生的辩证思维能力和写作水平，还可以鼓励学生积极加强文学、历史和哲学学科之间的横向联系，拓宽视野，提高思维的灵活性，有利于创新人才的培养。

关键词：批判性思维能力　英语演讲　语言教学

一、引言

学习的目的在于应用，在英语语言学习中尤其如此。一般来说，在目前英语的实际应用中，学生可以应付基本的日常表达，轻松地进行浅显的

---

*　本文系四川师范大学 2021 年度校级教改项目"英语演讲与辩论"（项目标号：XJ20210895）的研究成果。

**　作者简介：王佳莉，硕士，四川师范大学外国语学院副教授，主要从事英语学科教学、英语演辩方面研究。

交流，但是当涉及深层次的交流时，他们常常感到思维空白，无法想到合适的词语和句子来表达。批判性思维能力是素质教育培养的重要内容，是高等教育的重要目标，也是国内外教育界的热门话题。随着经济全球化的发展和日益频繁的文化交流，越来越多的大学开设英语公共演讲课程。英语演讲课程注重语言的输出，并以培养学生的英语写作和口语能力为基础。在此基础上，它发展学生的批判性思维能力和心理调适能力，并全面培养学生的思维和分析能力。然而，从全国各地举办的"大学英语演讲比赛"来看，"推理缺失"在大学英语学习者中普遍存在。实践表明，许多学生的英语演讲在表面上流利、华丽、韵律优美，但演讲内容大多空洞无物，缺乏知识和深度思考，并且无法冷静应对评委的问题。

目前，由于学生语言学习的枯燥乏味，大多数学生无法灵活巧妙地运用他们的语言知识，无法提出新的见解，缺乏深度思考和说服力。学生缺乏分析、综合、判断、推理、思辨和辨别的能力，这就是批判性思维能力的不足。因此，高校也在英语课内外采取各种多样、丰富多彩的教学方法，注重培养学生的语言能力和批判性思维能力，并取得了一定的成果。作为学生综合素质的重要组成部分，培养和训练抽象思维辨析能力非常重要。通过语言学习和不同文化背景的思维方式补充的英语公共演讲课程，可以提高学生从广度和深度两方面，从各个角度分析、推理、判断和辨别事物的能力，从而培养学生未来就业所需的重要实践技能。基于培养学生的批判性思维能力，本文研究并讨论了英语演讲教学，试图构建更有效地激发思维的教学模式，以提高学生全面发展的综合素质。

二、英语演讲与批判性思维能力的关系

在大学校园里，英语演讲比赛正蓬勃发展。因此，大学英语演讲教学显得尤为重要。英语演讲的目的是用英语宣扬某种观点，使听众能够接受并信服。作为演讲的听众，他们并不是被动接受，而是进行接受和反馈。英语学习包含语言、文化和逻辑思维，而英语演讲是一种让学习者将语言知识、文化知识和逻辑思维融会贯通的活动。实际上，批判性思维能力中认知水平的评价标准也适用于评估演讲的成功与否：演讲观点是否清晰，

演讲主要论点是否合乎逻辑，内容是否深刻，是否能够打动人心，以及演讲者是否能够根据不同的听众、场合和环境灵活调整演讲。因此，通过英语演讲比赛是培养和提高学生批判性思维能力的良好途径。批判性思维能力的培养伴随着多层次、多角度的催化效应，更有效地促进英语演讲教学，并能稳步提高教学效率。此外，围绕批判性思维能力的培养进行大学英语演讲教学还可以提高学生的解脱心理，激发他们的学习热情，促进形成健全的知识体系。英语演讲不是单向传递语言信息，而是双向交流。演讲者需要根据听众的反应调整演讲内容、技巧和策略。这个过程涉及如何选择主题、分析听众，从而从不同角度思考问题，深入分析并清晰连贯地表达。因此，学生的批判性思维能力应该融入大学英语演讲教学中，以便有效地锻炼和提高学生的批判性思维能力、综合语言能力和跨文化交际能力。

三、英语专业学生批判性思维能力现状

演讲作为一种体现高阶思维的交流形式，要求演讲者具备典型的批判性思维能力。21世纪的外语人才应具备以下特点：扎实的基本语言技能、广博的知识、一定的专业知识、强大的能力和优良的素质。然而，目前的大学英语教学重视对听、说、读、写、译等语言技能的教学和培养，强调模仿和记忆，但忽视了在语言习得过程中对学生思维能力、创新能力、问题分析能力和独立观点提出能力的培养。根据调查，学生对进行的"拿到演讲主题后该干什么"排名中，约有74％的学生表示能够思考演讲主题并构思演讲的结构和突破点；约51％的学生能够通过各种途径找到论据和例证。通过实践发现，许多选手的英语演讲在发音和语调方面表现良好，但在演讲内容方面存在以下问题：思想深度不足，知识狭隘，论证不充分，推理不精确，逻辑思维混乱，无法冷静应对评委和听众的问题，以及综合研究、分析和解决问题的能力不足。这些都是缺乏推理能力的表现。英语演讲的评分标准如图1所示。

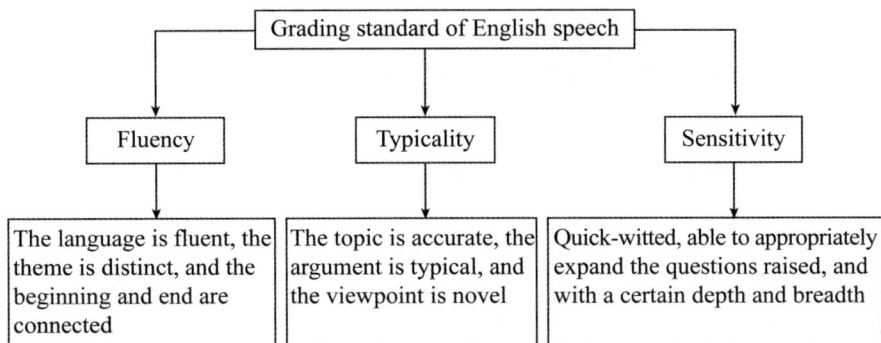

図 1　英语演讲评分标准

演讲是批判性思维能力的应用，而批判性思维能力是一种抽象思维能力。批判性思维能力包括判断和分析能力、逻辑思维能力、解决问题的能力等。通过在英语教学中实施相关的培训工作，可以有效提高教学效率，促进学生的学业能力。批判性思维能力的主要特点是分析明确、连贯，推理清晰、准确，这也是一个优秀演讲者所需要的能力。同时，批判性思维能力中的情感因素在演讲者准备演讲和演讲过程中也是一个不可或缺的因素。演讲者的推理思维是创新的，能使演讲具有创新性，吸引听众的注意力并激发他们的兴趣。对英语演讲学生进行的随机采访结果显示，大多数学生对开设英语演讲课程持积极态度，从专业语言学习的角度激发了他们的学习兴趣，并在不同程度上提高了他们的批判性思维能力和语言表达组织能力。这表明，学生在学习英语演讲课程后，其批判性思维能力已经在一定程度上得到了发展。

四、基于学生批判性思维能力培养的英语演讲教学模式

（一）课堂引导的英语演讲

为了实现演讲流利、有效和深刻，必须提高语言的可接受性、演讲内容的丰富性、演讲文本的逻辑性和推理的说服力。这要求演讲者不断培养和提高自己的英语批判性思维能力。首先，在英语演讲教学中，教师可以从影视作品中选取精彩的演讲片段，让学生感受演讲的效果，然后思考演讲成功的原因，并让学生组织自己的语言完成演讲。学生可以自由表达观点，可以深入讨论和比较演讲的开头与结尾、论据的搜集、论据的有效性

和大纲的起草，从同一主题水平上展开，讨论从各个角度解决问题的方法。虽然语言和批判性思维能力之间存在相对独立性，但它们密切相关，相互促进和影响。教师应该在主观意识中重视批判性思维能力的培养，从关注语言本身转向如何清晰合理地表达和阐述观点，从根本上改变演讲指导方法，并将批判性思维能力视为评估学习者演讲能力掌握的重要标准。英语演讲课程的教学内容和"批判性思维能力"的教学目标规划如图 2 所示。

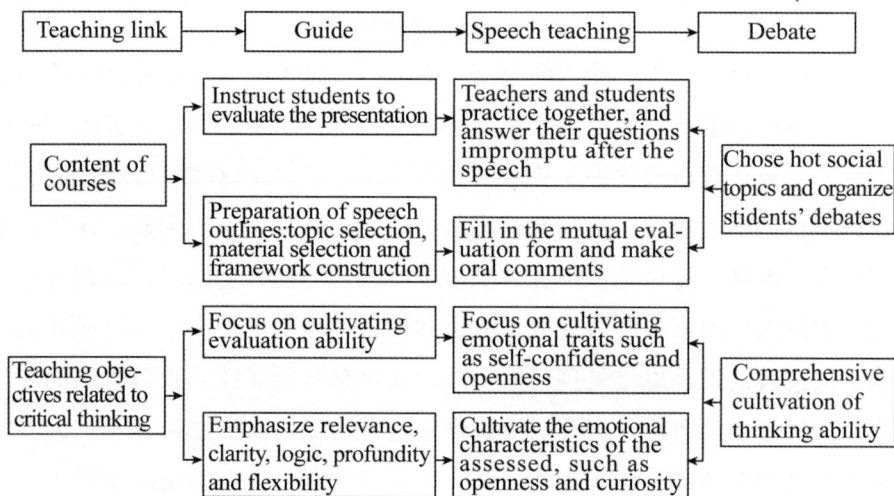

图 2　英语演讲课程的教学内容和"批判性思维能力"的教学目标规划

　　英语演讲实际上是一种跨文化信息传递。在这个复杂的跨文化信息传递活动中，只有通过不断接触、学习和比较，演讲者才能更好地理解文化差异，评估两种文化之间的差异。教师可以分析演讲的目的和主题，让学生讨论演讲的对象和环境，并思考演讲者如何组织内容以达到演讲的目的。通过一系列的训练，学生了解演讲的要素，明确一个成功演讲应该具备的要素，学会深入探索主题，有效提高他们的批判性思维能力，同时锻炼他们的写作技巧以实现预期目标。同时，在教学中，教师应该引导学生分析和评估这些演讲的特点，如相关性、清晰度、逻辑性、深度和灵活性，以培养学生的批判性思维能力和认知能力。学生还可以模仿演讲技巧，扩展知识，为深入思考提供丰富的土壤。

（二）英语演讲的课外实践

推理能力要求学生在问题周围积极思考和判断，从而通过问题看清本质，实现推理能力的飞跃。为了降低难度，提高学生的积极性，高校可以组织以学生为主体的年级演讲比赛。在年级演讲比赛之后，让优秀学生讲述他们在选题、构思、剪裁和修改过程中的心得，以供其他学生借鉴学习。以主题为基础的演讲教材可以选择目标语言中各种原创的主题和话题，如英语国家的经济、政治、家庭、食物、音乐等，同时也选择中国的文化、传统和故事。在主题的选择上，中西合璧将给学生带来更多的多元文化知识渗透和风俗礼仪的熏陶。演讲的结构、语言、逻辑，每个论据的论证，甚至分析演讲背景以及同一场景或主题下不同演讲者的立场，都可以激发学生进行逻辑思维和构思。英语演讲课程实质上是一门实践课程，而英语演讲的实践教学应该是以学生为主体，教师与学生共同参与的活动。因为情感因素在批判性思维能力中占据重要位置，教师在指导示范时的自信、开放、包容、正直和坚持等特质，在培养学生积极情感特点方面发挥着非常重要的作用。同时，教师与学生的参与不仅能让教师起到榜样作用，更重要的是培养学生在批判性思维能力中的情感特质。

在英语演讲课程中，有准备演讲和即兴演讲是教学过程中的重要环节和主要活动。大多数演讲是学生课后准备的。可以在高校组织英语演讲比赛，选题可以是当前社会热点问题，主题明确，内容生动，结构清晰，逻辑性强，能吸引听众。选择社会热点问题，不仅能吸引学生参与，还确保学生有话可说。为了写出内容生动、思想新颖的演讲稿，大多数学生主动查阅资料，确定论据和示范过程，经过多次修订和推敲形成最终的演讲。每次演讲后的即兴问答是演讲者和问答者提高批判性思维能力的双赢活动。在这个过程中，学生的批判性思维能力可以得到有效的培养。此外，评估是批判性思维能力的核心，学生通过互相评估进行反思。课堂综合评估可以从以下维度进行：演讲内容与主题的关联性；探讨合作小组间演讲内容的关联性；评估该次演讲与其之前演讲的关联性。

五、结论

社会的发展推动了教育进入高质量发展阶段。作为高等教育体系的重要组成部分，英语具有培养学生语言运用能力和加强批判性思维能力的功能。英语演讲是学生综合素质的体现，可以培养学生的批判性思维能力，是口头和写作教学的良好形式。通过在批判性思维能力层次理论模型中分析批判性思维能力与英语演讲的关系，可以发现英语演讲对批判性思维能力的要求极为典型，有针对性的英语演讲教学可以通过一系列教学方法提高学生的批判性思维能力。在英语演讲课程的教学模式和教学环节中，我们应尽可能设立批判性思维能力训练的教学环节和活动，鼓励学生多思考、多分析、多讨论。在学习语言和文化的同时，锻炼自我表达能力，扩展他们的思维深度和能力。基于对英语专业学生批判性思维能力调查和分析，本文试图将英语演讲引入课堂内外的教学实践，为相关工作提供有效的参考建议。课堂教学实践表明，根据学习情况确定合适的演讲主题是培养批判性思维能力的基本前提；鼓励学生积极参与交流和辩论是培养批判性思维能力的关键；营造自由发言的民主氛围，给学生一种心理安全感是培养批判性思维能力的心理条件。

参考文献

[1] 刘颐琳. 基于思辨力培养的大学英语说服性演讲教学模式构建[J]. 教育评论，2021(11)：149－153.

[2] 周丹南，张嵋琳. 基于"Studio"培训模式下的英语演讲思辨能力训练[J]. 海外英语，2017，342(2)：92－93.

[3] 姚蔼如. 英语教学如何培养学生的思辨能力[J]. 国际教育论坛，2020，2(6)：109.

[4] 钱苏宁. 大学英语演讲课程培养思辨能力之探索[J]. 湖北经济学院学报（人文社会科学版），2019，16(3)：155－157.

[5] 黄睿. 提升英语口语思辨能力的教学改革策略[J]. 河北工程大学学报（社会科学版），2018，35(3)：76－77.

[6] 程雅茹. 基于思辨能力培养的综合英语互动型课堂演讲模式改革与实践[J]. 高教学刊，2021，7(28)：149－152.

[7] 潘轶君, 李鑫. "讲好中国故事"视角下英语演讲课程培养跨文化能力的教学路径研究[J]. 华北理工大学学报 (社会科学版), 2021, 21(3): 102—108.

[8] Liyan X, Yi Y. Research on the Strategy and Design of English Classroom Teaching Model Oriented by Speculative Ability [J]. Boletin Tecnico/Technical Bulletin, 2017, 55(6): 684—688.

[9] Linlin Y, Song Z. English teaching model and cultivation of students' speculative ability based on internet of things and typical case analysis [J]. Journal of Intelligent & Fuzzy Systems, 2019, 37(5): 5983—5991.

英语师范生 Post-reading 主题意义活动设计中存在问题研究

袁 青*

摘　要：在高中英语阅读教学 Post-reading 主题意义活动设计环节，英语师范生存在主题意义升华生硬的问题。本论文基于 45 位英语师范生的高中英语阅读教学设计实践，描述 Post-reading 主题升华活动生硬问题的具体特征，通过解决设计中存在的问题，剖析问题成因，并结合《普通高中英语课程标准》的培养要求，对师范生培养提出建议。结果显示，英语专业师范生在进行 Post-reading 主题活动设计时主要存在读中活动与读后主题意义活动衔接弱、读后活动强调内容与主题意义内容不一致、主题意义探究深度不足等问题。这表明，英语师范生对语篇的批判分析、逻辑解析以及联想迁移等思维品质能力有所欠缺，在今后的英语师范生的培养中应该重视其思维品质的培养。

关键词：英语师范生　高中英语　阅读后设计　主题意义活动

一、研究背景

《普通高中英语课程标准》（2017 年版 2020 年修订）（以下简称《新课标》）明确指出普通高中英语课程的具体目标是培养和发展学生在接受高中英语教育后应具备的语言能力、文化意识、思维品质、学习能力等学科素养。基于课程具体目标的设置，从主题语境、语篇类型、语言知识、

---

* 作者简介：袁青，四川师范大学外国语学院讲师，主要从事英语课程与教学论、语用学、中日翻译等领域的研究。

文化知识、语言技能和学习策略等六个方面设置了高中英语的课程。其中，学生对主题意义的探究被视为学生语言学习最重要内容。基于此，如何引导学生对文章主题意义进行积极有效挖掘，成为教师教学设计中面临的最核心任务，也成为新课标下英语师范生培养的要点和方向。

本研究以英语师范生高中英语阅读教学设计作品为研究对象，旨在考查英语师范生在教学设计中，关于主题意义活动设计存在的问题，分析问题特征，并探究问题成因。

二、主题语境与读后（Post-reading）活动设计

《普通高中英语课程标准》（2017 年版 2020 年修订）将主题语境分为人与自我、人与社会和人与自然三大类，指出主题语境不仅对语言知识和文化知识的学习范围有规约意义，通过对主题探究活动的设计，激发学生参与活动的兴趣，激活学生基于该主题的背景经验，建构和完善该主题的新知识结构，深化对该主题的理解和认识，可以实现对学生情感、态度和价值观的教育。

英语阅读教学按照教学阶段可划分为读前（Pre-reading）、读中（While-reading）和读后（Post-reading）三个环节。其中读后活动环节被认为是从语言输入转为语言输出与反馈的重要阶段，在该阶段，学习者将新学习的知识与自身的经历、想法结合，通过表述自己的观点等活动达到知识巩固的目标（Davies & Pearse，2002）。可以说，读后环节是对阅读主题和内容深化与巩固的重要环节。

三、先行研究

孟宇婷（2021）通过对八节全国高中英语优质阅读课的分析考察，认为读后活动的常见类型以文本扩展类活动为主，读后活动更注重对学习者高阶思维的培养。郑春艳（2020）提出阅读后活动设计需要遵循关联性、综合性与阶梯性三个原则。赵亮（2022）从内容、语言和思维三个角度出发，提出为培养学生核心素养能力的读后活动设计的优化策略。石楚珝（2020）从英语学科核心素养背景出发，指出要从语言文化能力、实践教

学能力、自主学习能力和思考创新能力等四个方面着手，培养师范生教学能力。上述研究多从高中教师视角讨论了读后活动的类型、设计策略与存在问题，或者从核心素养视域出发宏观讨论师范生培养的方向，多为宏观性的指导价值。本研究意在以读后活动中主题意义活动为切入点，微观层面考查英语师范生读后活动教学设计存在的具体问题，并以此为基础为《新课标》背景下师范生培养提供建议方向。

四、研究方法

本研究以四川师范大学外国语学院《教学能力综合训练2（微格）》为课程依托，以学习该课程的45名2019级英语专业师范生的高中阅读教学设计作品为研究对象，对比考查学生对同一语篇前后两次教学设计的异同，分析阅读教学主题意义活动设计中存在的问题，通过改进设计中的问题，探究问题的成因。

在用例方面，本研究首先对用例中使用的语篇的文章内容、主题类型、主题意义等信息进行介绍，然后列出用例的设计初稿并分析初稿设计存在的问题，探讨解决方案，最后示出用例的修改稿，通过对比分析与初稿的异同，探究活动设计存在问题的原因。

五、考查与分析

研究显示，英语专业师范生在进行高中英语阅读教学主题意义活动设计时，主题升华生硬现象显著。本章节旨在结合师范生的教学设计案例，考查师范生在进行高中阅读教学设计时，读后（Post-reading）阶段主题意义活动设计不流畅的具体特征，并探究问题成因。

（一）读中（While-reading）活动与读后（Post-reading）主题意义活动衔接弱

读中（While-reading）活动与读后主题意义活动的脱节是阅读教学主题意义活动不顺畅的主要特征。师范生阅读教学设计中，读中（While-reading）活动倾向以理解语篇知识性内容为主，语篇知识性内容理解活动完毕，直接进入读后的主题意义升华环节。如此易导致学习者难以对主题意义内容进行把控，无法与主题意义"共情"，主题意义活动升华效果欠佳。以 Sample 1 为例以作说明。

Sample 1 所选用的语篇题目为 *Natural Disaster*，选自人教版高中英语教材（2019 年版）必修第一册第四单元。该文章主要讲述 1976 年唐山大地震发生的经过，以及地震后的唐山重建。根据《新课标》对主题语境类型的划分，该单元主题语境属于"人与自然"中"灾害防范"的子主题，主要引导学生了解自然灾害的特征与防范措施，培养学生安全常识与自我保护意识，进而思考人类生存与环境自然的关系等。

Sample 1 初稿中，读后设计活动为讨论，欲通过"Why does Tangshan revive so quickly?"和"What else can we learn from this passage?"两个问题设计（图 1），引导学生思考面对自然灾害时人类的团结友爱的力量，并理解提升自然灾害的防范意识的重要性，主题意义定位准确。

🔲 Discussion

Q1：Why does Tangshan revives so quickly?
• People all over the country united to help Tangshan.
• The strong will of Tangshan people.
• …

Q2：What else can we learn from this passage?
• Raise our awareness
• Offer our help to others
• Never give up
• …

图 1　Sample 1 读后主题意义活动

若要有效实现主题意义活动目标，第一个问题的前期活动需要引导学生理解文章描述的自然灾害中的人物情感，与文中人物的感受产生链接，共情进而实现情感的流畅升华；第二个问题的前期活动则需基于文章内容使学生理解自然灾害给人类社会带来的重创，并让学生意识到提升自然灾害意识是减少伤害的有效途径。

但在教学实践时，Sample 1 的读中（While-reading）活动使用 Transition Device 的 Mind Map 教学工具对文章中关于唐山大地震不同阶段的内容进行梳理（图 2），关注了对文章知识性内容（Knowledge information）的理解，却缺少对知识性内容包含的深层情感性信息（Emotion information）挖掘（例如作者或者文中人物是如何感受唐山大地震的）和信息逻辑（Relevance）的分析（例如人类在唐山大地震发生过程中态度和感受的变化），导致上述的前期教学活动铺垫（Scaffolding）不足，造成主题意义活动"悬浮"，即学习者由于缺乏对文中人物情绪的感受，以及对自然灾害防范意识功能的理解，使得主题意义升华缺乏情感与知识基础，最终导致主题升华生硬不顺畅。

基于上述对主题意义活动的存在问题分析，对 Sample 1 提出了以下的教学改进建议：1. 读中（While-reading）活动中理解唐山大地震发生过程的知识性教学环节中，补充伴随着地震发生后人类态度变化的分析，从最初对地震特征的 Ignorant，经历地震时的 Hopeless，到灾后拯救重建中感受人与人之间的互助关怀后的 Hopeful，引导学生意识到自然灾害防范意识缺乏带来的危害，并且感受人与人之间的温暖与力量；2. 对于 Thinking 活动环节，通过补充作者对地震的情绪感受，加强学生对文中人物事件的感情联结。如此，便可从情感层面与逻辑关系层面实现文章内容到主题升华的顺畅过渡。改进后的版本如下（图 3）。

综上分析，读中（While-reading）活动与读后主题意义活动的脱节的原因可归纳如下：阅读教学设计时，师范生易忽视对语篇的深层次解析，导致 While-reading 活动设计过度关注文本内容（文本表层信息）的理解，忽略对文本情感思想和逻辑关系（文本深层信息）的解读。由于 Post-reading 主题升华教育对文本情感思想（文本深层信息）依托更加显著，因此导致主题升华活动的不顺畅。由此说明，本研究中的师范生批判性思维能力有所欠缺，最终导致对文本的深度解读不足。

（二）读后活动内容与主题意义内容错位

主题意义活动不流畅的另一个显著特征为读后活动内容与主题意义内容不一致。师范生在阅读教学设计中能意识到读后主题意义的升华活动，然而读后活动中被强调的对象与主题意义的对象会出现偏差的问题，前后教学活动内容逻辑性差，导致衔接不连贯，主题升华生硬。以 Sample 2

🗂 Mind map

- Before
- During
- After

🗂 Mind map

- Before — Strange things
  - Animals
    - Chickens and pigs: too nervous
    - Dogs:refused to go inside
    - Mice:ran
    - Fish:jumped
  - Natural signs
    - Wells
    - Bright lights
    - Loud noises
- During — Damage — ⑪
- After — Revival
  - Actions
    - Support from government: soldiers; doctors;nurses;workers
    - Tireless efforts:unity;wisdom;stay positive
  - Suplies — Water and food

🗂 Thinking

Q2:What does the writer mean by "Slowly, the city began to breathe again"?

Personification

After the earthquake, the city slowly developed again from the ruins.

图2　Sample 1 初稿读中（While-reading）活动设计

🗂 Mind map

- Before — Strange things — ⑨ City
  - Infrastructure
    - Crack:8km*30m
    - Transportation:roads; waterways;railway
    - Buildings:75%(factories and buildings):90%(homes);all hospitals
    - Daily supplies:water, food,electricty
  - Animals:pigs; chickens
  - People
    - Mortality:2/3;40,000
    - Children
- During — Damage — ⑤ Revival
- After

🗂 Thinking

Q1:Why did the author use so many numbers?

★ 1/3 of the nation felt the earthquake.
★ A huge crack that was 30 kilometers long and 8 meters wide cut across houses.
★ In less than 1 minute a large city lay in ruins.
★ 2/3 of the people died or were injured during the earthquake.
★ The number of people who were killed or injured reached more than 400,000.
★ All of the city's hospitals, 75% of its factories and buildings and of its 90% homes were gone.

To make the article more convincing, more impressive, and the damage descried more shocking.

为例以作说明（见图 2、图 3）。

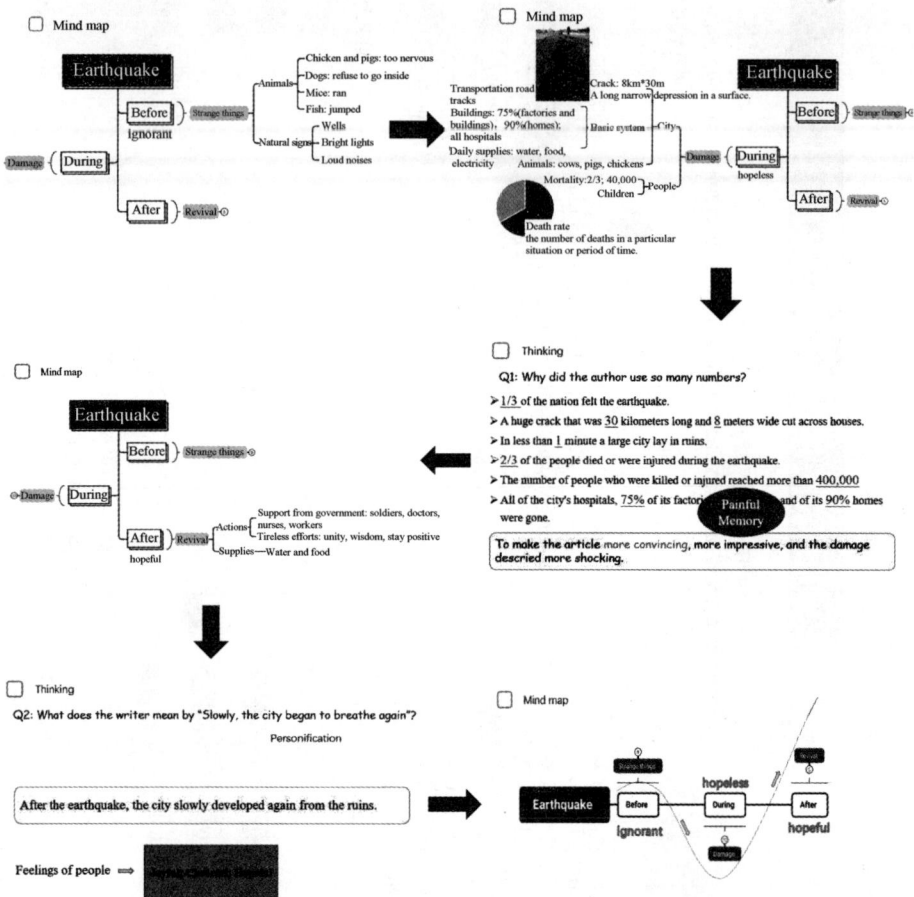

图 3　Sample 1 修改稿读中（While-reading）活动设计

Sample 2 所选用的语篇题目为 *Nelson Mandela—A Modern Hero*，选自人教新目标版高中英语教材（2019 年版）必修第一册第五单元。该文章以普通人 Elias 的视角讲述了英雄 Nelson Mandela 对普通民众的关爱帮助，带领黑人争取合法权益的伟大事迹，表达了对 Nelson Mandela 的敬爱与尊重，以及普通人在争取合法权益抗争中的努力。根据《新课标》对主题语境类型的划分，该单元主题语境属于"人与社会"中"历史、社会与文化"的子主题，主要引导学生了解世界上重大政治、历史人物事件，培养学生历史辩证思维能力，思考人在历史发展中的角色与影响。

Sample 2 初稿中，读后设计为两个进阶讨论活动，活动 1 通过

"What qualities does Nelson Mandela have?"和"Do you think common people are also heroes?"两个问题设计（见图 4），引导学生反思学习 Nelson Mandela 的优秀品质，并由重要历史人物迁移到普通人，思考具有如 Nelson Mandela 优秀品质的普通人在历史发展进程中不可或缺的价值，将主题意义升华为"Common people are heroes"。活动 2 在活动 1 的基础上进行延伸，引导学生思考如何将 Hero 的优秀品质行为在日常生活中得以实现。主题意义定位新颖且有深度。

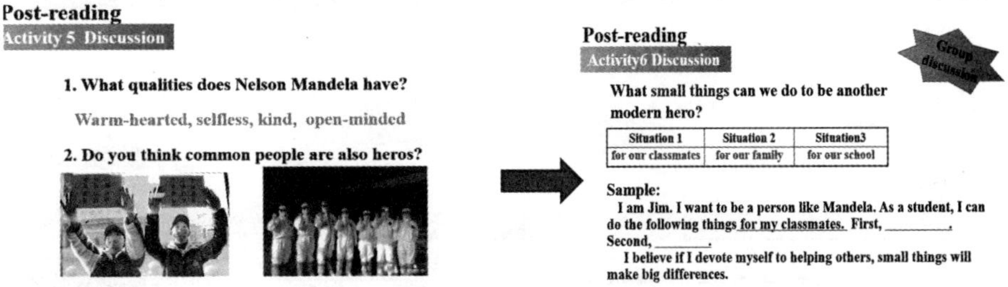

图 4　Sample 2 初稿读后（Post-reading）活动设计

若要达到该主题意义活动目标，Sample 2 活动 1 中如何实现从重要历史人物的讨论到对普通人思考的顺畅过渡成为难点要点，找到两者的共同点成为过渡衔接的关键。如此，可以引导学习者与重要历史人物产生真实有效的联系，实现强调内容与主题内容一致，避免主题意义升华偏差的问题。

但是如图 4 所示，Sample 2 的读后（Post-reading）活动 1 的两个问题并未满足上述的要求。从概括 Nelson Mandela 的品质直接跳到普通人也是英雄的主题升华，只强调了重要历史人物的特征，忽视了关于历史中普通人的品质分析，学习者难以找到两者之间的联系，导致过渡生硬，主题升华错位。

基于上述对主题意义活动过渡生硬问题的分析，对 Sample 2 提出了以下的教学改进建议：1. 读后（Post-reading）活动补充关于普通人 Elias 在 Nelson Mandela 引领的历史事迹中的贡献讨论，引导学生们意识到普通人对历史的作用与价值；2. 补充关于普通人 Elias 的品质分析，找到普通人的"闪光点"，引导学生意识到普通人和重要历史人物的共性，进而将主题升华为"Common people are heroes"。如此，保持强调内容（Elias 的价值）与主题升华内容（历史进程中普通人的作用与价值）的一致性，便可较为有效地顺利实现主题升华。改进后的版本如下（见图5）。

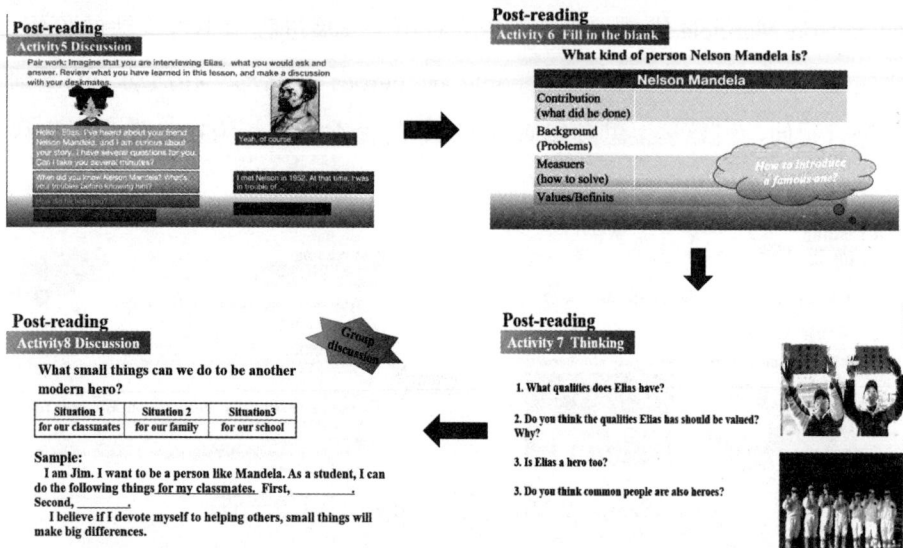

图 5　Sample 2 修改稿读后（Post-reading）活动设计

综上分析，读后活动内容与主题意义内容错位的原因可总结如下：师范生忽视强调对象与主题意义对象之间的联系，并因逻辑思维能力较弱，不能有效地设计问题链，不能有层次有铺垫地引导学习者探究两者的共性，致使读后活动中强调的对象与主题意义对象有偏差，并造成主题意义升华的生硬。

（三）主题意义内容探究不足

主题意义活动生硬的最后一个特征为对主题意义内容的探究不充分。读中（While-reading）活动虽然能够有效地解读文章的语言知识和作者情感态度，但在读后活动中缺乏对主题意义的升华讨论，导致学习者对语篇深度理解有种"戛然而止"的断层感。下面以 Sample 3 为例作以说明。

Sample 3 选用的语篇题目为 *Experiment in Folk*，选自北师大新课标版高中英语教材必修二第一册第五单元。本文介绍了中国古典钢琴家孔祥东在追求音乐道路上的挑战与坚持，表现其面对挫折困惑时的积极思考和勇于改变。根据《新课标》对主题语境类型的划分，该单元主题语境涵盖了"人与自我"与"人与社会"两个主题，旨在通过引导学生了解音乐领域代表人物的音乐生涯，学习人物身上在追求卓越道路上的坚忍与勇于尝试的优秀品质，并思考自己面对困难挑战时应有的态度。

Sample 3 初稿设计中（见图 6），读中（While-reading）活动进行了人物音乐生涯的知识性解析，并利用 Transition Device 的坐标轴工具清晰有效地展示出人物音乐生涯的起伏，展现面对困境时人物的不妥协态度，突出 Experiment 在人生发展历程中的价值意义。然而在读后（Post-reading）活动中，Sample 3 单纯对读前（Pre-reading）活动的 Prediction 进行检测，缺乏主题意义活动。

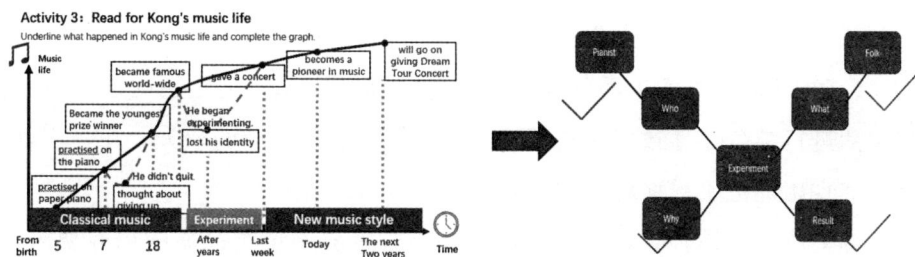

图 6　Sample 3 初稿读后（Post-reading）活动设计

Sample 3 主题意义活动的缺乏，在一定程度上属于设计遗憾，给学习者一种"戛然而止"的突兀感。究其原因，师范生由于缺乏文本内容与实际生活的链接思考，无法有效地将文章主题意义迁移至自身生活内容，导致主题意义挖掘不足。基于上述对主题意义活动缺乏的原因分析，对 Sample 3 提出了以下的教学改进建议：1. 读后（Post-reading）活动结合学习者自身经历，展开关于面临挑战与困境时应持有的态度与采取措施的讨论；2. 引导学习者意识到生活起伏是人生常态，并学会持有勇于尝试改变的心态。

综上分析，主题意义挖掘不足的原因可归纳如下：由于缺乏对真实生活的体验与思考，师范生无法将自己的生活与文本主题内容进行有效链接，导致不能深度理解文本主题意义。主题活动的缺失，在一定程度上体现出师范生迁移思维能力的缺乏。

六、结论

基于上述内容的考察，英语专业师范生在读后主题意义活动设计中存在以下问题：

（一）对语篇的解读停留在表层知识性信息的理解，忽视语篇深层的情感与逻辑信息的解析。由于 Post-reading 主题意义活动对语篇情感思想信息依托更加显著，于是导致读中（While-reading）活动与读后主题意义活动的脱节。在一定程度上，体现出师范生批判性思维能力的不足。

（二）忽视读后活动强调的对象与主题意义对象之间的联系，缺乏有层次有铺垫的教学活动引导学习者探究两者的共性，导致读后活动内容与主题意义内容错位。一定程度上反映出师范生逻辑思维能力的欠缺。

（三）缺乏对真实生活的体验与思考，师范生无法把主题内容与自己的生活进行结合，导致对主题意义解读不足，主题活动的缺失，在一定程度上体现出师范生迁移思维能力的缺乏。

综上所述，结合《新课标》对学科核心素养中思维品质的培养要求，英语师范生的培养应该提出相应的培养方案，从根本上提高思维品质能力，为实现《新课标》中的核心素养培养目标奠定基础。

参考文献

[1] Davies Pearse. Success in English Teaching [M]. Shanghai: Shanghai Foreign Language Education Press.

[2] 孟宇婷. 高中英语阅读课读后活动案例研究——以第十一届全国高中英语优质课为例[D]. 天津：天津师范大学，2021.

[3] 石楚瑀. 英语学科核心素养背景下师范生教学能力培养[J]. 牡丹江教育学院学报，2020(5)：59－60＋79.

[4] 赵亮. 基于英语学科核心素养的高中英语阅读课读后活动优化策略[J]. 新教育，2022(10)：29－31.

[5] 郑春艳. 高中英语阅读教学读后活动设计[J]. 英语教师，2020，20(7)：125－127＋143.

[6] 中华人民共和国教育部. 普通高中英语课程标准 (2017 年版 2020 年修订). 北京：人民教育出版社.

技术赋能

《教师数字素养》背景下学前教育数字化资源建设的路径研究[*]

胡　晓[**]

摘　要： 我国学前教育资源丰富，《"十四五"学前教育发展提升行动计划》中十项措施包括提高学前教育教师融合教育能力，保障学前教育质量。学前教育数字化资源建设存在区域差异、城乡差异，优质学前教育资源整合效率不高的情况。学前教育数字化资源的规范化选择是提高教师融合教育能力的基础。本文基于分析学前教育数字化资源建设分布不均的现状，提出学前教育大数据资源检索与收集策略、分类机制，并根据余平、顾小清数字化教育资源评价模型提出基于幼儿教师使用效果的资源评价策略。希望通过学前教育数字化资源整合与选择方案探索，为缩小学前教育数字化资源建设差异提出可行性解决方案。

关键词： 学前教育　数字化资源建设　教师数字素养　资源聚合

2023 年 2 月，中共中央、国务院在颁布的《数字中国建设整体布局规划》中提出大力实施国家教育数字化战略行动。[①]《"十四五"国家信息化规划》从丰富数字教育资源形式、提高数字教育资源质量和做好数字教育资源管理三方面提出了对于教育数字化资源的建设要求。2018 年 4 月，

＊　该文已被《四川师范大学学报（自然科学版）》录用。
＊＊　作者简介：胡晓，博士，影视与传媒学院副教授，主要从事媒体教育应用研究和数据新闻研究。
①　新华社. 中共中央 国务院印发《数字中国建设整体布局规划》［N/OL］.（2023-02-27）. http://www. news. cn/politics/2023-02/27/c_1129401407. htm.

教育部印发《教育信息化 2.0 行动计划》①，提出到 2022 年，基本实现"三全两高一大"的发展目标，即教学应用覆盖全体教师、学习应用覆盖全体适龄学生、数字校园建设覆盖全体学校，信息化应用水平和师生信息素养普遍提高，建成"互联网＋教育"大平台，推动从教育专用资源向教育大资源转变、从提升师生信息技术应用能力向全面提升其信息素养转变、从融合应用向创新发展转变，努力构建"互联网＋"条件下的人才培养新模式、发展基于互联网的教育服务新模式、探索信息时代教育治理新模式。到目前为止，全国各地的基础教育平台建设完备。然而，学前数字化资源地域分布不均的情况明显，学前教育中数字化资源建设亟待完善，如何利用数字化技术，构建以"幼儿的发展"为核心教育的数字化幼儿园，是数字化社会环境下幼儿园教育资源建设讨论的热点。

一、学前教育数字化资源建设现状

学前数字教育资源相较于传统的教育教学资源，所包括的内容更多元、范围更广泛、形式更丰富，是在互联网上进行传输并可以在幼儿园活动中被应用的教育信息，包括媒体素材、课件、案例、文献资料、网络课程资源目录索引等类型。② 2020 年至今，学前教育数字化资源建设迎来快速发展契机，学前教育迅速执行线下到线上的转型举措。基于网络的"智慧教育"广泛应用于学前教育管理、教学、安全、家校沟通工作中，形成了教育思维、教学方式和受众需求三个方面的转变。学前教育教师和管理者开始接受并熟练应用线上线下混合教学模式的理念与方法，从实施以一体机幻灯片、实物教具活动为主的现场活动，转换为借助一体机、物联网、人工智能设备进行智慧教学活动；学生与家长对于沉浸数字化学习资源的学习活动已经习以为常，能够充分理解数字化学习资源在学习辅助和学习平台建设活动中的重要作用。

---

① 中华人民共和国教育部. 教育部关于印发《教育信息化 2.0 行动计划》的通知［EB/OL］. (2018-4-13). http://www.moe.gov.cn/srcsite/A16/s3342/201804/t20180425 _ 334188. html,2019-01-20.

② 参考我国教育信息化技术标准《教育资源建设技术规范》(CELTS—41)。

（一）学前教育数字化共享平台建设

2017 年 12 月，《教育部关于数字教育资源公共服务体系建设与应用的指导意见》指出：要全面推进"互联网＋教育"，加快教育现代化。《教育信息化 2.0 行动计划》（2018），提出建成"互联网＋教育"大平台，四川省一级幼儿园数字化平台建设已实现全覆盖。

我国已经建立起国家和省、市、区的中小学智慧教育平台，其中包含幼儿园所需的学前教育数字化资源。然而，学前数字化资源数量和质量仍然不能满足教师需求。例如，吕晓红通过对 2,674 名教师的调研后发现[①]，有 76.44％的教师认为优质教育资源数量不足，53.18％的教师认为资源与教学需求不匹配，62％的教师认为难以获取所需资源。王声平提出，不同区域、不同性质的幼儿园教师在学前数字教育资源需求的内容、种类、供给方式上也有很大区别[②]。基于我国 90 年代中小学信息化教学建设的经验，盲目扩大资源平台硬软件设施建设并不可取。

深化基础教育资源共享平台学前教育资源数量和深化各部门学前教育平台资源质量建设，是当前学前教育数字化共享平台建设的主要任务。安冉[③]调查了河南省学前教育数字教育资源共享状况发现，学前教育数字化资源共享平台缺乏、政策标准和专业人才不足、资源分配不均衡、资金欠缺、缺少统一管理、幼儿园之间共享数字化资源极少。2021 年，上海市教育委员会信息中心编制《上海市幼儿园信息化建设与应用指南（试行）》，提出了上海市幼儿园信息化建设与应用的基本要求和发展要求。通过市、区、园、家的管理网络，发展"一网一平台"为基础的学前教育信息化体系。《上海市教育数字化转型实施方案（2021—2023）》要求所有系统和平台的数据，源自学生、教师、教育机构三个核心数据库，一数一源，实现应用一体化，以"数据治理"作为教育数字化转型的核心。[④]

---

① 吕晓红，柯清超. 基于 3E 理论的数字教育资源供给绩效评价研究[J]. 现代教育技术，2020，30(8)：49－56.
② 王声平. 学前数字教育资源公共服务体系构建：价值取向与实现路径[J]. 天津师范大学学报（基础教育版），2023，24(3)：76－80.
③ 同上.
④ 李永智. 教育数字化转型的构想与实践探索[J]. 人民教育，2022(7)：13－21.

蔡迎旗指出，"硬""软"并重。要加强硬件建设，同时构建多元立体的学前教育数字化资源开发、筹集、遴选和供给机制[①]。吕晓红（2020）基于欧洲 3E 效益评价原则，提出了学前教育数字化基础设施建设评价的量表，可以作为学前教育机构在构建数字化资源平台和进行资源平台建设时参考，避免资源浪费和低质量重复。田茂提出 PCOT 幼儿园教师远程培训模式[②]，整合个体学习和学习共同体的建设，将线上学习和线下学习集合起来，以建设需求为导向促进资源平台建设。

（二）学前教育数字化资源利用情况

我国幼儿园除软硬件资源建设标准外[③]，对于数字化建设在各省市出台了数字化资源建设和智慧教育建设相关标准，如南京 2013 年出台《南京市幼儿园数字化建设标准》，并于 2018 年发布《南京市中小学智慧校园建设指导意见》《南京市中小学智慧校园建设评估细则（试行）》，成都市 2016 年出台《成都市数字校园建设与应用评价标准》。其标准内容互为补充，可以作为大数据时代背景下幼儿园数字化资源建设的标准建设参考。学前教育数字化资源来源包括政府建设资源、自建资源和第三方商业资源。以四川省为例，现有 198 所省级示范性幼儿园，其中成都 44 所[④]，从部分示范性幼儿园学前教育数字化资源调研情况来看，学前教育资源来源包括省教育平台和教材配套网站资源、幼儿园自建服务器资源和第三方商业资源。

省属教育平台和教材配套网站。幼儿教师会利用教育平台和所属课程的配套网站资源进行资源下载和使用，其中主要是利用教材配套网站，教育平台资源使用较少。

---

① 蔡迎旗，占淑玮，张丽莹. 数字技术赋能学前教育可持续发展何以可能[J]. 教育研究与实验，2023(6)：95—102.
② 田茂，王凌皓. 基于 PCOT 模型的幼儿园教师远程培训模式探索[J]. 现代远距离教育，2018(6)：82—88.
③ 详细标准体系见胡马琳. 教育标准化背景下我国学前教育标准体系建设的进展、问题与完善对策[J]. 现代教育管理. 2021(1)：61—68.
④ 四川省教育厅. 关于四川省示范性幼儿园、义务教育优质发展共同体领航学校、示范性普通高中拟认定名单的公示[EB/OL]. (2023-05-08). http://edu. sc. gov. cn/scedu/c100495/2023/5/8/b7e9a634ce8d424d9326f63565745f61. shtml.

幼儿园本校的服务器上收集的课程资源，由信息技术人员分享，并由幼儿教师下载使用。教师在备课中会使用一些市场应用软件，如"幼师口袋""小红书""百度网盘""学习强国"上面的教育教学资源，同时会查询"中国知网"上面的学术论文，获取教育资源信息。

教师课堂利用数字化资源覆盖面广，利用效率参差不齐。参考郝兆杰的视频分析量表①，教师课堂信息化应用效率评价可以从信息技术应用时长、信息技术覆盖率、媒体元素、信息技术应用策略几个方面进行评价。郝兆杰利用《学前教育教师研修课程资源》中的"五大领域活动案例"进行视频分析，发现教师教学过程中的信息技术应用覆盖面、使用频率情况良好，能够综合应用多种方法完成高频教学互动，但是参考幼儿教育中的简单、游戏化、适切原则，存在质量参差不齐的问题。

（三）学前教育教师数字化素养

随着人工智能和大数据技术的发展，中国学前教育应强化数据赋能，利用大数据帮助幼儿园教师学习和掌握数字化教学和工作的技术，辅助幼儿学情分析、保教过程和教育管理，让学前教育质量科学、精准、高效提升。全国各地建立起中小学智慧教育平台（见图1），包含少量学前教育资源。大部分学前教育数字化资源仍然需要依靠幼儿园自己购买资源、自建网站平台和教师个人收集教学与学习资源。

学前教育数字化资源平台的建设质量，在很大程度上取决于幼儿园自身的建设规划。随着人工智能和大数据技术的不断发展，中国的学前教育应充分利用这些先进技术，强化数据赋能，以提升教学质量和效率。

通过利用大数据技术，可以帮助幼儿园教师更好地学习和掌握数字化教学和工作的技术，同时辅助幼儿学情分析、保教过程和教育管理。这种方式能够使学前教育质量实现科学、精准、高效的提升。

2022年12月教育部《教师数字素养》标准文件，指出教师要通过数字化资源发展自己、创新教育改革，并提出了多维度的教师数字素养要求

---

① 郝兆杰，梁芳芳，肖琼玉. 幼儿园教学活动中信息技术应用现状分析［J］.学前教育研究，2014（11）：35—41.

（如图 1 所示）。

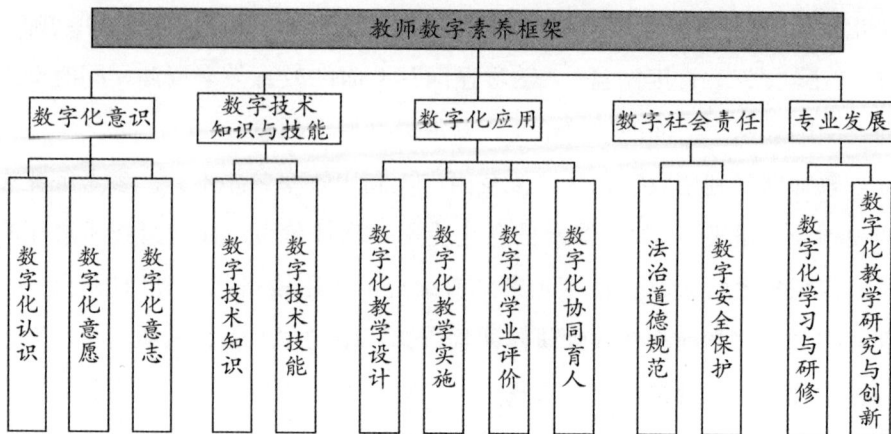

图 1　教师数字素养要求

二、学前数字化资源检索原则与可视化分析

大数据时代的到来促进了标准化的深入发展，国际标准化组织通过对于共享网络内容的内容、形式等进行标准化规范，使得信息多样化开放共享成为可能。如 W3C、IETF、OASIS、DCMI 等。其中 DCMI[①] 使得图书馆元数据标准化成为可能，为不同机构之间的图书内容共享提供了条件，促进数字化资源的事实标准建设。

（一）学前数字化媒体资源分类与使用情况

学前数字化媒体资源包括专题教育网站（学习资源库或平台）、网络课程、主题学习资源包、教学课件、多媒体素材[②③]；还包括教育数据分析工具（SPSS、SAS、Minitab、Matlab）和综合搜索引擎工具（Google、Baidu）等。杨丽军调研了解到幼儿教师在教学、学习中获取数字化资源的途径为搜索引擎（22.5%）、教育资源网（49.4%）、基础教育网络平台

[①]　DCMI 是一套专门针对 IPDC（Internet Portal Data Centers，互联网门户数据中心）和其他高密度数据中心部署的服务器平台管理接口。这一接口标准的制定，对未来数据中心管理成本的降低、运营效率的提高都有着重要的作用。

[②]　杨丽军. "互联网＋"视域下学前教育区域数字化资源共建共享探析[J]. 陕西学前师范学院学报，2018，34（2）：123－126.

[③]　余亮. 数字化学习资源建设研究[M]. 北京：科学出版社，2018：3.

（26.4％）和其他（1.7％）[1]，数字化资源使用频率仅为 36％，4％的老师不使用数字化资源。随着数字化教育资源的不断丰富，使用频率不断上升。阻碍教师在学前教育中使用数字化资源的原因是数字化资源质量不高，而教师数字化资源制作技术能力参差不齐。

目前，我国基础教育数字化资源丰富，学前数字化教育资源较为丰富，但系统性不强，存在地区、城乡资源不均衡。以基础教育为例，涉及中小学各年级、各学科，覆盖主流教材版本的光盘教学资源、卫星教育资源、计算机网络教育资源，形成了一批符合新课程标准的数字化学习资源，如中央电化教育馆"国家公共教育资源服务平台"，包括九年义务教育和学前教育需要的视频培训资源和课件[2]。大型城市和经济发达地区中小学教育逐步走向数字化、网络化和多媒体化应用阶段，如晓羊集团"晓羊策学"提供的校本考试大数据分析、评价质量管理平台等。全国农村中小学现代远程教育工程迄今开展 20 年，采取教学光盘播放点、卫星教学收视点、计算机教室等三种模式将优质教育资源传输到农村，并通过"国家中小学智慧教育平台"汇聚基础教育资源，形成城乡基础教育资源共享[3]。

2022 年，全国学前教育经费总投入为 5137 亿元，比上年增长 3％。随着技术与资金、教师数字素养的进步，城市学前教育资源迅速丰富起来。以成都市龙泉驿区跃进小学附属幼儿园为例，数字化资源分为四部分来源，包括学校购买的课程配套的网站、幼儿园自建服务器课程资源、网络软件（幼师口袋，小红书，微信公众号，百度网盘）、购买公司开发的课程资源软件。

通过以上资源建设情况可以看出，基础教育数字化资源建设为学前教育树立了榜样。学前教育可使用资源丰富，但优质资源仍然需要经费购买，对于农村地区和欠发达地区来说，可能存在优质数字资源不足的情

① 杨丽军. "互联网＋"视域下学前教育区域数字化资源共建共享探析[J]. 陕西学前师范学院学报，2018，34(2)：123—126.
② 中央电化教育馆国家公共教育服务平台：https://res.eduyun.cn/.
③ 郭绍青. 用数字化转型促进城乡教育均衡[N]. 光明日报，2022-04-05 (06).

况。构建学前教师数字化资源检索策略模型，为幼儿园教师和信息技术人员教授资源检索策略，可以在有限物质条件下改善学前数字化资源分布不均、教师数字化资源利用率不高的问题。

（二）检索模型构建

教育部 2022 年 12 月 2 日《教师数字素养》规定，教师需要具备这样的数字化素养，即适当利用数字技术获取、加工、使用、管理和评价数字信息和资源，发现、分析和解决教育教学问题，优化、创新和变革教育教学活动而具有的意识、能力和责任。教师进行数字化资源获取的目标一是学科知识、教学法知识、技术知识、教育教学管理知识的学习，二是通过数字化资源改进教学，三是形成创新的教学模式和数字化学习资源制作能力。数字化资源获取为教师教育质量改革和数字化资源建设提供了很好的途径。为方便资源检索分类与技术路径梳理，建立以下检索策略模型（见图 2）。

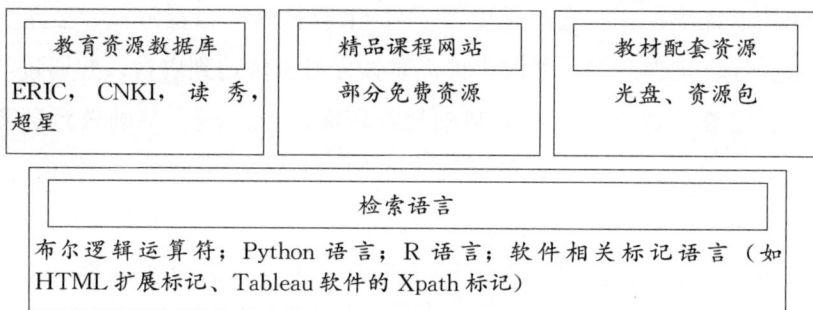

教育资源数据库	精品课程网站	教材配套资源
ERIC，CNKI，读秀，超星	部分免费资源	光盘、资源包

检索语言
布尔逻辑运算符；Python 语言；R 语言；软件相关标记语言（如 HTML 扩展标记、Tableau 软件的 Xpath 标记）

图 2　资源检索策略模型

以上策略模型数据来源分为三个层次，第一层次是教材和配套资源，无须检索和大量优化，可以直接用于教学、备课和教育研究。第二层次是精品课程网站，这类资源由不同网站平台提供，需要找到适合的资源进行处理后使用，需要教师具备数字化素养中的数字化媒体处理能力。第三层次是具备搜索引擎功能的数字化资源数据库，如 ERIC[①]、超星期刊、中国知网（CNKI）、维普中文期刊、读秀，它们以文字材料为主，包含论文、图书、报纸、标准、专利信息、教案、课件、教育资源包等。三个层

[①]　http://www.eric.ed.gov/。ERIC 是一个由美国教育部教育科学研究所（IES）赞助的在线教育研究和信息图书馆，是全球最大的教育资源网站。

次的检索方式除了进行百度或者站点内搜索引擎搜索外，均可以使用大数据检索工具八爪鱼和数据集成可视化工具 Tableau 进行检索和资源聚合呈现。

（三）八爪鱼数据聚合

根据以上检索策略模型，以"学前语言教育资源"为例进行第二层次的资源聚合和检索活动。八爪鱼软件通过授权登录以后，建立新的数据爬取任务，填写 CNKI 高级检索网址，进入八爪鱼数据爬取任务界面，如图 3 所示。

图 3　八爪鱼数据爬取任务界面

通过构建图 3 右侧采集模型，完成以下数据内容构建（见图 4）。

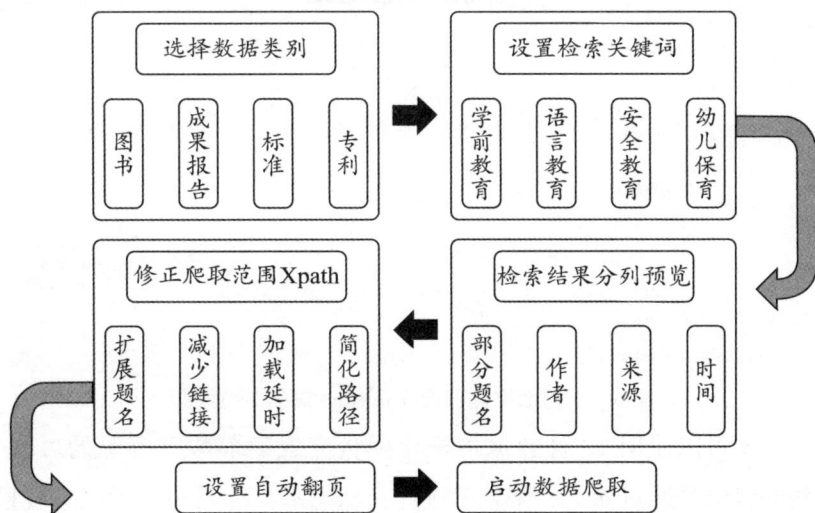

图 4　八爪鱼数据聚合流程

以内容为"学前语言教育"、数据类型为"专利"检索，采集数据结果举例如图 5 所示：

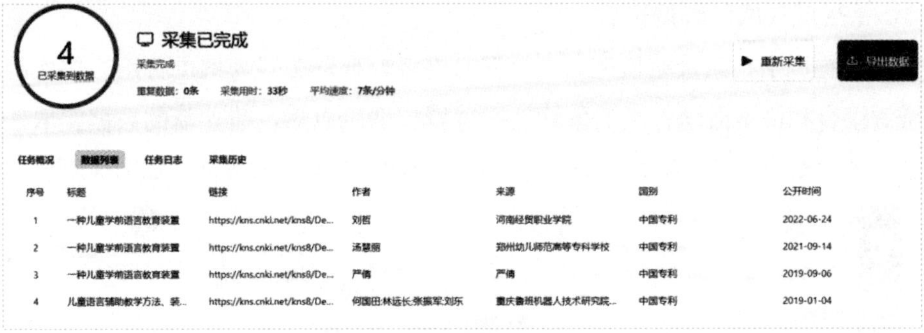

图 5　采集数据结果示例

以上是采集资源结果示例，采集条目原则上可以不限条数，且可以通过定时采集自启动采集任务，完成资源检索与采集工作。

（四）Tableau 数据可视化

幼儿园信息技术人员可以通过检索结果上传到网页。由于内容比较多，为便于分类与教师用户检索，可以使用 Tableau 完成学前教育资源检索聚合结果可视化和网络发布分享，如图 6 所示。

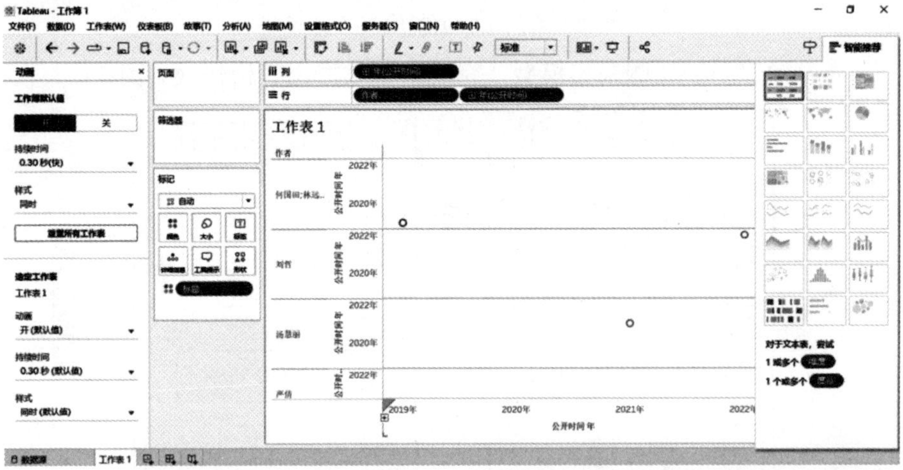

图 6　学前数字化资源 Tableau 可视化示意图

图 6 中可以使用 23 种数据可视化模板完成学前数字资源的可视化，可视化的目的是通过简洁、聚合的统计互动图示，让教师读者能够轻松找到资源分类和链接，从而寻找到经过信息技术人员或者教师提前进行资源

检索归类的资源（见图7）。

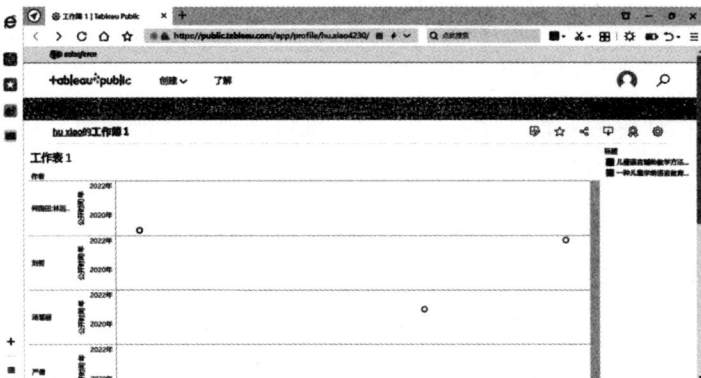

图7　学前数字化资源 Tableau 网络发布示意图

图7是通过 Tableau 界面发布到 Tableau 服务器的资源数据可视化图示，数据来源为前面通过八爪鱼搜集的"学前教育"专利类文件及资源链接。网页排版可以通过 Tableau Desktop 软件的仪表板和故事板栏目来设计和完成，如图8所示。

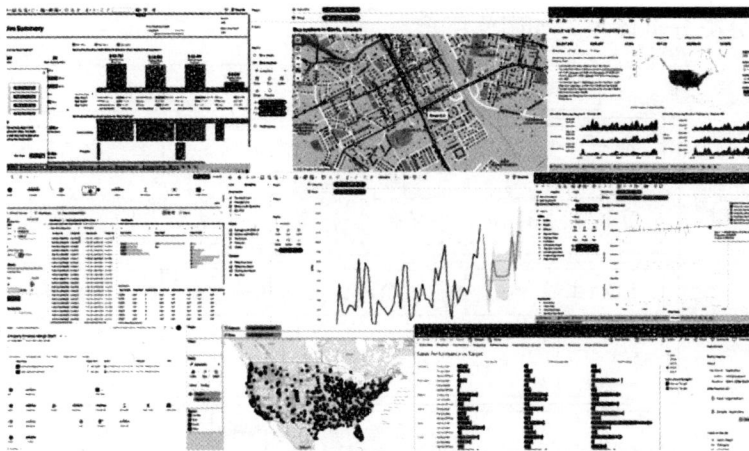

图8　网络发布可选用排版形式

通过学前数字化资源的聚合、可视化和网络发布，学前信息技术人员和教师可以利用大数据爬取技术和可视化技术完成资源的快速搜集和分类呈现。除了使用以上软件完成上述功能以外，信息技术人员还可以通过 Python、R 语言进行大数据爬取和可视化，利用幼儿园服务器进行网页发布，实现校本和校外资源共享。

三、基于资源聚类算法的数字化资源选用机制

在以上检索与可视化模型建构的基础上，建立基于教师决策的学前数字化资源选择策略，便于呈现给教师，进行学习、备课和教育研究的时候需要进行二次资源分类聚合。资源类聚算法为我们提供了参考。

知识聚合侧重于知识资源的二次检索和再利用，从而缩短教师进行资源查找的时间，提高检索的资源质量。

资源聚合在呈现组织方式上采用分面分类理论。该理论内含的多维视角与多元表达理念有助于表达信息资源的多维特征[①]，因而在实践中，分面分类理论应用于网站信息架构中，作为组织内容和导航的组织呈现策略。分面分类理论被广泛应用于数字资源的分面组织中，如 CNKI 数据库学位论文组织、网络社区信息资源组织、电商平台的分类信息、政府开放数据等。

通过以上分析，可以完成学前数字化资源基于 UGC（用户生成内容）的知识分类分页体系，如图 9 所示。

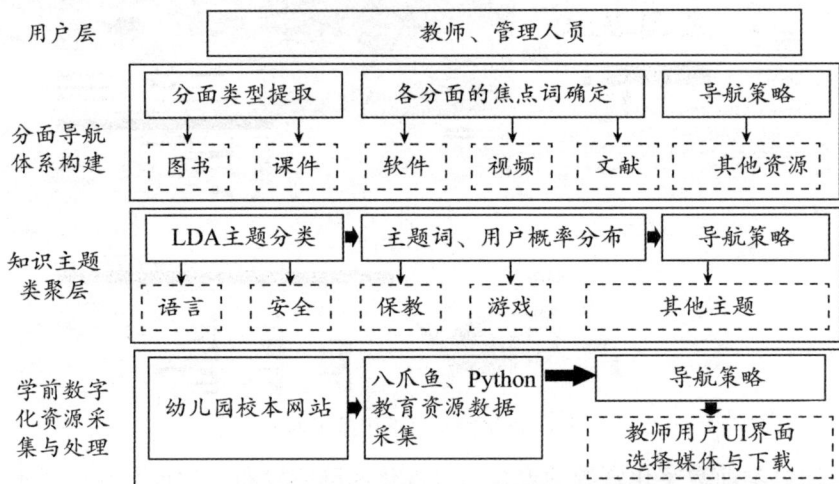

图 9　基于 UGC 的学前数字化资源分面式聚合模型

图 9 中，以教师和行政管理人员、技术管理人员为用户对象，通过分

---

① Pontes F V，de Oliveira Lima G A B. Knowledge organization in digital environments： faceted classification theory applied［J］. Perspectivas em Ciência da Informação，2012，17：18—40.

面导航体系结构进行人工或者爬取工具自动资源分类搜索、聚类整理，在学前数字化资源内容深入分类和聚类方面，使用八爪鱼等工具进行数据爬取，根据阮冈纳赞本体、材料、动力、空间和时间（PMEST）五维分类方法[1]，从而灵活扩展每个资源信息的多维灵活描述方式。上图系统在对于每项资源采用阮冈纳赞分类外，按照内容分页分类为图书、课件等内容分页页面。内容分类使用 LDA（主题分类模型）[2] 分类，包含词语、主题和文档三个层次，每个潜在主题（资源关键词信息）又可视作该文档集中词汇的一个概率分布，可以计算出每个特征词在一篇文档中出现的概率，见公式（1）：

$$\sum_{主题} P(特征词 \mid 主题) * P(主题 \mid 文档)$$

公式 1 特征词

为了避免主题冗余和信息丢失，LDA 使用困惑模型去除冗余。

$$\text{perplexity(D)} = \exp\left[-\frac{\sum \log p(w)}{\sum_{d-1}^{M} Nd}\right]$$

公式 2 困惑模型公式

本系统中可以使用 Tableau 可视化工具在预览窗口中清除冗余，如图 10 所示：

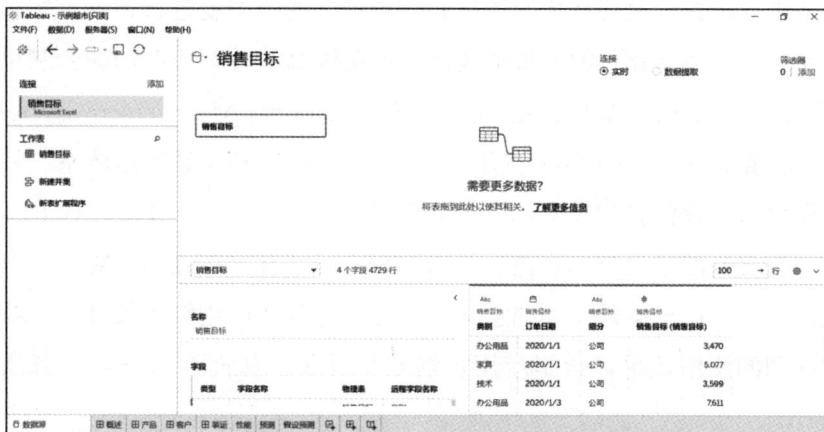

图 10　Tableau 数据筛选和预览

①　Pontes F V，de Oliveira Lima G A B．Knowledge organization in digital environments：faceted classification theory applied[J]．Perspectivas em Ciência da Informação，2012，17：18—40.
②　李永智．教育数字化转型的构想与实践探索[J]．人民教育，2022(7)：13—21.

在内容主题分类（LDA）有限和明确的情况下，可以采用 tableau 数据预览中的数据筛选和分类。也可以使用 Openfine 数据清洗系统。内容主题复杂的情况下，使用 HMM-LDA（Griffiths，2004）引入马尔科夫条件和随机过程的知识去挖掘文本隐含的主题。Wei Li 和 Andrew McCallum（2006）提出并改进的 PAM 模型，可用无向图表示文本中隐含的主题结构。Ramage 和 Hall（2009）的 Labeled-LDA 模型，可引入资源的标签信息。学前教育资源信息分类比较明确，知识点和相关词语信息较少。上述模型可用于校际信息共享和平台信息检索与分类共享。

信息技术人员可以通过"学前数字化资源采集与处理"流程完成资源集成排版、服务器上传和网页分享，教师可以通过提供检索策略和主题信息给信息技术人员，实现学前数字化资源更新。

四、学前教育数字化资源使用效果评价

参考余平、顾小清数字化学习资源评价量规[①]，学前教育数字化资源评价采用目标收益、用户满意度维度和信息管理能力三维度进行评价。

（一）学前教育数字化资源评价内容

效果评价指标主要从标准维度和应用维度两个维度进行评价。标准维度主要指教育数字化资源的数据规范，如美国高等教育协会的非营利机构 EDUCAUSE 下的一个项目组 IMS（Instructional Management System）的源元数据规范、ISO2789、NISO Z39.7、E-Metrics 等指标体系。针对精品课程，教育信息化技术标委会提出了《网络课程评价规范》（CELTS-22）、《教育资源建设技术规范》（CELTS-41）。标准维度指标规范，具有量化程度高、信息编码方面的意义，但是结合具体应用需求效度低，我们一般谈到的使用效果评价指应用定性效果评价，从而评价学习资源质量（见表1）。

---

① 余平，顾小清. 数字化学习资源应用成效计算方法及其应用研究［J］. 中国电化教育，2020(2)：117—125.

表 1　数字化资源使用效果评价

一级变量	二级变量	数据来源
目标收益维度（资源使用率）	平台建设成本/浏览次数；平均浏览时间；下载次数；收藏次数；分享次数；评论次数；标签个数；评分；好评次数；学习进度（完成率）；课程活动参与率；课程论坛发帖数	平台数据
用户满意度	资源下载数量；用于教学的资源占总教学内容比例；用于个人学习的资源占个人总体学习资源的比例。 针对培训视频，资源互动内容（资源标注、阅读页数、时长、选择、高亮、添加书签、记录笔记、讨论/评论）。 针对精品课程，用于学习进度、选课情况、作业完成情况、参加活动次数；资源分享频率，如课程论坛（发帖数、参与人数、参与频次），学习者对论坛的看法（是否点赞、回复等）	量表
信息管理能力	资源平台功能（包括基础功能、互动功能、个性化功能、生成与更新功能）、资源平台性能、可持续运行机制（激励机制等）	量表

由表 1 可见，按照目标维度、用户满意度、信息管理能力维度能够制定定量或者定性评价指标，通过用户打分、评委打分和平台量化数据客观评测的方式完成学前学习资源管理评价。

（二）学前教育数字化资源使用效果成效计算方法

为了让平台评价具有横向可比性。余平设计了针对素材、课程质量的量表[①]。根据量表，目标收益维度评分具有客观数据，可以参照具体数值判断质量，多平台或分页评分也可以设置标准数值计算标准差。对于用户满意度和信息管理功能，可以用人工评分方法，按照前文表 1 的量表体系，优化公式为：

$$W = \sum_{m=1}^{n} X_i Y_i$$

公式 3 数字化资源成效评价公式

其中数字化资源成效值 W 由各一级变量 M 的综合得分加权累加得

① 杨丽军.“互联网＋”视域下学前教育区域数字化资源共建共享探析[J]. 陕西学前师范学院学报，2018，34(2)：123－126.

到。其中，X_i 为第 i 个一级变量的综合得分，Y_i 为第 i 个一级变量的权重，n 为一级变量的个数。

每个一级变量的综合得分 X_i 的计算公式如下，其中，X_{ij} 为其第 j 个二级变量的分值，K_{ij} 为其第 j 个二级变量的权重，n 为该一级变量包含的二级变量的个数：

$$X_i = \sum_{j=1}^{n} X_{ij} K_{ij}$$

公式 4 数字化资源成效评价进化公式

由上述公式，完成对于学习资源质量的评分。形成对于学前学习资源系统的定性和定量结合的评分体系。

学前教育数字化资源丰富，除了国家智慧教育公共服务平台和各省市智慧教育平台提供的资源外，还有教育企业和信息技术企业提供的教育媒体资源。市场上学前教育数字化资源质量参差不齐，各学校因硬件、资金、教师数字化素养等原因，对于资源的利用水平存在地区差异和城乡差异。在实际应用过程中，希望能够通过本文的资源聚合模型和评价模型的建立，为幼儿园学前教育资源的建设提供参考。

参考文献

[1] 郭法奇. 学前教育史[M]. 北京：北京大学出版社，2022.

[2] 姜勇，王艺. 新时期学前教育发展研究（2035 中国教育发展战略研究）[M]. 上海：华东师范大学出版社，2020.

[3] 王石. 数智化幼儿园：基于数字化和智能化的幼儿园转型与实践[M]. 北京：中华工商联合出版社，2022.

音乐学（师范）专业虚拟教研室建设理论与实践探索*

黄　菊**

摘　要： 在"互联网＋""智能＋"时代背景下，虚拟教研室作为高校新型基层教学组织，是我国教育部推进高校教学信息化和高质量内涵式发展的重要手段。本文以教育部第二批建设试点的四川师范大学音乐学（师范）虚拟教研室为对象，研究音乐类专业虚拟教研室建设的架构与实践，为中西部地区虚拟教研室建设提供理论及现实指导。

关键词： 虚拟教研室　高校音乐教育　音乐学专业　一流课程建设

一、引言

随着"互联网＋""智能＋"时代的到来，高等教育面临着新的挑战和机遇。高校传统教研室在思路转化和组织创新上的改革显得十分迫切。为了应对这一挑战，教育部于 2021 年出台了《关于开展虚拟教研室试点建设工作的通知》（以下简称《通知》），明确提出在全国进行虚拟教研室的探索与实践。《通知》要求"以立德树人为根本任务，以提高人才培养能力为核心，以现代信息技术为依托，试点先行、稳步推进，建设一批类

* 本文为四川省 2021—2023 年高等教育人才培养质量和教学改革项目"共同体视域下音乐教学虚拟教研室建设与研究"结题成果，项目编号：JG2021—808；本文发表于《中国音乐教育》CN：11—2543/J 2024 年第 3 期。
** 作者简介：黄菊，四川师范音乐学院副教授，教育部试点四川师范大学音乐学虚拟教研室主任，硕士研究生导师，主要研究方向：和声曲式、信息化教学。

型多样、动态开放的虚拟教研室，建强基层教学组织，引导教师回归教学、热爱教学、研究教学，为高等教育高质量发展提供有力支撑"。首批拟推荐400个左右虚拟教研室进行试点建设，探索"智能＋"时代新型基层教学组织的建设标准、建设路径、运行模式等。虚拟教研室是我国高等教育在信息化、智能化背景下探寻教学科研新形态的重要举措，能够帮助有意愿解决教学共性问题的跨学科、跨地域、跨学校的教师组成团队开展教学研究与实践，帮助建构协同合作的教师教学发展共同体，并实现优质教育资源建设与共享。本文从深度参与申报和建设的第一视角出发，以四川师范大学音乐学专业虚拟教研室为研究对象，为虚拟教研室建设提供理论与实践指导。

二、音乐学（师范）专业虚拟教研建设实践

（一）音乐学（师范）专业定位

虚拟教研室按内容可分为课程（群）教学类、专业建设类、教学研究改革专题类。其中，专业建设型的虚拟教研室，应围绕某一专业来组建，其活动开展应聚焦于这一专业的人才培养方案设计。2018年教育部发布的《普通高等学校本科专业类教学质量国家标准》（以下简称《标准》）明确指出，音乐学（师范）专业的人才培养目标是：在掌握基础教育阶段的音乐理论知识和基本技能基础上，强化音乐教学理论与方法等方面的知识学习，具备音乐教育教学的能力和策划与组织音乐活动的综合能力。

根据上述《标准》，结合教研室各成员高校专业发展情况，本虚拟教研室所依托专业的人才培养目标为：政治素质过硬，德智体美劳全面发展，具有中华优秀传统文化艺术素质和扎实的音乐学专业功底，掌握系统的音乐教育教学理论，具备较强的教育教学、班级管理和自主发展能力，能胜任中小学音乐教学与管理工作的优秀教师。

（二）虚拟教研室的组建

专业建设型虚拟教研室的组建，首先应注意发挥优势专业、优势课程的"样板示范"作用，申报主体或成员应建设在全国范围或某一地区具备一定影响力的国家级、省级一流专业和一流课程；其建设经验、案例可供

学习与借鉴，能吸引更多成员高校和教师加入虚拟教研室，从而带动专业共同发展。因此，四川师范大学音乐学（师范）专业虚拟教研室联合了西南地区 26 所高校，以"成渝双城经济圈"音乐教育合作为试点，立足西南辐射全国打造高校音乐学（师范）专业建设共同体。成员高校包括四川师范大学、四川音乐学院、西华师范大学、重庆大学、西华大学、重庆师范大学、云南师范大学、贵州师范大学等，其中国家级、省级一流专业建设点达到三分之一以上。四川师范大学音乐学（师范）专业是教育部"双万计划"国家级一流本科专业建设点、国家卓越教师培养计划实施专业、省级特色专业和教育部体育美育浸润计划支撑专业，目前为西南地区首个通过师范认证的艺术类师范专业，也是四川省唯一音乐学（师范）类国家级一流专业建设点；在成渝乃至西南地区都具备很高的影响力，作为西南地区音乐学（师范）专业标杆，为本虚拟教研室的组建打下了坚实的基础。

"名师引领"也是虚拟教研室持续良好运行的必要条件，教研室骨干成员宜考虑具备号召力与凝聚力的名师与专家。本虚拟教研室带头人由李亚梅教授（国家一流本科专业负责人）担任，下设教研室主任，由四川师范大学音乐学院副教授黄菊（省级一流课程负责人、教育部在线教育研究中心智慧教学之星）担任。参与教师涵盖音乐学（师范）专业所在学院负责人、专业负责人、教研室主任、一线骨干教师、教学管理人员及互联网大数据专家、计算机网络专家、校地共建工作室专家等。各层次的名师与专家既能引领教研方向，又能发挥协调组织作用，有力保障虚拟教研室的组织运行。

（三）虚拟教研室建设内容

专业建设是虚拟教研室的基石支撑。我们聚焦专业建设中的共性问题，构建一流的音乐学（师范）专业体系；将专业建设与学科建设、产业发展、社会需求和艺术前沿紧密结合，打造多元化、特色化和高水平的音乐学专业，并深度融合师范性和专业性。同时，遵循"因地制宜、因校制宜"的原则，与各地高等师范院校和专业音乐学院共同制定音乐学（师范）专业的人才培养方案，建立长效的人才联合培养机制；并积极推进音乐学（师范）专业的人才培养模式改革，使其与社会经济发展高度契合。

课程建设是虚拟教研室的核心任务。我们以一流课程建设为抓手，将教研成果落实到课程建设上。重点打造一批适应新时代要求的高水平课程，包括音乐学（师范）专业的核心课程的教学大纲、知识图谱、教学视频、电子课件、习题试题和教学案例等。虚拟教研室树立了新的课程建设理念，推进课程改革创新，实施科学课程评价，促进课程与课程思政的有机融合。此外，在教育数字化转型的大背景下，本教研室积极响应教育部高教司所推行的"慕课西部行计划2.0"以及"教育部在线教育研究中心拓金计划"，致力于深化在线教育与传统面授教学的融合。通过遴选优势课程，并以"线上线下融合教学"或"克隆班"等创新模式，与成员高校共同分享和展示课程建设成果。以四川师范大学与内蒙古民族大学为例，两校于2023年4月至12月成功实施了"基础乐理"同步课堂，实现了优质教学资源的跨地域共享。此举不仅促进了师生间的深入交流，更为推动高等教育质量的均衡提升贡献了积极力量。

赋能教师是虚拟教研室的应有之义。我们坚持以教师成长为核心，以信息化教学为驱动力，致力于将教育教学培训无缝融入日常教学活动，从而充分激发并挖掘教师的教学潜能。通过精心构建的信息化教学培训平台，虚拟教研室为教师提供了专业成长所需的支撑与氛围。同时，借助多样化的教学培训、工作坊以及师生基本功展示活动，引导教师不断优化课程体系、丰富教学内容，并持续改进教学方法。最终打造一支信息素养高、教学能力强、具备终身学习理念与能力的音乐学（师范）专业高水平教师队伍，最终推动教学模式的革新与发展。

（四）虚拟教研室特色与创新

引领共建，共铸专业荣光。我们以成员高校中的2个国家级一流专业建设点、8个省级一流专业为引领，形成的专业成长共同体。通过共建共享一流专业的经验与资源，带动成员高校的音乐学专业一起成长，实现专业建设的全面提升。

凝心师范，深耕音乐教育。虚拟教研室始终关注音乐师范生的培养和基础教育需求。围绕音乐学（师范）专业建设、音乐学专业核心课程建设以及音乐学专业教师的提升，我们开展线上线下的教研和交流活动。通过教学名师的引领和一流课程的打造，我们切实提升音乐师范生的人才培养质量，以满足社会对高质量音乐教育的需求。

立足西南，传承多元文化。虚拟教研室扎根西南地区，我们充分利用西南地区少数民族音乐文化丰富且多元的优势，积极落实大学传承中华文化的使命。通过研讨专业办学特色发展，开发出具有地方特色的教学课程和教研课题，积极探索和推进优秀传统文化、民族艺术、地方文化进校园落地。这一特色创新不仅提升了音乐教育的文化内涵和地域特色，也推动了西南地区音乐教育事业的发展。

三、虚拟教研背景下的课程建设——以《和声》课程为例

（一）课程建设历程

课程建设是各类型虚拟教研室建设的重要内容。四川师范大学音乐学（师范）专业虚拟教研室最初萌芽于混合式课程的教学改革与实践。2017年起，四川师范大学音乐学院《和声》课程联合重庆大学艺术学院、景德镇学院开展混合式教学，在课程资源共享共建的基础形成了线上线下混合式教学的跨校协作教研模式。这种模式正是基于"智能＋"时代的教学改革新探索，一定程度上是对虚拟教研室建设的先行先试。2020年，围绕《和声》课程建设，四川师范大学音乐学院牵头，与四川音乐学院、重庆大学艺术学院、景德镇学院、重庆师范大学、成都师范大学等组建四川师范大学校级基层教学组织"云上五线——音乐教学虚拟教研室"，2022年先后获评四川省、教育部第二批虚拟教研室建设试点。在此过程中，《和声》课程团队依托虚拟教研室平台，联通各校教师与资源，持续开展课程建设；2022年课程获评四川省一流本科课程（混合式），2023年由四川省教育厅推选参与第三批国家级一流本科课程评定。由此可见，专业型的虚拟教研室建设离不开一流专业与一流课程的联动，一方面课程建设支撑专业建设，另一方面专业发展又通过虚拟教研室赋能课程，是一个典型的相互促进、增值发展的过程。

（二）课程建设模式

在虚拟教研的背景下，《和声》课程的协同建设采用了基于在线教学平台的资源和教学共享模式。基于互联网、云计算、大数据等新技术建立的在线教学平台，是虚拟教研室进行跨校教研和协同育人的重要手段，既为学生提供了更具针对性的学习渠道，也为课程教学改革提供了切实可行的实施策略。

首先，由四川师范大学选择适用的平台进行资源和教学共享，其他高校则根据指导和自身情况制定针对性的教学方案，因地制宜开展教学。线上，教师通过教学平台推送导学课件和教学视频，要求学生完成自主学习并反馈疑点、难点，平台采集过程性数据帮助教师了解学情。线下，依托智慧教学环境开展课堂教学，通过问题导入、讨论、键盘练习、测试等教学活动，深度内化知识；教师通过作业、实践等获取学生知识内化程度，并进行教学反思和改进。这种依托于线上平台、跨校共建共享资源的混合式教学模式，为虚拟教研室成员高校教师迈向同一课程目标提供了一个简便的范式，也有利于成员高校师生共同进步。

2020年，《和声》课程负责人四川师范大学副教授黄菊在社交媒体平台建立了"和声融合教学"兴趣群，各成员高校的《和声》授课教师在群内就教学过程中遇到的各种问题展开讨论、分享经验、互帮互助。跨校跨地域的《和声》教学团队不定期开展线上教研活动，就《和声》教学问题进行切磋交流；各校校内教研室定期开展线下教研，其余成员高校通过线上会议、直播平台等网络载体进行观摩与点评。

（三）课程知识图谱建设

虚拟教研室《和声》教学团队联合成员高校教师架构课程知识图谱，开展教研活动，实现优质资源的共建共享、互联互通。为更好地在教学中运用知识图谱，加快实现课程的数字化转型，教研室在原有知识图谱的基础上，结合人工智能技术开展进一步建设。该课程知识图谱涉及课程概述、课程框架、知识地图、教学资源、知识关系、知识图谱和教学运行七个部分的建设，能有效提升学生的系统性学习与个性化学习；提供循序渐进与个性化的学习路径；给予实践指导和研究的视听资源。实现了知识点间关系的精细化与单个知识点资源可视化，帮助学生开展个性化学习，实现"虚拟教研"与"人工智能"的联合创新。教研室计划以此为标杆，持续开展音乐学专业核心课程知识图谱建设。

（四）课程建设成果

跨校教研活动促进了课程建设与改革，共享共建优质教学资源带来了丰硕的成果产出。四川师范大学《和声》课程于 2022 年获评四川省一流本科课程（线上线下混合式），2023 年由四川省教育厅推选参与第三批国家级一流本科课程评定，并入选"教育部在线教育研究中心 2023'拓金计划'第三批"，后续将利用雨课堂"克隆班"的方式，面向全国教师开放。课程负责人主讲的《和声课程混合式教学模式与线上教学实践》微慕课为全国首门有关音乐信息化教学实践课程；跨校教学团队获批 2022 年第一批教育部产学合作协同育人项目"基于雨课堂的和声学电子教材建设与混合式教学实践"与四川省 2021—2023 年高等教育人才培养质量和教学改革项目"共同体视域下音乐教学虚拟教研室建设与研究"。团队教师参加全国教学比赛获奖、获得省级教学成果奖、教育部在线教育研究中心教学之星荣誉称号等。成员受邀参加第七届"大中华区慕课研讨会""2023 年全国和声（天津）学术研讨会"及校内校外各级信息化教学、混合式教学分享 30 余次。在"智能＋"音乐教育教学领域，有基础有成果、有引领有辐射。

四川师范大学音乐学（师范）专业虚拟教研室围绕《和声》课程建设开展的一系列跨校教研活动与教学实践，为专业类虚拟教研室如何开展课程建设提供了参考，也为打造核心课程体系更加完备的虚拟教研室打下了基础。

四、虚拟教研室建设成效

成功打造区域性高校音乐学专业建设共同体，带动所有成员高校的专业建设；目前成员高校共立项国家一流专业 2 个，省级一流专业 8 个。另外，近年虚拟教研室成员高校音乐学（师范）专业学生的就业率、考研升学率、荣获省部级以上奖项的人数，均呈现递增趋势，其中本科生一次性就业率超过 93%。

教研室成员教师能力素养提升和师范生人才培养质量明显提高，为培养新时代高质量中小学美育师资开展了一系列的教师培训和教研活动；多名教师在"2022 年四川省高校音乐教育专业教师基本功展示""2023 年全国普通高校音乐教育专业教师基本功展示"中获得个人全能一等奖、单项一等奖等。

音乐学（师范）专业的课程改革屡有突破，构筑了适合师范院校生源特点、凸显应用师范音乐教育专业特色、交叉融合的专业课程体系。围绕本科一流课程建设，教研室重点开展了一系列一流课程建设的教研活动，2022 年度，教研室内新增省级一流课程 32 门。同时，我们坚持推进优质教学资源的共建共享，在充分研究交流的基础上，协同建设《和声》《视唱练耳与乐理》等音乐学（师范）专业核心课程的教学大纲、知识图谱、教学视频、电子课件、习题试题、教学案例等，并在校际合作开展融合教学活动中，树立课程建设新理念，推进课程改革创新，实施科学课程评价，促进课程与课程思政的有机融合。

在虚拟教研室的协调组织下，成员高校牵手西南地区少数民族地区乡村学校，达成一对一的美育教育帮扶，通过课程资源建设、学生支教、师资培训、艺术团建设等，高质量完成"音乐 V 课——为凉山贫困地区音乐教育赋能"计划，并在"建行杯"第八届四川省国际"互联网＋"大学生创新创业大赛中荣获铜奖。

五、结语

虚拟教研室的建设需要紧跟时代潮流，关注教育未来发展的前瞻问题。本文以四川师范大学音乐学专业虚拟教研室为参考而设计的虚拟教研室架构，为虚拟教研室的建设提供了思路与实践指导。其架构包括组织建设、资源建设和活动建设三个方面，其中组织建设是核心，资源建设是基础，活动建设是关键。在组织建设方面，要明确虚拟教研室的定位和目标，建立科学合理的组织架构和规章制度，确保虚拟教研室的高效运行。在资源建设方面，要整合各类教学资源，建立共享资源库，为教学提供强有力的支撑。在活动建设方面，要开展多种形式的教学活动赋能教师，如在线课程、教学案例分享、教学研讨等，促进教师之间的交流和合作。

虚拟教研室建设是教育部落实高等教育数字化战略的重大举措。然而，如何在延续传统教研室的基层教学组织功能的同时，加大探索教学研究新形态、创新人才培养新范式、打造教师合作新模式，构建起具备中国特色、"因校制宜""因专业制宜"的虚拟教研室仍然面临诸多挑战。只有持续关注教育发展的前沿问题，积极探索和实践，才能推动高等学校教育教学创新，实现高等教育的高质量内涵式发展。

参考文献

[1] 中华人民共和国教育部. 教育部高等教育司关于开展虚拟教研室试点建设工作的通知[EB/OL]. (2021-7-12). http://www. moe. gov. cn/s78/A08/tongzhi/202107/t20210720_545684. html.

[2] 教育部高等学校教学指导委员会. 普通高等学校本科专业类教学质量国家标准（下）[M]. 北京：高等教育出版社，2018：906－914.

[3] 谢劲，何吉. "智能＋"时代教研室的变革图景：虚拟教研室——以清华大学"电路原理"课程虚拟教研室为例[J]. 现代教育技术，2022，32(5)：102－109.

高师院校混合教学质量评价量表研制[*]
——以四川地区为例

沈 莉[**] 李 瑞[***]

摘 要： 为促进混合式教学在高等师范院校的普及应用，本文采用文献法确定 CIPP 评价模式作为模型理论依据，采用问卷调查、德尔菲法、层次分析等方法确定模型评价指标及其权重，构建以大学生为评价者的包含"教学目标""教学投入""教学过程""教学结果" 4 个一级指标和"线下课堂和在线教学的教学目标明确"等 39 个二级指标的教学质量评价模型。结果表明：（1）通过对样本 1（$n=480$ 人）整体模型拟合度良好（$\chi2/df=2.212$、CFI$=0.989$、GFI$=0.921$、RMSEA$=0.075$），各因子载荷在 $0.669\sim0.922$ 之间。内部一致性检验数据显示，评价模型的 Cronbach's α 系数为 0.946，教学目标、教学投入、教学过程和教学结果四维度的 Cronbach's α 系数介于 $0.923\sim0.964$ 之间。评价模型的重测信度为 0.776，各维度重测信度介于 $0.655\sim0.769$ 之间。（2）通过层次分析法形成 4 个一级指标权重分别为 0.1897、0.1045、0.3856 和 0.3202，体现出形成性和总结性评价结合的特点，并且重视学习过程。（3）对样本 2（$n=477$ 人）的有效数据按照性别、年级，对总分进行单因素方差分析，得出性别、年级对教学质量总分无显著影响，说明该评价模

---

[*] 本文系四川师范大学教学改革项目"四川省一流本科（线上线下混合型）课程——'远程教育应用'建设"（20210065SKC）和"'远程教育应用'规划教材"（20210299XJC）的阶段性成果。

[**] 作者简介：沈莉，四川师范大学计算机科学学院副教授，硕士生导师，主要从事远程教育、技术支持的教师专业发展方面研究。

[***] 作者简介：李瑞，成都金苹果锦城第一中学附属小学，主要从事混合教学、数字媒体技术与应用方面研究。

型对性别和年级无敏感性。

关键词： 混合学习 评价模型 CIPP 模式 教学质量评价

一、引言

教育部发布《关于一流本科课程建设的实施意见》，提出在高校培育建设基础上，从 2019 年到 2021 年，完成 4000 门左右线上一流课程即国家精品在线开放课程、4000 门左右国家级线下一流课程和 6000 门左右国家级线上线下混合式一流课程。从数量上看，线上线下结合的混合教学模式已经超过经典面授教学受到极大关注。2020 年初，教育部推出"停课不停学"的疫情防控应急举措，不仅促成各级教师积极开展线上教学，逐步熟悉在线教学工具和方法，也让线上教学的问题和不足得到展现。在疫情常态化发展的过程中，高校因其学生相比基础教育学习者具有更强的自主学习能力和自控能力，使得混合教学改革加速演进，2017 年 1 月 1 日到 2020 年 4 月 10 日武汉解封，在中国知网中以"高校混合教学评价"为检索词，选择"篇关摘"检索，可查到文献 488 篇，而从 2020 年 4 月 11 日国务院召开疫情防控常态化新闻发布会到 2023 年 7 月 14 日，相同检索下中国知网文献已有 728 篇，在结果中以"质量评价"为检索词，选择"篇关摘"检索，查到文献 70 篇。

混合教学在实践中是一个较新的教学模式，传统的教学质量评价在一定程度上已不再适用，因此在混合教学质量评价方面逐渐暴露出一些问题，引发研究者的关注。王子贤等通过调研、文献查阅并结合教学经验，从过程评价和结果评价两个维度构建了混合教学质量评价模型。该评价模型的被评价内容较为完整，包含教师的教学态度、教学过程、教学内容和教学资源质量，也包含学生的学习行为和学习能力，但模型的制定缺乏理论依据和验证过程的描述。韩继红等通过文献分析、问卷调查、访谈和个案研究等方法，构建了包含教学目标、教学过程、教学结果三个维度的混合教学质量评价模型，作者在文中表明评价指标还需要根据不同学科、不同类型课程特点进行调整和细化，增加具体观测点，暴露了评价模型落地实施不明确的问题。吴娜提出了构建混合教学模式下教学质量评价模型的构建策略，认为混合教学质量评价应包含教学效果、教学方法、教学设计、教学内容、教师态度和素质等内容，并简略提及评价模型应包含资源建设、课程设计、课程要求及监督指导等层面评价教师，在学习效果、学习感悟、自身体验和技能获得等层面评价学生，这些评价内容是可以借鉴的，但缺少实证研究暴露出该模型落地实施的困难。

学生评教是 20 世纪 20 年代美国高等教育快速发展的产物，自 20 世纪 80 年代引入我国以来一直沿用至今，如今高校学生评教已经成为常态化的教学质量评价方式。学生评教是促进高校发展和提高课程质量的重要途径。崔彦群等认为"对于应用型本科高校而言，学生学习体验不仅是应用型人才培养的重要目标，也是衡量课程教学目标达成度、教学过程有效度的重要维度"。高校学生已具备基本的逻辑判断能力，同时作为课堂教学的全程见证者、感受者和体验者，是教学活动的主体，因此学生评教是课堂教学质量评价值得信赖的一种评价方式，高校混合教学质量评价量表开发具备可行性和急迫性。

二、理论依据筛选

以"高校"并含"混合式教学质量评价"或者并含"线上线下质量评价"或者并含"教学质量评价"为关键词检索，检索条件为"篇关摘"，在近五年核心期刊和学位论文中共检索到文献 360 篇。通过文献梳理整理出 14 篇与评价理论依据相关度较高的核心期刊或硕士论文文献的评价指标和评价依据，其内容作为本研究的主要参考和支撑，如表 1 所示。

从表 1 可以看出，绝大多数研究者根据自身教学实践经验构建质量评价模型，但也有少数研究者从权威理论出发构建评价模型。刘玉静等借鉴库恩（Kahu，E. R.）的学习投入理论，结合中国大学生学情，构建以学为中心的高校课程教学质量评价模型。该评价模型包含学习投入、学习收获、直接影响因素、间接影响因素 4 个维度，每个维度分别对应一个量表，因此该教学质量评价量表由四个量表共同组成，每个量表有各自的评价要点，学习投入量表包含行为投入、认知投入、情感投入等模块，共

34 个指标；学习收获量表包含知识收获、能力收获、素养收获等模块，共 10 个指标；直接影响因素量表包含教师支持、院校支持，学生评价的教学水平、学习基础、学习兴趣、学习状态等模块，共 15 个指标。间接影响因素量表包含学生家庭、社会与经济地位、院校要求、课程要求等模块，共 15 个指标。

赵宣烨基于 CIPP 评价模式构建了行业特色型高校本科课堂教学质量评价模型，模型对课程中背景、投入、过程以及成果 4 个方面进行评价，包含教学目标、教学资源、教学内容、教师教学过程、学生学习过程和学习结果 6 个二级指标，学者能够根据不同的课程教学目标，结合实际条件设计评价模型，能够为调整课程教学方案和课程学习方法提供帮助和支持，有助于课程教学工作的完善和发展。对教学质量评价模型的理论依据做筛选时发现，库恩的学习投入理论主要包含行为、情感、认知 3 个维度，后续有待改进，但主要还是聚焦在学习者方面，不仅要求学习者的高度配合，而且维度单一不足以独立支持教学质量评价，因此，刘学者的研究中加入了知识收获、院校支持和学生家庭等多个维度辅助评价。而 CIPP 评价模式 4 个维度有利于从整体上评价教学质量，因此本研究认为 CIPP 评价模式更适合高校混合教学质量评价模型的构建，并预计形成的评价量表将探索出 4 个维度，分别归类于背景评价、输入评价、过程评价和结果评价。

表 1　相关文献信息表

序号	发表刊物	发表时间	文章名	理论依据
1	《中国电化教育》	2017	混合式教学质量评价体系的构建与实践	自身教学经验
2	《高等工程教育研究》	2019	新工科视角下高校教师教学质量综合评价体系研究	自身教学实践经验
3	《教育发展研究》	2019	基于学习投入的高校课程教学质量评价——基于华东地区 17 所本科高校的实证研究	库恩的学习投入理论

续表

序号	发表刊物	发表时间	文章名	理论依据
4	《现代教育技术》	2020	高校混合式教学形成性评价指标研究	文献调研＋问卷访谈
5	西北师范大学硕士论文	2020	大学混合式教学评价指标体系的构建及应用研究	文献综述调查研究
6	南京邮电大学硕士论文	2020	行业特色型高校本科课堂教学质量评价及其影响因素调查研究	CIPP 评价模式
7	《成人教育》	2020	混合式教学评价指标体系的构建与应用研究	自身教学实践经验
8	《中华护理教育》	2021	本科护理专业课堂教学质量评价量表的编制及信效度评价	自身教学实践经验
9	《高等工程教育研究》	2021	在线教学效果评价及质量保障体系建设	自身教学实践经验
10	《中国大学教学》	2021	基于全过程的混合式教学质量评价体系研究——以国家级线上线下混合式一流课程为例	自身教学实践经验
11	《图书馆杂志》	2021	学生视角下的 MOOC 课程教学质量评价体系构建研究——以学术信息素养类 MOOC 课程为例	文献调研＋问卷调查
12	《中国考试》	2022	高校学生评教的理想和现实：基于利益相关者的视角	问卷调查＋文本分析
13	山东师范大学硕士论文	2022	基于 SPOC 的高校信息素养课程设计研究	文献综述调查研究
14	《教育理论与实践》	2023	体育专业运动技能课程混合式教学质量评价指标体系的构建	访谈法、德尔菲法

三、指标确定

(一) 评价指标初拟

结合对已有文献的指标分析，兼顾形成性评价与总结性评价在课程评价中的作用，本研究参考 CIPP 模型提炼 21 个指标，如表 2 所示。

表 2　已有评价指标提取

来源文献篇名	指标个数	提取指标	指标描述
行业特色型高校本科课堂教学质量评价模型	6	培养学生的学习能力 培养学生的实践能力 培养学生的合作意识 培养学生的创新精神 教育技术运用 知识点掌握情况	教学目标注重培养学生的学习能力 教学目标注重培养学生的实践能力 教学目标注重培养学生的合作意识 教学目标注重培养学生的创新精神 教师教学采用现代教育技术 学生掌握课程的基本知识
基于全过程的高校混合教学质量评价模型	7	网络环境 教学平台 教学内容 教学资源 教学学时 教学内容 团队协作	网络环境稳定 教学平台操作方便、快捷，运行稳定 教学内容符合课程的教学目标 线上教学资源丰富多样 线上、线下教学学时安排合理 线上、线下教学内容交叉互补 教师开展线下课堂的团队协作中，学生积极参与协作学习，感受良好
在线教学质量评价标准	3	学生参与 课堂反馈 思维能力	学生按时进入课堂，积极参与听讲、思考、观点表达、讨论 教师对学生的作业及时点评 学生的思维能力得到锻炼
高校混合教学评价模型	1	技术支持	有专业的教学平台维护和故障处理人员，保障平台的正常运行
新工科视角下的高校教师教学质量评价模型	1	教学目标	教学目标明确，符合大纲要求
本科护理专业课堂教学质量评价量表	3	教学方法 课前准备与预习 课堂活力	教师正确使用教学方法 教师有课前准备与预习 教师积极组织辅导与答疑

（二）评价指标生成与精简

该部分采用访谈法和问卷调查法确定评价指标，包含访谈专家意见和问询学生意见两部分，并结合意见对评价指标进行调整。

1. 访谈专家意见

以编制的混合教学评价指标征询访谈提纲为研究工具，对 5 位具有混合教学经验的高校教师进行访谈。访谈稿包含专家权威程度、初拟指标同意程度及补充指标征询，采用李克特 5 点计分法，1 分表示非常不同意，5 分表示非常同意，以确定专家的权威性并得到评价指标同意程度得分，若指标得分为 1 分，则考虑删除该指标；再通过开放式问题，向专家征询指标打分较低的原因。

通过对专家意见进行梳理，专家权威程度、意见及修订结果汇总如表 3 所示，5 位专家均较为认同模型评价指标，在初步确定的 20 个指标下删除 2 个指标，并增加 23 个指标，故通过访谈专家，评价模型的指标共 42 个。

表 3　专家咨询结果整理

专家序号	专家权威程度	专家意见	修订结果
专家1	0.9	教师在教学中不一定使用现代教育技术	删除
		建议分线上和线下进行评价	对可分线上的线下指标进行扩展，增加其对应的线上指标包含"在线课程的教学目标注重培养学生的学习能力""在线课程的教学目标明确，符合大纲要求"等 12 个指标
专家2	0.9	普遍在混合教学中出现的学习资源包括教材、线下线上的课件、教学视频，还需增加相关指标	增加"线下课堂使用的教材选用合适，相关参考资料选用得当""在线学习平台的视频素材突出教学内容、时间长度适宜、清晰度良好""教师在线下课堂教学中使用的课件素材制作质量良好""在线学习平台上教师使用的课件素材制作质量良好"4 个指标
		网速与学生、教师无关	删除

续表

专家序号	专家权威程度	专家意见	修订结果
专家3	0.8	参与混合教学后，学生的自主学习能力、交流沟通能力、信息素养、创新能力、知识运用能力应该被评价	增加"通过在线教学，学生的自主学习能力有所提高""通过在线教学，学生信息检索能力有所提高""通过线下课堂教学，学生能够利用教师在课堂上讲授的某些知识解决同一类问题"等7个指标
专家4	0.9	同意所提供指标，无其他意见	
专家5	0.7	同意所提供指标，无其他意见	

2. 问询学生意见

本研究将修改后的混合教学评价模型编制成混合教学评价指标同意程度咨询问卷，向全国参与过混合教学的高校学生发放。问卷采用李克特5点计分法，1分为非常不同意，5分为非常同意，并增加"建议删除"选项和"增加指标"题项，共收到333份。问卷调查中，若回收的出现下面一种情况以上，则判定为无效问卷：

（1）对指标进行评分，同一评分等级的指标数量超过34题，大于总题数的4/5；

（2）基本信息中是否参与过混合教学选择"否"；

（3）问卷填写时间少于2分钟。

有效问卷数量等于回收的问卷数量减去被判断为无效问卷的数量，本轮问卷调查共回收333份，经过判定后的有效问卷共295份，将作为后文数据分析的主要依据，有效率为88.59%。

依据题项得分均值大于3且标准差小于1的筛选标准，对样本数据进行分析，其中"在线课程的教学目标明确，符合大纲要求"标准差为1.047，在专家的指导下，考虑实际教学情况，本研究将该指标删除，并修改其对应的线下指标为"在教学大纲或课程介绍中明确提出了教学目标"，不明确提出线上线下的限定。"在线教学中，学生按时上线，积极参与线上学习"标准差为 1，同理将指标与对应的线下指标合并为"在线上与线下教学中，学生积极参与学习"。

四、指标维度的确立

量表采用五点计分法，对 2022 年 8 月～2023 年 1 月在四川省某高校参与 19 门线上线下混合课程学习的 957 位学习者进行 2 批次抽样调查，将第一批次样本 1（$n=480$）用于初始量表的探索性因子分析，对指标进行维度的划分，从而确定评价模型的一级指标。

根据答题时长和同一评分等级的题目数量，筛选有效样本共计 397 份。采用 SPSS 22.0 对于初始问卷的预测试结果进行探索性因子分析，探索性因子分析结果显示 KMO 为 0.943，提示可继续进行因子分析。采用主成分分析法初步提取 4 个公因子，因子荷载均大于 0.5 且未同时跨越多个公因子，40 个指标的因子荷载值范围为 0.738～0.908，各指标的归属明确，由于篇幅有限，仅详细展示部分结果，如表 4 所示。公因子 1 中均是教学目标的相关评价，故将公因子 1 命名为"教学目标"；公因子 2 中均是课前准备、教学内容等相关评价，故将公因子 2 命名为"教学投入"；公因子 2 中均是教师教的过程和学生学的过程的相关评价，故将公因子 3 命名为"教学过程"；公因子 4 中均是学生知识掌握和能力提升的相关评价，故将公因子 4 命名为"教学结果"。

表 4　探索性因子分析的结果

指　标	公因子 1	公因子 2	公因子 3	公因子 4
线下课堂和在线教学的教学目标明确，符合大纲要求	0.805			
线下课堂的教学目标注重培养学生的学习能力	0.879			
在线课程的教学目标注重培养学生的学习能力	0.877			
……	……			
在线下课堂中，教师有课前准备与预习		0.772		

续表

指　标	公因子1	公因子2	公因子3	公因子4
线下课堂使用的教材选用合适，相关参考资料选用得当		0.772		
教师在线下课堂教学中使用的课件素材制作质量良好		0.848		
……		……		
教师在线下课堂中正确使用教学方法			0.820	
教师善于运用在线平台的各项功能激发学生的学习兴趣			0.800	
在线下课程中，教师积极组织辅导与答疑			0.870	
……			……	
通过线下课堂教学，学生掌握课程的基本知识				0.744
通过在线教学，学生掌握课程的基本知识				0.738
通过线下课堂教学，学生能运用所学知识解决同类问题				0.798
……				……

因此，本研究形成了高校混合教学质量评价模型层次结构图，包含4个一级指标、40个二级指标，如图1所示。

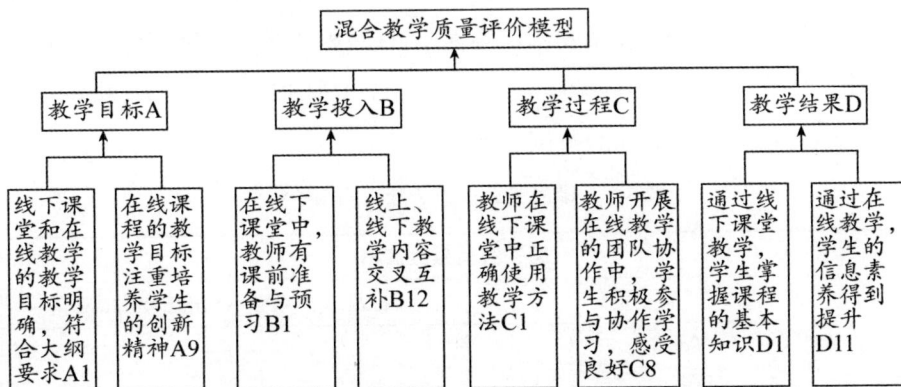

图1　混合教学质量评价模型层次结构图

五、评价模型的验证

最终确定的正式量表分为教学目标、教学投入、教学过程和教学结果四大维度，分别包括"线下课堂和在线教学的教学目标明确，符合大纲要求 A1""在线下课堂中，教师有课前准备与预习 B1""教师在线下课堂中正确使用教学方法 C1"和"通过线下课堂教学，学生掌握课程的基本知识 D1"共计 40 个指标。将正式版量表进行施测，对样本 2（$n＝477$）发放问卷共 477 份，收回有效问卷 399 份。正式施测阶段 399 份有效样本结构：男性占 157 人，女性 242 人。

（一）探索性因子分析

依照预测试阶段的标准进行筛选有效问卷后，对于数据进行信度、效度分析。正式量表探索性因子分析结果显示 KMO 为 0.943，提示可继续进行因子分析。采用主成分分析法初步提取 5 个公因子，其中"线下课堂使用的教材选用合适，相关参考资料选用得当 B2"这一指标的因子载荷值同时在两个公因子上高于 0.4，故删除指标 B2。删除后进行第 2 次探索性因子分析，KMO 为 0.941，提取出 4 个公因子，指标的因子荷载值范围为 0.681～0.917，满足标准，最终获得包含 39 个指标的最终版量表。

（二）效度分析

1. 结构效度

采用 SPSSAU 对本量表进行验证性因子分析检验正式量表的结构效度，验证性因子分析结果表明，本量表的四因子模型的拟合指标良好，$\chi^2/df＝2.212$，$CFI＝0.989$，$GFI＝0.921$，$RMSEA＝0.075$，指标的因子载荷在 0.669～0.922 的范围，如表 5 所示。

表 5　A 维度验证性因子分析的因子载荷

因子载荷系数表格	
测量项（显变量）	标准载荷系数（Std. Estimate）
A1	0.830
A2	0.823
A3	0.877
A4	0.831

续表

因子载荷系数表格	
测量项（显变量）	标准载荷系数（Std. Estimate）
A5	0.899
A6	0.826
A7	0.863
A8	0.838
A9	0.875

2. 内容效度

本量表严格按照科学的量表编制过程，整合相关理论及已发表量表，保证了本量表内容的系统性和全面性；对不同人群的访谈和调查验证量表维度和指标在当前时代背景下的适应性；制定量表的维度和筛选、编写指标，经过专家评定达成统一意见。

3. 信度分析

（1）内部一致性信度

采用 Cronbach's α 评价量表的内部一致性信度，量表的总表和各维度分别进行内部一致性分析，结果显示量表总表的 Cronbach's α 系数为 0.946，各维度的系数分别为 0.960、0.964、0.923 和 0.954。

（2）重测信度

采用皮尔逊相关分析检验量表的重测信度，对同一课程的学生进行 2 次施测，共收回有效问卷 31 份。两次结果数据分析显示，本量表的总表重测信度为 0.776；几个维度的重测信度分别为 0.687、0.655、0.769 和 0.753，且相关性均具有统计学意义，如表 6 所示。

表 6　重测信度统计表

	前后总分	前后 A 维度得分	前后 B 维度得分	前后 C 维度得分	前后 D 维度得分
皮尔逊相关性	0.776**	0.687**	0.655**	0.769**	0.753**
显著性（双尾）	0.000	0.000	0.000	0.000	0.000
个案数	31	31	31	31	31

** 在 0.01 级别（双尾），相关性显著。

六、评价模型指标权重确定

采用层次分析法确定评价指标权重，发放问卷给具有混合教学经验的高校专家后，回收问卷利用 Yaahp 软件进行构建判断矩阵、层次单排序及一致性检验、层次总排序及一致性检验、专家数据集结四部分统计分析得到评价模型指标权重。

（一）构建判断矩阵

根据评价模型层次结构图构建出各级构成要素两两之间比较的专家权重咨询问卷，向 11 位高校专家发放。专家分别对评价模型中的一级、二级、三级构成要素两两之间的重要性进行打分，打分采用 Saaty 9 级标度法，分别用 1、3、5、7、9 表示前者与后者相比同样、稍微、明显、强烈、极端重要，或分别用 1/3、1/5、1/7、1/9 表示后者比前者稍微、明显、强烈、极端重要；并用 2、4、6、8、1/2、1/4、1/6、1/8 分别表示上述相邻标度的中间值。混合教学评价模型的一、二级指标分别可以构建 4、15 个判断矩阵。回收 11 位专家的咨询问卷后，整理出这些专家的各级构成要素判断矩阵。

（二）层次单排序及一致性检验

由于本研究矩阵数量较多，产生的判断矩阵运算量大，专家在进行重要性填写时可能会顾此失彼，从而导致所填写的数据与他们实际认为的重要性程度存在一定的差异，因此需要对 11 位专家的各判断矩阵进行一致性检验，要求一致性比例 CR 小于 0.1。结果表明：有 2 位专家的少数判断矩阵未达到标准，需要修正，其余 9 位专家的判断矩阵一致性良好，可以直接使用。本研究在修正判断矩阵数据后，最终获得了 11 位专家的判断矩阵数据用于后续统计分析。

（三）层次总排序及一致性检验

由于本研究的三层结构较复杂，在逐层计算时，各层级产生的不一致会累加起来，可能造成最终结果的不一致，所以在进行总排序时还要进行一致性检验。故对专家判断矩阵进行一致性检验，一致性比例 CR 均小于 0.1，即总排序具有令人满意的一致性。

（四）计算指标权重

通过前面层次单排序与总排序的一致性检验后，本研究采用算术平均的方式对专家数据的权重结果进行集结，由于篇幅受限，此处只详细展示"教学投入"维度的最终权重结果如表7所示。

表7　教学投入 B 维度指标权重

一级指标	权重	二级指标	权重
教学投入 B	0.1045	在线下课堂中，教师有课前准备与预习 B1	0.0144
		教师在线下课堂教学中使用的课件素材制作质量良好 B3	0.0073
		在线教学平台的教学资源丰富多样 B4	0.0088
		在线学习平台上教师使用的课件素材制作质量良好 B5	0.0075
		在线学习平台的视频素材突出教学内容、时间长度适宜、清晰度良好 B6	0.0076
		在线教学平台操作方便、快捷，运行稳定 B7	0.0087
		有专业的教学平台维护和故障处理人员，保障平台的正常运行 B8	0.0066
		线下课堂的教学内容符合课程的教学目标 B9	0.0080
		在线课程的教学内容符合课程的教学目标 B10	0.0103
		线上、线下教学学时安排合理 B11	0.0113
		线上、线下教学内容交叉互补 B12	0.0140
		在线下课堂中，教师有课前准备与预习 B13	0.0073

七、不同类课程量表得分情况

将样本2的有效数据进行年级和性别分组后，与总分进行方差分析。方差齐性检验结果显示，分组中莱文方差齐性检验的显著性为0.633和0.156，大于显著水平0.05，从表8单因素方差分析的结果中可见，年级分组的显著性是0.494，性别分组的显著性是0.920，均大于显著水平0.05，因此年级与性别对量表得分并未存在显著的影响。

表8　单因素方差分析结果

统计指标	分组	人数	平方和	自由度	均方	F	显著性
年级	2019	162					
	2020	181					
	2021	56					
	组间		833.705	3	277.902	0.800	0.494
	组内		137203.673	395	347.351		
	总计		138037.377	398			
性别	男	157					
	女	242					
	组间		3.499	1	3.499	0.010	0.920
	组内		138033.878	397	347.692		
	总计		138037.377	398			

八、结语

高校混合教学质量评价量表的研制，不仅可以客观体现课程混合教学的整体效果，还可以清晰展示混合教学中哪个维度出现问题，从而为教学改革提供依据，更能为高校推进混合式"金课"建设提供支持，对于帮助高校混合教学稳步发展并逐渐走向成熟有一定的意义。本研究通过文献调研、问卷调查、德尔菲法和层次分析法，构建了具有4个一级指标、39个二级指标的混合教学质量评价量表，通过模型验证，结果表明具有良好的结构效度、较好的内部一致性和重测信度，因此该指标体系科学合理，可用于一般的高校混合线上线下教学评价。通过对正式测试样本数据的分析，发现学生性别和年级对于混合教学评价无显著影响。

参考文献

[1] 杨晓宏，郑新，田春雨. 线上线下混合式一流本科课程的内涵、建设目标与建设

策略[J]. 现代教育技术，2021，31(9)：104－111.

[2] 李逢庆，韩晓玲. 混合式教学质量评价体系的构建与实践[J]. 中国电化教育，2017(11)：108－113.

[3] 徐东波. 我国高校内部本科教学质量保障体系研究[J]. 黑龙江高教研究，2020，38(3)：33－38.

[4] 王子贤，马国富，刘太行. 混合教学模式下教学质量评价研究[J]. 上海教育评估研究，2018，7(1)：37－40.

[5] 韩继红，蒋丽君，杜宏静. 基于学习投入的混合教学质量评价理念与实施路径[J]. 职教论坛，2020(4)：55－60.

[6] 吴娜. 混合教学模式下教学质量评价研究[J]. 湖北开放职业学院学报，2020，33(24)：144－145.

[7] 崔彦群，徐立清，王海洲. 学生学习体验：应用型本科高校课程教学质量评价的新视角[J]. 上海教育评估研究，2016，5(6)：6－10.

[8] 张雨晨，李勉. 高校学生评教的理想和现实：基于利益相关者的视角[J]. 中国考试，2022(9)：29－38.

[9] 刘玉静，杨洋. 基于学习投入的高校课程教学质量评价——基于华东地区 17 所本科高校的实证研究[J]. 教育发展研究，2019，38(9)：27－33.

[10] 赵宣烨. 行业特色型高校本科课堂教学质量评价及其影响因素调查研究[D]. 南京邮电大学，2020.

[11] 翟苗，张睿，刘恒彪. 高校混合式教学形成性评价指标研究[J]. 现代教育技术，2020，30(9)：35－41.

[12] 武亮亮. 大学混合式教学评价指标体系的构建及应用研究[D]. 西北师范大学，2020.

[13] 张和平，刘阳，何素艳. 体育专业运动技能课程混合式教学质量评价指标体系的构建[J]. 教育理论与实践，2023，43(21)：57－61.

[14] 郭建东. 混合式教学评价指标体系的构建与应用研究[J]. 成人教育，2020，40(12)：19－25.

中国古代文学作品海外线上教学典型案例研究

张戎茸[*]

摘　要：中国古代文学作品，作为代表中华优秀传统文化的永恒经典，对国际中文教育的文化教学而言意义非凡。然而，现实的情况却是，即使拥有高级汉语水平的外国学生也无法阅读原著，甚至连译本也很难读懂。究其原因，并非译本不佳，例如四大名著，实际上可供教学选择的外语译本很多，但是小说的情节复杂，人物众多，陌生的人名和地名等成了外国学生阅读四大名著的重重阻碍。即便如此，海外各大高校仍然坚持为中国研究相关专业的学生开设各种有关中国古代文学的课程。本文选择的案例是美国旧金山州立大学葛浩德教授的线上课程《流行文化与中国古代小说》，该课程采用异步授课模式，属于本校通识教育课程。令人惊讶的是，原本在线下进行的课程，线上的教学效果居然优于线下，葛教授本人表示他自己的教学体验和学生的学习体验都因为线上教学得到了提升。研究发现，选取多元化的文本材料，可以满足不同汉语水平学生的学习需要，甚至可以对零基础的外国学生进行古代文学作品的教学；从流行文化入手，可以激发并保持学生学习中国文学作品和了解中国文化的兴趣，思考古代文学作品在流行文化中的衍生与变化；借助线上教学多媒体技术手段，可以使得古代文学的课堂教学在最大程度上图像化，从"读图"回到文本阅读。虽然本案例是海外教师在本土进行的线上教学，但是它提供的教学经验在中国国内或线下

　＊　作者简介：张戎茸，四川师范大学国际教育学院讲师，西南大学教育学部在读博士，研究方向为国际汉学与国际中文教育。

教学的情况下仍然值得借鉴，尤其是如何保持教学活动与教学目标一致性的问题。

关键词： 海外汉语教学　古代小说　线上教学　异步模式

一、问题的提出

怎样向外国学生介绍中国古代文学作品，尤其是鸿篇巨制的明清小说，这一直是困扰国际中文教师的难题。通过了汉语水平测试目前最高等级 HSK6 级的外国学生，也无法阅读四大名著的原文。究其原因，一方面是因为明清小说普遍存在文白夹杂的情况，例如四大名著虽然是在民间口语文学基础上文人整理的作品，以白话文为主，整体语言的难度比纯粹的文言文小说（例如《聊斋志异》）低很多，但是依然存在很多与现代汉语不同的语法结构和词汇用法。另一方面，即使利用翻译版本作为辅助，外国学生想要穿过文化障碍的重重迷雾也相当困难。四大名著都有英法德意西班牙语等外语的各种节译本或全译本，这些译本大多是翻译家们花费十几二十年的呕心沥血之作，翻译的水准普遍很高，但是有时脚注中的文化注释占据了一半以上的篇幅。换句话说，即使跳过了语言的障碍，国际中文教师依然需要为外国学生搭建起中国古代文化与现代文化之间的桥梁，并且帮助学生理解中外文化的差异。那么，我们是否可以选择放弃教学难度如此之大的古代文学作品，答案必然是否定的，古代文学作品作为中华优秀传统文化的永恒经典，其重要性不言而喻，问题的关键不在于作品本身的难度，而是我们应当选择学生可以理解的方式来教学。

近年来，线上教学迅速发展，虽然线上教学时常受到网络信号或者设备故障的干扰，但是其跨越时空的天然优势使得海外中文学生可以兼顾工作与学习，选择同步或者异步的学习方式相对自由地安排自己的学习进度。疫情之后，许多在海外的中文学习者依然希望中方院校继续提供线上课程，毕竟来华留学对于大多数外国学生而言只是短暂的经历，回国之后如果想保持原有的汉语水平或者更上一层楼，线上汉语课程是不二之选。但是如何在海外文化语境之下，提供中国古代文学作品的线上课程，对于国际中文教育领域而言是全新的挑战。然而，海外院校的国际中文教学在中国古代文学作品教学方面已然积累了相当丰富的经验，而且在线上教学方面也进行了多年的尝试，如果中方院校希望针对海外的中文学习者开发并推广中国古代文学的线上课程，借鉴海外经验是明智的，因为海外的本土中文教师也许比我们更了解本国学生在学习汉语与中华文化时会遭遇怎样的挑战。具体而言，本文主要回答以下几个问题：

1. 对于外国学生来说，中国古代文学作品真的很难教吗？

2. 如何激发外国学生对于中国古代文学作品的兴趣？

3. 就古代文学作品而言，线上教学将面临哪些挑战？

二、案例的选择：美国旧金山州立大学中国古代小说的线上教学课程

（一）案例简介

本文选择的案例是美国旧金山州立大学现代语言与文学学部葛浩德教授（Frederik Green）为本校学生提供的通识教育课程CHIN/HUM 271－The Classic Chinese Novel in Contemporary Pop Culture（当代流行文化与中国古典小说），使用英文和中文教授《三国演义》《西游记》和《红楼梦》，英文是教学语言，中文一般作为书面语言材料提供给学生。该课程始于2017年，开课周数为16周，原本是线下课程，由于疫情影响，2020年春季学期葛浩德教授首次尝试线上授课，之后于2021年和2023年的秋季学期再次开课。该课程自2020年起改为线上授课，并且采用异步授课，而不是同步授课，因此学生可以在本学期以内自由安排学习进度，完成课后小测试和课程作业，参与论坛讨论，浏览课后资料以及提交作为最终考核的视频作品或者故事地图（Story Map）作品。该案例的独特之处在于，无论是葛浩德教授本人，还是选课的学生都认为线上异步授课（Online Asynchronous Classes）的方式使得原本难以理解的中国古代文学作品更加易于理解且生动有趣。与此同时，课程也非常注重培养思辨能力，古典小说如何被现代流行文化改编，传统思想如何影响现代人的行为，中西文化的差异都是本课程的教学重点。

本课程的教学内容包括《三国演义》《西游记》和《红楼梦》三个教学单元，每个教学单元进行 5 周，一学期的课程为 16 周，最后一周是学生的作品展示。本文的案例分析以《西游记》教学单元为主，因为《西游记》是典型的儒释道三教合一的作品，而儒释道又是中国古代文化的核心思想，解读这一作品对于外国学生理解中国人的思维方式和传统价值观有极大的帮助，即使在今天的中国，《西游记》也是四大名著中最受儿童喜爱的作品，同时也是电影与电视剧频繁改编的题材，《西游记》在当今流行文化当中依然保持了强大的生命力，甚至在东亚其他国家，例如日本和韩国，《西游记》的衍生动漫、游戏和影视作品也很受欢迎。

（二）授课教师

美国旧金山州立大学现代语言与文学学部的葛浩德教授（Frederik Green）从事汉学研究已有二十多年，在中国古代文学与现代文学方面的研究都成果丰硕，同时从事汉语教学与翻译研究工作，也是美国联邦政府中文领航项目（Chinese Language Flagship Program）① 目前的咨询专家之一。就个人经历而言，葛浩德教授出生于德国，在剑桥大学获得中文专业的学士学位，之后在美国耶鲁大学获得中国文学专业的博士学位，并且先后在日本东京大学、中国香港大学和岭南大学，以及美国耶鲁大学担任客座教授。目前，葛浩德教授在旧金山州立大学教授的课程涉及语言教学（例如，CHIN101－First Semester Chinese/初级汉语）、跨文化交流（例如，CHIN270 － China and the West：Cross － Cultural Encounters Through Literature and Art from Middles Ages－Present/中国与西方：中世纪至今文学艺术的跨文化交流）和文学研究（例如，CHIN 821－Modern Chinese Literature/现代中国文学）等领域共十几门课程。

值得注意的是，很多美国大学的中文相关专业通常安排讲师在最初的两年教授汉语，后面又换成教授进行文化教学，并且这些文化课程通常并

---

① 美国国家"中文领航项目"是由美国联邦政府资助，设立在优选的大学里的高层次人才培养项目。作为推广"关键语言"教学与研究战略计划的重要组成部分，该项目主要在美国的大学培养全球化的高级专业人才，同时具有全美外语教学学会（ACTFL）制订的最高水平（Superior Level）的汉语水平。

不使用中文授课，这种不一致性，其实并不利于学生真正了解异国文化。①毫无疑问，葛教授是一位专家型教师，不仅在学术领域深耕，而且热爱教学。为了更好地了解葛浩德教授的教学理念与学术背景，本人收集查阅了他公开发表的学术论文与出版的翻译作品，这些文献在参考文献中都有列出。此外葛教授在现代中国文学课当中可以用流利规范的中文讲授，并且也用中文发表过学术论文。

三、资料的收集：以《西游记》教学单元为例

案例收集的教学资源由旧金山州立大学 iLearn 网络平台提供，属于四川师范大学"师行万里"项目的一部分，学生作业的使用得到了学生本人的许可。需要特别说明的是，本文涉及课程内容的图片，未经校方允许，不可转载。以《西游记》教学单元为例，本案例资料收集情况如表 1 所示，包括教学视频和 PPT，教材与教辅资源，还有线上测试题目和课后作业记录，以及流行文化专题论坛记录。最后，线上课程还包括一个自由提问的区域，本案例收集了学习过程中葛教授与学生之间的互动记录。

表 1　《西游记》教学单元资料收集列表

类型	名称	作者/参与者	备　注
微课视频 1	The Journey Starts: Course Stream #1iLearn Video	葛浩德 (Frederik Green)	时长 15 分钟，介绍并讨论了作品的历史真实性与艺术虚构性
微课视频 2	The Journey Starts: CourseStream #2iLearn Video	葛浩德	时长 28 分钟，讲解主要人物孙悟空与小说儒释道三教合一的特点
教学 PPT	Lecture Slides	葛浩德	15 页
节译本	Monkey《猴》 (1942)	亚瑟·韦利	20 世纪英国知名汉学家

---

① Yu L，Walker G，Noda M，et al. The Performed Culture Approach：A Humanistic Way of Helping Learners Communicate in the Culture［J］. American Journal of Chinese Studies，2020，27(2)：139.

续表

类型	名称	作者/参与者	备　注
插图本	100 回的英文梗概和插图（网络开放资源）	陈惠冠（绘图）	http://www. innerjourneytothewest. com/english/en—resource. html
中文本	100 回繁体字完整版（网络开放资源）	朱邦复	http://open—lit. com/book. php?bid=14
漫画本	《西游记》（1999）	蔡志忠	中国台湾国学漫画家
歌剧剧本	The Journey to the West（1995）	Mary Zimmerman	美国戏剧导演，将大量中国古典文学作品改编为英文戏剧
电脑游戏	Saiyuki：Journey West（2001）	光荣株式会社	日本知名游戏软件开发公司，同时还开发了《三国演义》的电脑游戏
随堂测试 1	Review Quiz CourseStream ♯1	葛教授与学生	5 道选择题，30 分钟内完成，两次作答机会
随堂测试 2	The Journey Starts：CourseStream ♯2	葛教授与学生	考查方式同随堂测试 1，不计入最终成绩
课后阅读作业记录	Reading Quiz Journey to the West，ch. 1—12	葛教授与学生	12 道选择题，1 小时内完成，两次作答机会，考查范围为节译本的前 12 章，计入最终成绩。
课后写作作业记录	Reading Response Journey to the West，ch. 1—12	葛教授与学生	写作要求必须引用原文片段，然后评价，同时必须评论 2—3 位其他同学的留言
流行文化专题讨论记录	Journey to the West Popular Culture Forum	葛教授与学生	学生选择一个流行文化作品进行批判性分析，比较改编作品与原著的异同
提问专区师生互动记录	Q ＆ A Forum for Teaching Chinese Literature in Translation	葛教授与学生	自由提问的空间，例如有的学生会询问课程考核的方式

四、教育目标分类学视角下的案例分析

美国教育学家本杰明·布卢姆（Benjamin Bloom，1913—1999）的教

育目标分类学在很大程度上改变了美国教育曾经普遍以记忆事实性知识为教育目标的情况，虽然饱受争议，但是至今仍然是美国教育系统普遍使用的课程设计和教学评价体系。目前，国际中文教育领域的文化教学呈现出知识本位的倾向，偏重于向外国学生教授事实性的知识和概念性的知识，强调记忆朝代、诗歌、历史人物等，有时课堂教学活动的安排看似热闹，例如游戏与表演，但是却与教学目标没有什么关系。因此，考察教学活动与教学目标的一致性是本案例的研究重点。本案例就认知领域展开分析，认知领域包括知识的维度与认知的纬度。具体而言，知识的纬度根据难度从小到大排序依次是：事实性知识、概念性知识、程序性知识和元认知知识；认知的纬度从低级到高级的排序依次是记忆、理解、运用、分析、评价和创造。下文将重点分析每项教学活动的教学目标旨在培养学生哪一类型的知识和认知能力。

（一）教学目标

除了以上列举的《西游记》教学单元资料，本文还收集了一段 30 分钟的说课视频，其中葛浩德教授阐述了 The Classic Chinese Novel in Contemporary Pop Culture（当代流行文化与中国古典小说）这门课程的设计思路、教学反思以及往届学生的反馈，特别强调了中国古代文学作品对当今流行文化的影响，并且这些作品的影响力并不仅限于中国，也包括日本和韩国等东亚国家。流行文化在本课程当中占据了相当大的比重，在线课程的教学资源当中提供了改编自四大名著的电影、电视剧、漫画、动画和电脑游戏的开发网页链接，并且《三国演义》《西游记》《红楼梦》每个教学单元最后还组织了流行文化的专题论坛，鼓励学生自己去网络中寻找"四大名著"在中国以及东亚其他国家的当代社会留下的种种痕迹，例如有的美国学生在韩剧当中看到了桃园三结义的片段，恍然大悟，原来这个典故出自《三国演义》，而且学生还一眼认出了关羽的坐骑赤兔马。在最终考核的阶段，学生也可选择原著或者改编作品作为研究对象。

美国大学的总体教育目标是培养批判性思维，如同中国的思政教育，要求融入课程的方方面面，即在每个教学单元的教学活动当中都努力达成这一目标。就本课程的教学目标而言，葛教授希望学生可以达成以下目标：

第一，培养文本细读（Close Reading）和批判性文本分析（Critical Text Analysis）的习惯，比较原著与改编作品的差异，思考改编是如何发生的，为什么有的情节被保留，而有的情节被改写；

第二，思考中西方文化的差异，理解小说中的人物的行为，比如说是什么样的历史背景或者文化背景导致人物做出这样的选择，换作是你会如何选择。换句话说，理解中西文化差异，以及古今文化差异；

第三，培养数字素养（Digital Literacy），练习利用网络收集信息，辨别真伪，整合信息，创作个性化作品的能力，例如制作视频作品或者Story Map；

第四，突破学科领域，从文学研究走向文化研究，发现流行文化的古典文学基因，即这些古典文学作品以何种方式和形式继续影响着今天的流行文化。

（二）教学资源

1. 微课视频

就课堂情境而言，线上教学不同于传统的教学方式，通常需要提前录制微课。本课程每个教学单元录制两段视频，短的视频 15 分钟左右，长的视频不超过 30 分钟。就线上教学而言，本案例的不同之处在于无论是教师提前录制的视频，还是学生上传的视频作品，教师都鼓励学生留言评论，而且学生还可以发送实时弹幕，这样一来在很大程度上增强了互动性和参与度。线上教学的方式必然会促进教师与学生数字素养（Digital Literary）的发展，例如本文所提到的 Story Map 的制作。但是，制作多媒体微课、课件或者作业的技术手段必须易于操作，否则老师和学生将花费大量的时间去学习如何使用软件，而不是研读文学作品。葛教授所制作的微课和 PPT 并不算精美，只能算作清晰，他所录制的视频，其实就是一边播放 PPT，一边讲解，没有任何特效。就《西游记》单元而言，微课视频当中葛教授重点讲解了一些事实性的知识与概念性的知识，这些知识是需要记忆与理解以及运用的。如上文所说，中国的古代小说作品，例如四大名著都有人物众多，故事情节复杂，人名地名让外国学生感到陌生的特点，因此，葛教授在两次微课视频中重点讲解了故事设定的历史背景，即唐代高僧玄奘西行取经的真实故事，以及西游记当中最出彩的主角之一孙悟空。但是，葛教授非常注重启发学生思考，例如：唐僧与孙悟空谁是真正的主角？小说的虚构性与真实性如何区分？小说创作于明朝，故事设定于唐朝，你认为小说主要反映了唐朝还是明朝的风土人情？与此同时，教学视频与课件当中都大量使用了来自中国、日本和韩国的《西游记》人物绘画或者故事情节插图，以证明小说在整个东亚产生的持久影响力。

2. 教材与教辅资源的多元化

本课程为通识教育公选课，所以并不要求学生在此之前对作品本身或者相关文化背景有所了解，同时选课也没有汉语水平的限制，换句话说，选课的学生可能从未接触过中国文化，也可能是从小就受到中国文化熏陶的美籍华裔。因此，葛教授在选择教材和教辅资料的时候颇费了一番心思。本课程指定的译本是英国汉学家亚瑟·韦利（Arthur Waley，1889—1966）在1942年出版的《西游记》节译本 *Monkey*（《猴》），这个节译本

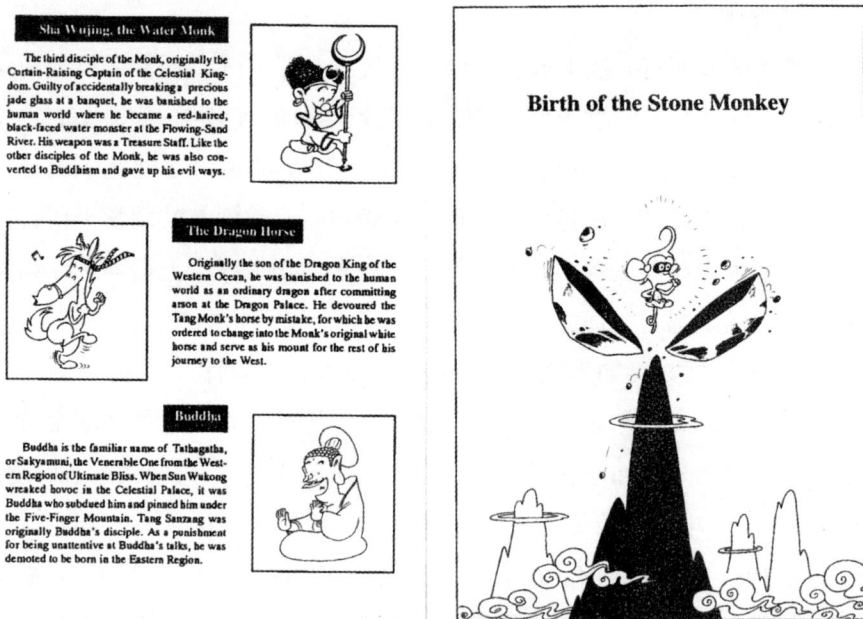

图 1　漫画版西游记[1]

---

[1]　Tsai C-C. Journey to the west[M]. trans. by Chong A. Singapore：ASIAPAC BOOKS，1993.

将原本的一百回浓缩为 20 个章节。为了弥补节译本的遗憾，葛教授为学生提供了一百回的每一回故事梗概的插图本。节译本与插图本都是英文资料。实际上，葛浩德教授也非常鼓励汉语水平较高的学生阅读中文原著，因此也为学生提供了网络开发资源的完整版中文《西游记》。节译本、插图本与中文版本都作为教材使用，学生根据自己的汉语水平与学习习惯进行原著阅读，然后完成课后作业。教辅资料的种类也非常丰富，并且都是网络资源，流行文化资源包括改编自《西游记》的中文电影和电视剧、英文的动漫和漫画（见图 1），以及支持多语种的电脑游戏，甚至还有一部英文歌剧的剧本。此外，课外资源当中也附加了央视拍摄的纪录片《丝绸之路》与《玄奘西行》。

3. 教学辅助软件：故事地图（Story Map）

地图的使用为讲解《三国演义》与《西游记》这类空间转换较多的古代小说带来了极大的便利，特别是那些对于中国的历史与文化一无所知的西方读者，小说提及的国家、城市或者地名实在是太陌生了。故事地图软件可以将地图与传统的 PPT 相结合，随着地图的缩放，配合图片、视频和音乐，可以呈现非常生动的视听效果，十分适合讲述小说中的故事情节。本课程使用的故事地图制作软件是由美国西北大学开发的 Story Map JS，这一款软件的基础版可以免费使用，使用模板（如图 4 所示）可以快速上手，经过老师的简单讲解和展示，大多数参与课程的学生都表示仅需要几分钟的时间就能学会使用模板。参与这门课程的学生可以提交故事地图作为终期考核的作品。据葛教授所述，有的学生制作了《三国演义》当中的著名战役的故事地图；有的学生利用丝绸之路的地图重述了《西游记》当中的故事情节；还有的学生根据《红楼梦》描述了当时的北京城；葛教授表示从 2020 年至今，他从未收到过任何相似的故事地图作品，学生创作和分享的故事地图都非常个性化，充满创造性，并且常常会提出自己对于作品独到的见解（见图 2）。①

---

① Green F H. Not Lost in Translation：Teaching the Classic Chinese Novel Online[C] //Miller J，Julie W（eds.）. Teaching Literature in the Online Classroom. New York：Modern Language Association of America，2022：264.

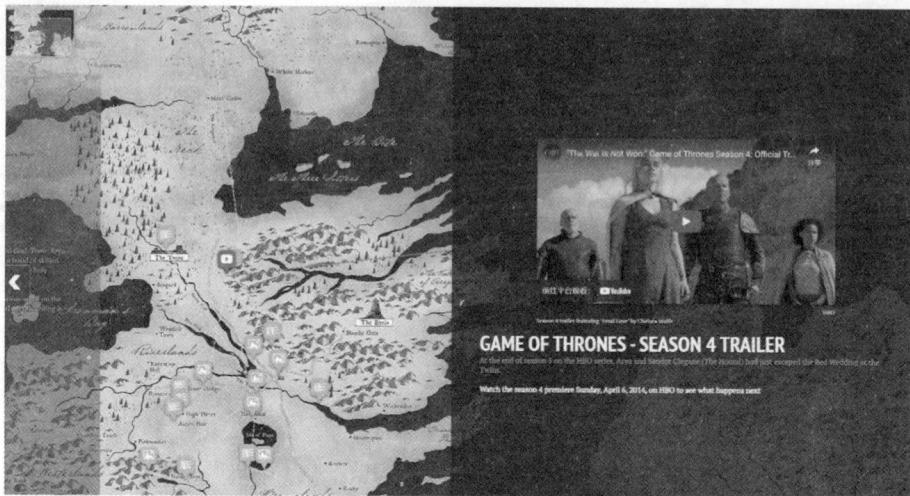

图 2　Story Map JS 官方网站模板展示

来源：https://storymap. knightlab. com/examples/aryas-journey/

（三）教学活动

微课的教学活动在以上章节已有较为详细的论述，本节将讨论随堂测试、课后作业、专题论坛以及期末考核这些教学活动。

1. 随堂测试的目标：记忆理解事实性知识与概念性知识

每段微课视频之后，都会有一个随堂测试，测试采用客观题的形式，半小时之内完成 5 道单选题或者对错判断题，学生有两次机会作答，考查的内容跟教学视频相关，例如小说的历史背景、文学体裁、主要人物与主要事件。整体而言，课后测试的难度很低，并且不会计入最终成绩。四大名著都有人物众多、故事情节复杂的特点，因此帮助学生厘清小说的历史背景设定、文化传统、故事主要情节和主要人物，对于理解原著会有很大的帮助，视频的讲解和课后小测试的目的都是为了降低学生阅读文本的难度。这些知识点大多属于事实性知识或者概念性知识。

如图 4 所示，Question 3（第三题）要求回答整部小说当中有多少首诗歌，其实三个答案之间的数量差距很大，如果认真观看了微课视频，答对的概率应该很高，实际上教师并不希望学生准确记忆诗歌的数量，而是想提醒学生《西游记》虽然是白话文小说，但是经过文人的整理，小说中增加了大量的诗歌，因此《西游记》有诗歌与小说两种文学体裁并存的特点。可见，这里考查的知识点既是事实性的，也是概念性的。同样，Question 5（第五题）的知识点也需要在理解儒释道相关概念的基础上去记忆。而 Question 4（第四题）学生答错了，原因是概念的混淆，小说的本质是虚构，《西游记》源于唐代玄奘西行的真实历史故事，可是吴承恩创作《西游记》的时代是明代，二者相差约 900 年，作者所描述的社会准则与宗教信仰很可能更接近明代，而不是唐代，对于唐代更多是基于历史记录的想象，何况历史记录也并非一定是真实的。

Question 3 Complete Mark 1.00 out of 1.00 ▷ Flag question	How many poems are there in the entire novel? Select one： ○a. 2000 ◉b. 750 ○c. 150
Question 4 Complete Mark 1.00 out of 1.00 ▷ Flag question	According to the CourseStream, which dynasty's social norms, reading tastes and religious believes do we learn most about? Select one： ◉a. Tang dynasty ○b. Ming dynasty ○c. Han dynasty
Question 5 Complete Mark 1.00 out of 1.00 ▷ Flag question	Taoism, Buddhism, Confucianism are all discussed in the novel. Select one： ◉True ○False

图 3　随堂测试 1 部分题目

2. 课后阅读测试：记忆理解事实性知识与概念性知识

整体而言，课后的阅读测试还停留在记忆与理解事实性知识和概念性知识的层面，而写作则需要程序性知识与元认知知识，但是运用、分析和评价等高级别的认知方式需要基于记忆和理解，因此阅读测试与写作的结合是合理的。课后作业要求在阅读原著的基础上完成，摘取自己喜欢的片段并且进行评价。首先，学生需要阅读亚瑟·韦利节译本的前 12 章，以

及美籍华裔教授夏志清①翻译的玄奘传记，完成 12 道客观题的测试，测试
模式与随堂测试相似，两次作答机会，以最高分计算。但是，不同于随堂
测试，阅读测试将会记入平时成绩，并且考查的都是文本细节。由此可
见，原著阅读是教学活动与教学评价的重要环节。这一点与课程的教学目
标一致，即从流行文化回到文本阅读。例如，Question 1（第一题）询问
这只猴子如何成为猴王，Question 2（第二题）则要求回答为什么猴王变
成了菩提老祖的徒弟，Question 9（第九题）的问题是玄奘的母亲在还是
婴儿的玄奘身上做了什么标记？这些故事情节必须在看过相关文本的基础
上才能作答，即使是熟悉西游记电视剧情节的中国学生也不见得清楚这些
细节。此外，阅读测试题目当中也反复提到玉皇大帝、如来佛祖、太上老
君（老子）等人物，以提醒学生小说儒释道三教合一的特点。

Question 1 Complete Mark 1.00 out of 1.00 ⚑ Flag question	How does the Monkey become the Monkey King? Select one： ○a. He is made King by the Jade Emperor in Heaven. ○b. He inherits the throne from his Monkey King father. ◉c. He is the one who braves the waterfall and discovers the cave that lies behind.
Question 2 Complete Mark 1.00 out of 1.00 ⚑ Flag question	Why does the Monkey king leave his subjects and becomes a disciple to the Patriarch Subodhi? Select one： ○a. He is ordered to so by the Jade Emperor. ◉b. He wants to become an immortal. ○c. He needs an official degree to be king.
Question 9 Complete Mark 1.00 out of 1.00 ⚑ Flag question	How does Huüan Tsang's mother sure her baby boy can be recognized? Select one： ○a. She puts a ring on a chain round his neck. ○b. She bites off a piece of his finger. ◉c. She bites off a piece of his toe.

图 4　阅读测试部分题目

① 夏志清（1921—2013），中国文学评论家，哥伦比亚大学东亚语言文学系教授。

274

3. 课后写作作业：运用程序性知识和元认知知识去分析和评价

课后作业当中的小作文并非普通的读后感，而是为培养文本细读（Close Reading）的习惯而设计，老师明确要求引用小说译本或者中文本原文以支持观点陈述，并且原文引用和其他文献引用都需要具体到页码，这样的要求有考查程序性知识的意图。更重要的是老师提供的讨论问题普遍具有批判性，例如：

1）What are some of the character traits of the monkey king? Is he a hero? A villain?

猴王具有哪些角色特点，他到底是英雄还是恶棍？

2）What virtues does he possess，what are his shortcomings? Do you like him or dislike him?

他的优缺点分别是什么，你是否喜爱这个角色？

3）Does he have anything in common with characters we encountered in *Three Kingdoms*（or characters you might know from other works of fiction）？

猴王这个角色是否让你想起了《三国演义》当中的某个人物，或者你曾经读过的其他小说当中的人物？

4）And are there any characters or episodes you thought were particularly entertaining?

有没有让你印象特别深刻的人物与章节？

5）And what additional dimension does the biography of Hsüan Tsang add to the narrative? Anything else you noticed or would like to point out?

玄奘的传记与《西游记》当中的情节是否有出入？你是否发现了什么特别之处？

显而易见，这些问题的设置是为了达成通识教育的整体目标，即培养批判性思维，同时也为了达成课程教学目标：批判性文本分析，理解中西方文化的差异。为了回答以上问题，较低级别的认知能力记忆和理解，较低难度的知识事实性知识和概念性知识是远远不够的，这些问题都需要在记忆与理解事实性知识和概念性知识的基础上，运用程序性知识和元认知知识去分析和评价。为了增强互动性与参与度，老师特意要求每位学生在完成自己的写作作业之后，必须评价另外两到三位同学的小作文，并且要遵循礼貌的原则。这样一来，就算老师没有及时回复，学生也会收到来自同学的留言，学生与学生之间的相互学习也是非常必要的。

4. 流行文化专题论坛：所有知识与认知维度的综合应用

流行文化专题要求在看过至少三种不同版本《西游记》改编作品的基础上完成，选择一种或者多种改编作品进行深入讨论，与此同时需要回答以下问题：

1）Which of the popular adaptations of The Journey to the West did you like most? What do you like about it? 你最喜欢的改编作品是什么以及为什么？

2）Please describe one or two differences you noticed between the novel and the adaption（s） you chose. Why do you think certain changes have been made? Please be specific! 请描述改编作品与原著之间一两处差异，并思考为什么会出现变化，请务必详细论述！

3）Please briefly describe one or two examples where the adaption preserved elements from the novel. Why do you think that might be the case? 请简单描述改编作品与原著之间情节相同的一两处，并思考这些情节被保留的原因。

每个教学单元葛浩德教授都会鼓励学生自己去网络上查阅资料，除了观看流行文化作品，也引导学生对比改编作品与小说原著当中有何不同，为什么有的故事情节被完整地保留，而有的情节片段却被改写甚至删除。这一教学活动的设计在很大程度上也是为了培养文本细读和批判性文本分析能力，涉及知识维度与认知维度的各个层面。但是，葛教授却发现学生偏爱流行文化的作品，原著的阅读并没有严格遵循文本细读的方法，这一情况在线下教学当中却明显减少。大多数中国人也许都看过央视 1986 年版的《西游记》，但是几乎很少有人看过《西游记》这本小说。虽然学生表现出对于流行文化作品的偏爱，但是葛教授对此持包容的态度，他表示《西游记》的影视作品在日本和韩国也很受欢迎，并且影视作品的广泛传播在很大程度上维持了这本古典小说的生命力。同时，有的学生表示通过这门线上课程，他们对小说原著产生了兴趣，以后会找机会阅读原著。在专题论坛的基础上，学生们会制作课程考核的作品，以视频作品或者故事地图的形式呈现，同样，这些作品都会上传到旧金山州立大学的课程管理系统，其他同学可以查看或者留言评论。

5. 提问专区：学习过程中的师生互动空间

线上课程的最后一个板块是自由提问的论坛，在这里葛教授和学生讨论了本课程的考核方式，以及葛教授本人对使用 ChatGPT 完成作业这种行为的看法。根据葛教授所述，他的课程大多数学生都能拿到 A 的成绩，因为他希望学生能够享受阅读这些小说本身的乐趣，而不是为考试成绩去阅读。如果使用 ChatGPT 完成作业，就无法享受阅读这些经典作品的乐趣，这本来就是最大的损失，因此即使利用 ChatGPT 作弊成功，顺利得到好的成绩，也毫无意义。作为教师，也无须太过在意是否应该采取措施禁止使用 ChatGPT，因为那是根本不可能的。葛教授对于最终的考核成绩并不太在意，他更希望学生享受学习的过程，而不是为了考试成绩来学习；他希望激发学生了解中国文化的兴趣和阅读原著的动力，只要付出了努力，大多数的学生最终都能获得很好的成绩。如果从传统的教学评价模式来看，这样的考核方式也许太过随意了，但是从发展性的教学评价理念来看，在学生心中种下对中国文学以及中国文化感兴趣的种子，也许比分数本身更重要。

五、研究发现

（一）零起点的外国学生也可以学习古代文学作品

古代文学作品，例如"四大名著"，直接阅读中文原著的难度无疑是相当大的，即使是中国学生，真正读过原著的人数也并不多。葛教授面对缺乏中国文化背景的美国学生，选择了《三国演义》和《西游记》的节译本，而《红楼梦》仅选择五卷本全译本的第一卷。但是，葛教授仍然提供了丰富的阅读文本，包括难度最高的完整的中文本，以及难度最低的漫画本，还有颇具特色的歌剧剧本。即使我们身在中国，依然可以为大多数英语水平较好的外国学生提供这些学习资源，如果一开始就希望学生进行原文阅读，很有可能他们会因为语言的难度，而永远无法进入奇妙瑰丽的古代文学世界。葛教授从 2018 年开始就开设了这门通识教育课程 CHIN 271 — The Classic Chinese Novel in Contemporary Pop Culture（当代流行文化与中国古典小说），多年的教学中他发现大多数的美国学生最后都爱上了这些中国小说，他们喜欢《三国演义》里精彩的动作描绘，欣赏小说中人物的骑士精神；喜欢《西游记》诙谐幽默的文字，如同万神殿一样的宗教世界。连葛教授本人也感到惊讶，学生们十分欣赏这些中国古代小说，虽然小说本身的阅读难度很大，文化元素也非常陌生。正如上文所说，我们不可能因为这些古代文学作品太难而放弃教学，而是要改变我们的教学方式，找到适合学生的学习方式。简而言之，中国古代文学作品的教学应当积极使用各类翻译资源，而不是单纯地寄希望于外国学生提高中文水平。换个角度来看，各类翻译资源的使用并不是在挑战国际中文教师的外语水平，而是为了降低教学的难度，实际的课堂教学中教师仍然可以根据学生的中文水平设计语言教学或者文化教学。

（二）流行文化的引入激发了学生的学习兴趣和动力

21 世纪是一个"读图时代"，文学作品以及其他印刷类作品都面临巨大的冲击，然而大量的图像化作品（漫画、电影、电视剧、短视频等）的 IP 实际上来源于经典文学或者网络文学作品。与此同时，图像化成为文学经典在这个时代赖以生存的重要形式。扪心自问，作为中国人的我们有多少人读过四大名著的原著呢，其实我们对于这些文学经典的了解，是从流行文化那里来获取的。时至今日，传统的文学作品教学方式也不得不做出改变，古代文学经典作品的教学要从"读图"开始，然后回到文本。本案例中，葛浩德教授收集了各类多媒体资源，包括影视作品、纪录片、动漫和电脑游戏等。需要注意的是，这些流行资源并没有占用有限的课堂教学时间，而是留给学生们课后自行观看，并且引入流行文化作品的主要目的是为了说明古典文学作品在当代的意义，例如中国四大名著，它们的生命力依然强大，不仅在中国很有影响力，而且在日本和韩国也广受欢迎；不仅以各种形式存在于今天的流行文化，而且也存在于各国曾经的"流行文化"当中，也就是今天所谓的民俗文化当中。简而言之，中国古代文学作品的教学不可忽视流行文化，文化教学需要从俗到雅，流行文化作品在很大程度上激发了学生了解中国文化的兴趣，这些经典文学作品将会被流行文化一再改编或重述，换句话说，古代文学作品的教学在某种程度上来说将产生长期效应，即保持学生了解中国文化的热情。

（三）线上教学的真正挑战是保持教学活动与教学目标的一致性

线上教学的挑战很可能并不是技术手段的应用，例如本案例当中无论是葛教授所使用的微课制作软件 Camtasia，还是学生使用的故事地图（Story Map），都属于简单易学，操作方便的大众化软件，并且作品本身不要求达到精美的程度，思路清晰，内容丰富即可。线上教学的真正挑战是如何实现课程教学活动与教学目标的一致性，每种教学活动应当有明确的目的，旨在教授某一维度的知识或者培养某一维度的能力，同时又服从于国家和学校层面，以及学科教学的教育目标。在这方面，本课程很好地完成了美国大学培养学生批判性思维的总体教育目标，批判性思维的培养体现在了每个教学单元的各种教学活动当中。同时，为了鼓励学生遵循文本细读与批判性文本分析的研究方法，设置了明确的阅读和写作任务，体现了学科教学的特点。

线上教学，尤其是本课程所采用的异步教学模式，学习进度和时间安排完全由学生自己决定，只有最后一周的作品分享是在 Zoom 会议上实时进行。就以往的研究来看，海外汉语教学当中，如果采用异步教学模式，很容易出现学习积极性降低，学生参与度下降的问题。[①] 然而本案例当中学生们不但没有敷衍了事，反而在各种教学活动中表现活跃，并且最终考

---

① 亓海峰，丁安琪. 海外汉语教师在线教学现状调查分析[J]. 天津师范大学学报（社会科学版），2021(5)：46—47.

核的作品非常有创造性。究其原因，得益于清晰的教学目标与精心安排的教学活动，为了克服线上教学互动性差，参与度不高的问题，课程中设置了便于师生之间与学生之间互动的论坛，教师的微课与学生的作品都允许留言评论。更重要的是，流行文化改编作品的引入，在很大程度上调动了学生的学习积极性，然而流行文化的引入并非单纯为了增强线上教学的娱乐性，清晰的教学目标使得教师在授课过程中始终坚持引导学生思考改编作品与原著阅读之间的异同，以阅读测试与课后写作、专题论坛等教学活动督促学生研读原著文本。

综上所述，本案例很好地研究回答了本文一开始提出的问题：对于外国学生来说，中国古代文学作品真的很难教吗？如何激发外国学生对于中国古代文学作品的兴趣？线上教学将会面临哪些挑战？通过积极使用古代文学作品的各类型翻译资料，可以有效降低老师的教学难度与学生的学习难度；从流行文化入手，可以激发并保持学生的学习中国文学作品和了解中国文化的兴趣，发现古典文学作品在流行文化中的衍生与变化；借助线上教学的多媒体技术手段，可以使得古代文学的课堂教学在最大程度上图像化，从而获得良好的视听效果，以适应线上教学的需要。就线上教学而言，一方面教师技术层面的能力提升并非难事，微课等多媒体教学资源的制作应该追求简明，而不是华美；另一方面简单实用的线上教学软件会逐渐取代学习成本过高，操作过于复杂的软件。相比之下，如何保持线上教学活动与课程教学目标的一致性，才是线上教学的真正挑战。虽然本案例是海外教师在本土进行的线上教学，但是它提供的教学经验在中国国内或线下教学的情况下仍然值得借鉴。

参考文献

[1] 安德森，等. 学习、教学和评估的分类学[M]. 皮连生，等译. 上海：华东师范大学出版社，2008.

[2] 泰勒. 课程与教学的基本原理[M]. 罗康，张阅，译. 北京：中国轻工业出版社，2014.

[3] 吴伟克. 体演文化教学法[M]. 李敏辞，沈建青，译. 武汉：湖北教育出版社，

2010.

[4] 夏志清. 中国古典小说[M]. 何欣，等译. 刘绍铭，校. 上海：上海人民出版社，2019.

[5] 亓海峰，丁安琪. 海外汉语教师在线教学现状调查分析[J]. 天津师范大学学报（社会科学版），2021(5)：42—47.

[6] 杨开城，卢韵. 一种教学评价新思路：用教学过程证明教学自身[J]. 现代远程教育研究，2021，33(6)：49—54.

[7] 刘玉屏，李晓东，郝佳昕. 国际中文教师数字能力现状与影响因素研究[J]. 民族教育研究，2021，32(3)：139—146.

[8] Wu Cheng-en. Monkey[M]. trans. by Waley, London：Penguin Books, 1961.

[9] Tsai C-C. Journey to the west[M]. trans. by Chong A. Singapore：ASIAPAC BOOKS, 1993.

[10] Zimmerman B J, Schunk D H. Self-Regulated Learning and Academic Achievement：Theoretical Perspectives[M]. Routledge, 2001.

[11] Moran P R. Teaching Culture：Perspectives in Practice[M]. Beijing：Foreign Language Teaching and Research Press, 2009.

[12] Fiske J. Understanding Popular Culture[M]. New York：Routledge, 2010.

[13] Xu X. Bird Talk and Other Stories by Xu Xu：Modern Tales of a Chinese Romantic[M]. trans. by Green F H. Berkeley：Stone Bridge Press, 2020.

[14] Green F H. Not Lost in Translation：Teaching the Classic Chinese Novel Online[C] //Miller J, Julie W eds. Teaching Literature in the Online Classroom. New York：Modern Language Association of America, 2022：253—267.

[15] Green F H. The Torment of Exile and the Aesthetics of Nostalgia：Transnational Chinese Neo Romanticism in Xu Xu's Post-War Fiction[J]. Journal of Modern Literature in Chinese, 2018, 15(2)：74—98.

[16] Green F H. Rooted in Tradition, Embracing Modernity：Zhou Zuoren's Interest in Modern Japanese Haiku and Tanka and His Promotion of Short Verse in China[J]. Frontiers of Literary Studies in China, 2018, 12(3)：424—448.

[17] Green F H. 崇高的爱情，流放的痛苦——徐訏 50 年代小说与中国新浪漫主义[J]. 汉学研究通讯，2016，35(4)：12—20.

[18] Green F H. Through the Magic Looking Glass：Computer Assisted Language Learning and Content Based Instruction of Chinese Literature in the Flagship Model[J]. Connections, 2014(8)：1—16.

[19] Zimmerman B J. From Cognitive Modeling to Self-Regulation：A Social Cognitive Career Path[J]. Educational Psychologist, 2013, 48(3)：135—147.

[20] Yu L, Walker G, Noda M, et al. The Performed Culture Approach：A Humanistic Way of Helping Learners Communicate in the Culture[J]. American Journal of Chinese Studies, 2020, 27(2)：139—165.